高等院校国际

《进出口贸易实务》

学习指导与综合实训

王捷　主编　王晨钟　副主编

格致出版社
上海人民出版社

内容简介

本书分为上下两篇。上篇为学习指导，在梳理知识体系和总结重要知识难点的基础上，精选常见题型并配合参考答案供学生自我检测，辅以案例精解帮助学生从实际业务的视角进一步理解所学内容。下篇为综合实训，涵盖了目前我国进出口贸易常用的各种业务形式、运输方式、支付方式、贸易术语及操作技能。本书既可以作为进出口贸易实验课教材，也可以脱离实验教学软件单独使用。

作者简介

王捷，博士，副教授，天津财经大学经济学院国际经济贸易系国际贸易实务教研室主任。主要研究领域：国际贸易实务、货物贸易规则与惯例。目前担任中国外经贸企业协会国际商务单证专家、国家质监总局国家标准起草与审定专家、天津市商委进出口企业业务培训师。曾出版教材5部，发表学术论文10余篇，主持或参与多项国家级、天津市级科研项目。

前　言

　　《进出口贸易实务》自 2011 年出版以来,得到了学界和业界的普遍关注和广大读者的厚爱。应广大师生的要求和国际贸易从业人员的期盼,为帮助读者更有效地使用《进出口贸易实务》教材,我们特为该书编写了配套的学习指导与综合实训。

　　本书具有以下特点:

　　(1)"学习指导"部分与教材章节对应。"学习指导"不仅列出教材各章节的重要知识点,而且借助知识结构图将重要知识点及其相互关系直观表现出来,方便读者在学习过程中抓住重点,提高效率。为帮助读者检测学习效果、查找知识漏洞,各章均配备了自我检测题及参考答案。这些题目全面覆盖相关章节的重要知识点,题型丰富,考察方式灵活。案例精解旨在帮助读者从实际业务的视角进一步理解所学内容,学会运用国际贸易规则与惯例解决实际问题。

　　(2)"综合实训"部分是对教材内容的丰富和补充。教材只有出口和进口两个综合业务案例,重点在于对海运进出口业务流程进行展示与讲解。而本书的综合业务案例重点在于提高读者的实际操作能力,既有出口业务,也有进口业务;既有海运业务,也有空运业务;既锻炼不同业务类型市场调研、联系客户的业务技巧,也涉及签订合同、制作单据的实际操作,更全面涵盖了办理进出口手续的相关环节,体现了 2012 年 8 月国家对出口收汇核销手续的最新变化。

　　(3)适用范围广泛,使用灵活。本书是编者多年进出口业务实际运作与教学经验的总结,体现了进出口贸易实务操作的主流趋势和最新变化。本书可以作为高等院校各专业学生学习进出口贸易实务的配套用书,也可以作为教师从事教学的辅助用书,还可以作为高等院校实验课专用教材。对于国际贸易从业人员和有兴趣自学该课程的读者,本书更是方便好用的学习辅导书。

　　对书中的不足之处,我们将定期做出修订,敬请读者不吝赐教。

　　参加本书编著的作者有王捷(第 1 ~ 第 12 章)、王晨钟(第 13 ~ 第 17 章)、杨袆朦(实训一、实训二)、甘聪(实训三、实训四)、胡显军(实训五、实训八)、李艺(.实训六、实训七),并由王捷总纂定稿。

目 录 Contents

上 篇 学 习 指 导

上 篇

学 习 指 导

第1章
商品的名称和品质

第1节　学习指导

在国际货物买卖合同中,商品的名称和品质共同构成对货物的描述,是主要交易条件之一。

1. 进出口商品分类标准主要有三个:

(1)《国际贸易商品分类标准》(SITC),最近一次修订于 2006 年完成,将所有商品分为 10 大类、63 章、223 组、786 个分组和 1 924 个项目。

(2)《海关合作理事会商品分类目录》(CCCN),最近一次修订于 1978 年完成,将所有商品归为 21 类、99 章,计 1 011 个税目。

(3)《商品名称及编码协调制度》(HS),是以 SITC 和 CCCN 为基础,参照国际上主要国家的税则、统计、运输等分类目录而制定的一个多用途的国际贸易商品分类目录,简称《协调制度》。最近一次修订于 2012 年完成,将所有商品归为 21 类、97 章。目前实际采用《协调制度》的国家和地区已达到 200 多个,全球贸易总量 98% 以上的货物都是以《协调制度》进行分类。

2. 商品品质表示方法主要有两大类,共八种,如图 1.1 所示。

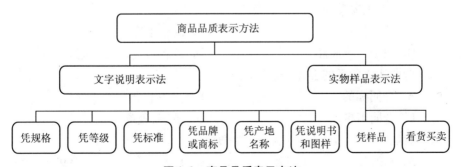

图 1.1　商品品质表示方法

3. 商品质量标准体系主要有五个层次,如图1.2所示。

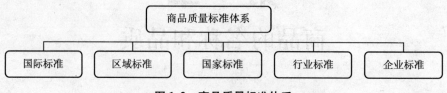

图 1.2 商品质量标准体系

第2节 重 要 知 识 点

本章的重要知识点包括:

1. 品名的重要意义;

2. HS 分类方法;

3. 品质的重要意义;

4. 各种品质表示方法的含义及适用;

5. 品质表示方法的使用原则;

6. 进出口商品质量标准体系。

第3节 自 我 检 测

一、单选题

1. 品名的主要功能是(　　　)。

 A. 便于储存商品　　　　　　　　B. 便于销售商品

 C. 便于运输商品　　　　　　　　D. 使各种商品能够彼此区别

2. 合同法律关系的客体是(　　　)。

 A. 合同标的　　　　　　　　　　B. 贸易术语

 C. 合同当事人　　　　　　　　　D. 签字、盖章

3. 我国于(　　　)年起采用《协调制度》。

 A. 1991　　　　B. 1992　　　　C. 1993　　　　D. 1998

4. 国际上《协调制度》采用(　　　)位数编码。

 A. 六　　　　　B. 七　　　　　C. 八　　　　　D. 九

5. 《协调制度》中,编码前两位代表(　　　)。

　　A. 章　　　　　　　　　　　　B. 品目

　　C. 子目　　　　　　　　　　　D. 商品在该章的位置

6. 《协调制度》中,编码第三、第四位代表(　　　)。

　　A. 章　　　　　　　　　　　　B. 品目

　　C. 商品在该章的位置　　　　　D. 子目

7. 我国在六位数编码的基础上,采用的是(　　　)位数编码。

　　A. 八　　　　B. 十　　　　C. 十一　　　　D. 十五

8. 不属于《协调制度》中章编排原则的是(　　　)。

　　A. 按照商品原材料属性划分　　B. 按照商品用途或功能划分

　　C. 按照商品名称划分　　　　　D. 章内按照加工程度划分

9. 下列(　　　)不属于用文字说明表示品质的方法。

　　A. 凭规格买卖　　B. 凭样品买卖　　C. 凭等级买卖　　D. 凭标准买卖

10. 下列(　　　)属于用实物样品表示品质的方法。

　　A. 看货买卖　　　　　　　　　B. 凭规格买卖

　　C. 凭等级买卖　　　　　　　　D. 凭产地名称买卖

11. 下列(　　　)属于用文字说明表示品质的方法。

　　A. 寄售　　　　　　　　　　　B. 展卖

　　C. 拍卖　　　　　　　　　　　D. 凭商标品牌买卖

12. 下列(　　　)不属于产品质量安全认证体系。

　　A. 欧洲安全认证体系　　　　　B. 北美安全认证体系

　　C. 日本安全认证体系　　　　　D. 亚洲安全认证体系

13. 某公司出口一批大豆,合同规定大豆含油量最低为18%,水分最高为14%,杂质最高为1%。这种规定品质的方法是(　　　)。

　　A. 凭等级买卖　　　　　　　　B. 凭标准买卖

　　C. 凭说明书买卖　　　　　　　D. 凭规格买卖

14. 某公司欲进口一套机电设备,一般应选用的表示品质的方法是(　　　)。

　　A. 凭卖方样品买卖　　　　　　B. 凭买方样品买卖

　　C. 凭商标买卖　　　　　　　　D. 凭说明书买卖

15. 凡凭样品买卖,如合同中无其他规定,则卖方所交的货物(　　　)。

　　A. 可以与样品大体一致　　　　B. 允许有合理的公差

　　C. 必须与样品一致　　　　　　D. 由卖方自己决定

16. 对于货、样无法做到完全一致的商品,一般不宜采用(　　　)。

　　A. 凭规格买卖　　B. 凭等级买卖　　C. 凭标准买卖　　D. 凭样品买卖

17. 在国际货物买卖合同的品质条款中( )。

    A. 为了明确责任,应该使用两种以上的品质表示方法

    B. 为了明确责任,应该使用两种方法表示品质

    C. 为了防止被动,一般不宜同时使用两种或两种以上品质表示方法

    D. 为了准确,应该采用尽可能多的品质表示方法

18. 在国际贸易中,对于某些品质变化较大而难以规定统一标准的农副产品,其交货时规定品质的方法常用( )。

    A. 良好平均品质   B. 上好可销品质

    C. 看货买卖   D. 凭样品买卖

19. 合同品质条款规定"100% COTTON GREY FABRIC, YARN COUNTS:45×45, DENSITY:133×72, WIDTH:63″",属于( )。

    A. 凭样品买卖   B. 凭说明书图样买卖

    C. 凭等级买卖   D. 凭规格买卖

20. 合同品质条款规定"Frozen Prawn, Grade 1 8~12 pcs/lb, Grade 2 13~16 pcs/lb, Grade 3 17~20 pcs/lb, EVEN IN SIZE",属于( )。

    A. 凭等级买卖   B. 凭产地名称买卖

    C. 凭样品买卖   D. 凭标准买卖

【参考答案】

    1~5:DABAA;6~10:CBCBA;11~15:DDDDB;16~20:DCADA。

二、多选题

1. 《协调制度》中章的编排原则有( )。

    A. 章内按照加工程度划分   B. 按商品原产地划分

    C. 按照商品原材料属性划分   D. 按照商品用途或功能划分

    E. 按商品名称划分

2. 国际上产品质量安全认证体系主要有( )。

    A. 欧洲安全认证体系   B. 北美安全认证体系

    C. 日本安全认证体系   D. 亚洲安全认证体系

    E. 联合国安全认证体系

3. 以下属于看货买卖的是( )。

    A. 寄售   B. 展卖   C. 拍卖

D. 凭规格买卖　　E. 凭等级买卖

4. 以下属于国际公认的先进企业标准的是(　　)。

A. 美国 IBM 公司　　　　　　　B. 美国 HP 公司

C. 芬兰诺基亚公司　　　　　　　D. 中国海尔集团

E. 瑞士钟表公司

5. 对外寄送样品时,应注意的问题包括(　　)。

A. 正确使用船样　　　　　　　　B. 必要时使用封样

C. 应选择平均品质的样品,避免好中选优

D. 样品本身价值不宜太高,对于贵重样品,必要时可以酌情收费

E. 注明样品编号和寄送日期

6. 某一商品的编码为 0806.2810,以下说法正确的是(　　)。

A. 第一、第二位编码表示该商品在第八章

B. 第三、第四位编码表示该商品在第八章中顺序排列在第六位

C. 第五位编码表示一级子目

D. 第六位编码表示二级子目,第七、第八位依此类推

E. 第五位编码表示该商品在第五章

7. 下列说法正确的是(　　)。

A. 品名的主要功能是使各种商品能够彼此区别

B. 作为标的物的商品有许多种类,而每种商品都有其具体的名称

C. 合同标的是合同法律关系的客体

D. 目前各国海关统计、普惠制待遇等都依据《国际贸易商品分类标准》
(SITC)进行

E. 国际上为了便于统计和征税,对商品采用统一的分类标准

8. 下列关于《协调制度》的说法错误的是(　　)。

A.《协调制度》采用五位数编码

B. "类"基本上是按经济部门划分的

C. "章"的编排只可以按照商品原材料属性划分

D. 为了使每一项商品的归类具有充分的依据,《协调制度》设立了归类
总规则,作为整个商品归类的总原则

E.《协调制度》是海关合作理事会主持制定的

9. 目前国际上最为主要的管理体系认证有(　　)。

A. ISO9000　　　　　　　　　　B. ISO14000

C. CE Marking　　　　　　　　　D. China Compulsory Certification

E. KWIC Index

10. 下列属于产品质量合格认证的是( )。
    A. 机械电子产品国际标准检测认证
    B. 欧洲安全认证
    C. 食品医疗产品国际标准检测认证
    D. 北美安全认证
    E. 纺织服装产品国际标准检测认证

11. 在国际贸易中,按样品提供者的不同,样品可分为( )。
    A. 卖方样品   B. 买方样品   C. 对等样品
    D. 参考样品   E. 标准样品

12. 以文字说明表示商品品质的方法包括( )。
    A. 凭样品买卖   B. 凭标准买卖   C. 凭说明书买卖
    D. 看货买卖   E. 凭品牌或商标买卖

13. 品名的主要功能有( )。
    A. 使各种商品能够彼此区别
    B. 科学、准确的命名可以促进成交
    C. 科学、准确的命名利于降低成本、节约开支
    D. 诱发消费者的购买欲望
    E. 在一定程度上反映商品的自然属性、用途及主要性能特征

14. 下列关于国际货物买卖合同标的的说法正确的是( )。
    A. 国际货物买卖合同的标的就是买卖双方购销的商品
    B. 国际货物买卖合同的标的包括物、行为与智力成果
    C. 国际货物买卖合同的标的必须是确定的、合法的、可能的
    D. 国际货物买卖合同的标的是合同成立的必要条件,没有标的,合同不能成立
    E. 国际货物买卖合同的标的属有形财产

15. 商品命名应注意的问题包括( )。
    A. 应符合国际通用的商品分类标准
    B. 考虑命名对关税税率的影响
    C. 考虑命名对运费的影响
    D. 不要加入不切实际的描述
    E. 力求准确、贴切、清楚、全面

16. 根据《联合国国际货物销售合同公约》,卖方的义务包括( )。
    A. 交付的货物必须符合合同规定的品质
    B. 必须适用于同一规格货物通常使用的目的
    C. 必须适用于订立合同时曾明示或默示的通知卖方的任何目的

D. 交货质量应与卖方向买方提供的货物样品或样式相同

E. 如果卖方所交货物品质与合同规定不符,买方有权要求减价、赔偿损失、要求修理或交付替代货物或拒收货物、撤销合同

17. 采用凭规格买卖应注意的问题包括(　　)。

A. 不同商品具有不同的规格指标

B. 同一商品的规格指标一般不止一项,其中核心规格最为重要,因为核心规格往往与价格有着最为密切的关系,但各项规格指标之间并非彼此独立,而是存在着内在联系,必须兼顾、协调,才能避免顾此失彼

C. 为避免买卖双方对货物某一等级的品质含义有不同理解,在注明货物等级的同时,最好进一步注明该等级所对应的主要规格

D. 各类标准在实践中不断发展变化,故援引某项标准时,应注明该项标准的制定机构、版本名称、编号及制定年份

E. 同一商品在用途不同时,主要规格指标也会发生变化

18. 采用凭买方样品买卖时应注意的问题包括(　　)。

A. 注明样品编号和收到的日期

B. 主要用于特制的工艺制品、古董、珠宝首饰、字画等交易

C. 使用对等样品

D. 避免卷入知识产权纠纷

E. 将买方样品视为参考样品

19. 品质表示方法的使用原则包括(　　)。

A. 应优先使用文字说明法

B. 若采用多种方法表示商品品质,卖方必须承担按各个方法所表示的品质履行交货义务的责任

C. 品质表示方法既可以独立使用,也可以组合使用

D. 选择尽可能简洁的品质表示方法

E. 选择尽可能复杂的品质表示方法

20. 国际标准是指(　　)所制定的标准,以及"KWIC Index"中收录的其他国际组织制定的标准。

A. China Compulsory Certification, CCC

B. International Standard Organization, ISO

C. International Electrotechnical Commission, IEC

D. International Telecommunication Union, ITU

E. Administration of Quality Supervision, Inspection and Quarantine, AQSIQ

【参考答案】

1. ACD；2. ABC；3. ABC；4. ABCD；5. ABCDE；6. ABCD；7. ABCE；
8. AC；9. AB；10. ACE；11. AB；12. BCE；13. ABCDE；14. ACDE；
15. ABCDE；16. ABCDE；17. ABE；18. CD；19. ABCD；20. BCD。

三、判断题

1.《协调制度》中前六位码各国均一致,第七位码以后各国可依本身需要而定,中国、美国、加拿大采用十位编码,欧盟采用八位编码。（　　）

2. 根据《协调制度》,在章的内部,商品的先后顺序按照加工程度从成品到原料排列。（　　）

3. 根据 HS,类注释、章注释和子目注释是最终确定商品归属的依据。（　　）

4. 凭规格买卖适用于大多数商品,是实际业务中最广泛采用的一种既简洁方便又明确具体的品质表示方法。（　　）

5. 凭商标品牌买卖适用于那些不宜采用规格描述,或无法完整地用规格描述的货物,如茶叶、水果等一些农副土特产品。（　　）

6. 表示品质的方法分为"用文字说明"和"用实物样品"两大系列。（　　）

7. 凭等级买卖适用于那些已经存在被普遍接受的品质标准的商品。（　　）

8. CE 标志是美国安全认证标志,是宣称产品符合美国相关指令的标志。
（　　）

9. 对于某些农副产品,不同产区或不同年份的品质差别较大,难以确定统一的标准,一般多采用 FAQ 来表示其品质。（　　）

10. 对外寄送样品时,应留存复样并妥善保管,已备日后买方提出货物品质与样品不符时提交检验之用。（　　）

11. 如不能保证将来大货的品质与所寄样品一致,或样品只做宣传介绍之用时,应注明参考样品。（　　）

12. 船样的作用是供买方在货物到港前预先了解货物的一般品质,并凭以转售,通常在货物装运时从装船货物中直接抽取,并以快件寄交买方。（　　）

13. 看货买卖适用于那些在造型、颜色、气味等设计上有特殊要求,难以用语言准确描述其品质的商品,如服装、面料、工艺品、土特产品、轻工业品等。
（　　）

14. 凭产地名称买卖适用于既无法用文字说明描述其品质,也不宜提供质量完全相同的标准样品的商品。（　　）

15. 凭品牌或商标买卖适用于那些在市场上行销已久、品质优良稳定、知名度高、且品种单一的商品。(　　)

16. 凭产地名称买卖多与品牌或规格结合使用。(　　)

17. 凭说明书和图样买卖主要用于结构性能复杂、技术含量高的商品。

(　　)

18. GS 标志是欧盟成员对销售产品的强制性要求,主要涉及玩具、低压电器、医疗设备、电讯终端(电话类)、自动衡器、电磁兼容、机械等。(　　)

19. 对等样品的作用是变买方样品为卖方样品。(　　)

20. 采用凭说明书和图样买卖时,往往要在合同中加入品质保证条款和技术服务条款。(　　)

【参考答案】

1～5：√×√√×；6～10：√××√√；11～15：√√××√；
16～20：√√×√√。

第4节　案例精解

1. 国内某公司向英国出口一批大豆,合同规定水份最高为 14%,杂质不得超过 2.5%。在成交前出口方曾向进口方寄过样品,订约后出口方又电告进口方成交货物与样品一致。当货物运到英国后,进口方提出货物与样品不符,并出示相应的检验证书证明货物的质量比样品低 7%,并以此要求出口方赔偿 15 000 英镑的损失。请问在此情况下出口方是否可以该项交易并非凭样品买卖而不予理赔?

2. 青岛某出口公司向日本出口一批苹果。合同规定是三级品,但到发货时才发现三级苹果库存不足,于是该出口公司以二级品交货,并在发票上加注:"二级苹果仍按三级计价"。请问这种"以好顶次"的做法是否妥当? 为什么?应如何处理为妥?

3. 某公司出口一批苹果酒,合同标明品名为"Apple Wine",制单时亦用此品名。但货到国外目的港后遭海关扣罚,原因是该批酒内外包装上的品名均为"Cider",单货不符,于是外商要求出口方赔偿其罚款损失。出口方是否有责任? "Cider"的中文含义也是苹果酒,为什么进口国海关要扣罚?

4. 某公司出口大豆,主要规格指标如下。水分:不超过 10%;杂质:不超过

1%；含油量(干态、乙醚浸出物)：30%±5%。并规定含油量每降低1%，货价也相应降低1%，若低于25%买方有权拒收。试分析这样规定有什么问题？

5. 某公司向印尼出口机床配件，型号为 KT-5801，但交货时错发了KT-9801，两种型号的产品在外形上非常相似，但却用在不同型号的机床上，因此客户不能接受，要求出口方调换产品或降低价格。出口方考虑到退货相当麻烦，且费用很高，只好同意降低价格15%。试分析出口方应吸取的教训。

【参考答案】

1. 合同品质条款规定水份最高为14%，杂质不超过2.5%，从合同本身的内容看，是采用凭规格表示商品品质的方法，属于凭规格买卖。但在成交前出口方曾向进口方寄送样品且并未声明该样品是参考样品。签约后出口方电告进口方成交货物与样品一致，该函电已经构成对于合同的补充说明。这样该笔交易项下表示品质的方法就不是仅凭规格，而是既凭规格又凭样品。也就是说，出口方所交货物的品质既要符合合同中的规格指标，又要与样品所表示的品质完全一致。现在进口方提出货物质量与样品不符，并出示了相应的检验证书证明货物的质量比样品低7%，在这种情况下，出口方很难以该笔交易并非凭样品买卖为由不予理赔。

2. 青岛公司这种"以好顶次"的做法很不妥当。在国际贸易中，卖方所交货物品质必须符合合同品质条款的规定，"以好顶次"不仅影响销售收益，而且也属不符交货。即便二级货物仍按三级价格计价，在出现价格下跌情况时进口方仍可能提出拒收或索赔。而且出口方在发票上加注："二级苹果仍按三级计价"会导致进口方进口通关手续障碍。

较好的处理方法是在发现三级苹果库存不足时，先不要贸然用二级品替代发货，而是主动与进口方沟通，说明情况，提供解决方案。如进口方可以选择按原价接受二级品、加价接受二级品或推迟交货期，待有三级品货源时再交货。一旦进口方确认相应方案，即构成对合同的修改，出口方再行发货便不会引发日后的合同纠纷。

3. 出口方有责任。此种情况多因出口商与国内供货商沟通不畅所致。作为出口方，应该做到合同中的品名、单据上显示的品名与货物实际包装上的品名完全一致。而本案中这批酒的内外包装上的品名均为"Cider"与合同及单据上显示的"Apple Wine"不符，因此遭到进口国海关扣罚。虽然"Cider"也可译为苹果酒，但它还有另一含义为"苹果汁"，二者为不同的商品，进口关税也不同，进口商涉嫌谎报甚至走私，故进口国海关要扣罚。

4. 含油量是该批出口大豆的核心规格，"含油量：30%±5%"意为含油量应在25%～35%之间。而合同中的价格调整条款仅单方面规定了含油量每降低1%，货价也相应降低1%，若低于25%买方有权拒收，而没有相应规定含油量增加时该如何加价，显然对出口方是不公平的。

5. 按照合同约定交付货物是出口方的基本义务，本案中出口方将KT-5801错发为KT-9801，导致无法使用，是明显的违约行为，不论原因如何，都应承担责任。出口方应吸取的教训是：在发货前应仔细核对，确保发出与合同相符的货物。尤其对于那些外形相似但有多种不同型号的商品，应特别注意所交货物的型号是否符合合同的规定，这样才能避免被迫降价的损失。

第2章
商品的数量和包装

第 1 节 学 习 指 导

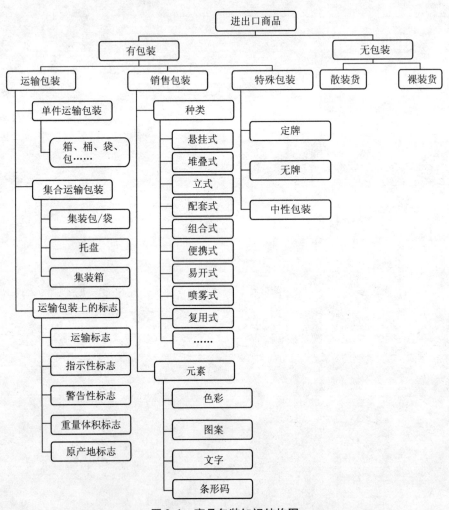

图 2.1　商品包装知识结构图

进出口商品的数量是构成有效合同的必备条件,进出口商品的包装具有保护商品、方便处置和促进销售的功能。

1. 常用度量衡制度有四个:公制、国际单位制、英制和美制。我国进出口商品的法定计量单位是国际单位制。

2. 常用计量单位有六种:重量单位、长度单位、面积单位、体积单位、容积单位和个数单位。其中最常用的是重量单位。

3. 计算重量的方法有五种:毛重、净重、公量、理论重量和法定重量。

4. 商品包装知识结构图,如图2.1所示。

第2节　重要知识点

本章的重要知识点包括:

1. 数量的重要意义;

2. 常用计量单位适用范围、英文名称及换算;

3. 计算重量的方法及适用;

4. 求皮重的方法;

5. 常用单件运输包装的形式及适用;

6. 常用集合运输包装的形式及适用;

7. 标准化运输标志的构成;

8. 特殊包装的形式及适用。

第3节　自我检测

一、单选题

1. 我国进出口商品的法定计量单位是( )。

　　A. 公制　　　　　B. 美制　　　　　C. 国际单位制　D. 英制

2. 国际单位制是在( )基础上发展而来的,包括七种基本单位。

　　A. 英制　　　　　B. 美制　　　　　C. 公制　　　　　D. 日制

3. 国际贸易中皮革、玻璃、地板、地毯、铁丝网等通常采用( )计量单位。

　　A. 面积单位　　B. 体积单位　　　C. 长度单位　　　D. 重量单位

4. 按照公制,下列换算正确的是(　　)。
　　A. 1 公斤 = 1 000 克　　　　　B. 1 米 = 10 厘米
　　C. 1 平方米 = 1 000 平方厘米　D. 1 立方米 = 2 000 000 立方厘米
5. 毛重与净重之差为(　　)。
　　A. 皮重　　　　B. 法定重量　　C. 理论重量　　D. 毛重
6. 按照作用,包装分为(　　)两大类。
　　A. 运输包装和销售包装　　　　B. 单件运输包装和销售包装
　　C. 集合运输包装和销售包装　　D. 单件运输包装和集合运输包装
7. 下列不属于运输包装作用的是(　　)。
　　A. 保护商品　　　　　　　　　B. 便利推销
　　C. 便利装卸　　　　　　　　　D. 便利储存、运输
8. 运输标志的主要作用是(　　)。
　　A. 供收、发货人和运输途中的相关人员识别货物、核对单证
　　B. 警告收、发货人和运输途中的相关人员在处置具有易燃、易爆、放射、
　　　　腐蚀等性质的危险货物时采取相应安全措施
　　C. 提醒收、发货人和运输途中的相关人员处置货物的注意事项
　　D. 供储运部门安排舱位及装卸、存仓作业
9. 指示性标志"HANDLE WITH CARE"的正确含义是(　　)。
　　A. 小心搬运　　B. 小心瓷器　　C. 小心玻璃　　D. 保持干燥
10. 对图案 ⊥⊥ 正确的解释是(　　)。
　　A. 易碎物品　　B. 禁用手钩　　C. 向上　　　　D. 重心
11. 以下属于运输包装的是(　　)。
　　A. 集装箱　　　B. 悬挂式包装　C. 堆叠式包装　D. 喷雾包装
12. 羊毛、生丝、原棉等纺织原料通常使用的计重方法是(　　)。
　　A. 毛重　　　　B. 净重　　　　C. 公量　　　　D. 理论重量
13. 运输标志是指(　　)。
　　A. 商品内包装上的标志　　　　B. 商品外包装上的标志
　　C. 运输工具上的标志　　　　　D. 待运货物的标志
14. 国际标准化组织推荐的标准化唛头不包括下列哪项内容(　　)。
　　A. 几何图形　　B. 参考号码　　C. 目的地名称　D. 件号
15. 某外商订购我国"华生"牌电扇,但要求改用"钻石"商标,并要求包装
　　上不能有任何"中国制造"或类似字样,这属于(　　)。
　　A. 无牌中性包装　　　　　　　B. 定牌中性包装
　　C. 普通包装　　　　　　　　　D. 无牌包装

16. 定牌中性包装是指(　　　)。

    A. 有商标、牌名，无产地、厂名　　　B. 无商标、牌名，无产地、厂名

    C. 无商标、牌名，有产地、厂名　　　D. 有商标、牌名，有产地、厂名

17. 如果在合同中没有明确规定计重方法，按国际惯例应以(　　　)计算。

    A. 毛重　　　　　B. 净重　　　　　C. 理论重量　　　D. 公量

18. 使用最广泛的运输包装是(　　　)。

    A. 布包　　　　　B. 麻袋　　　　　C. 铁桶　　　　　D. 纸箱

19. 在国际贸易中，若卖方交货数量多于合同规定的数量，根据《联合国国际货物销售合同公约》，买方不可以(　　　)。

    A. 只接受合同规定的数量

    B. 全部接受

    C. 全部拒收

    D. 接受合同规定数量及超出规定数量的一部分

20. 数量条款为"500 M/T 10% MORE OR LESS AT SELLERS OPTIONS"，则卖方交货数量为(　　　)时，不违反合同。

    A. 400 M/T

    B. 560 M/T

    C. 449 M/T 或 551 M/T

    D. 550 M/T 到 450 M/T 之间的任意数量

【参考答案】

    1~5：CCAAA；6~10：ABAAC；11~15：ACBAB；16~20：ABDCD。

二、多选题

1. 下列各项中属于常用度量衡制度的是(　　　)。

    A. 公制　　　　　B. 美制　　　　　C. 日制

    D. 英制　　　　　E. 国际单位制

2. 以下不属于运输包装的是(　　　)。

    A. 托盘　　　　　B. 悬挂式包装　　C. 堆叠式包装

    D. 喷雾包装　　　E. 集装袋

3. 运输包装上可能涉及的标志包括(　　　)。

    A. 运输标志　　　B. 国别标志　　　C. 指示性标志

D. 警告性标志　　E. 重量体积标志

4. 计算重量的方法包括(　　　)。

    A. 毛重　　　　　B. 净重　　　　　C. 公量

    D. 理论重量　　E. 法定重量

5. 求皮重的方法有(　　　)。

    A. 实际皮重　　B. 约定皮重　　C. 习惯皮重

    D. 平均皮重　　E. 加权皮重

6. 根据《联合国国际货物销售公约》,下列说法正确的有(　　　)。

    A. 如卖方实际交货数量少于约定的数量,卖方应在规定的交货期届满之前补交,且不得使买方遭受不合理的损失,买方可保留要求赔偿的权利

    B. 卖方实际交货数量必须严格等于合同约定的数量,不允许短量

    C. 按约定数量交货是卖方的一项基本义务

    D. 卖方实际交货数量必须严格等于合同约定的数量,不允许超量

    E. 如卖方实际交货数量大于约定的数量,买方可以拒收多交的部分,也可收取卖方多交部分中的一部分或全部,但应按实际收取数量付款

7. 下列关于各个图案说法正确的是(　　　)。

    A. 易碎物品　　B. 禁用手钩　　C. 向上

    D. 向上　　　　E. 重心

8. 以下指示性标志中中英文相符的是(　　　)。

    A. HANDLE WITH CARE(小心搬运)

    B. SLING HERE(此处悬索)

    C. GLASS WITH CARE(注意平放)

    D. PORCELAIN WITH CARE(小心瓷器)

    E. OPEN HERE(此处开启)

9. 以下说法中正确的是(　　　)。

    A. 定牌是指在商品包装上使用卖方指定的商标或牌号

    B. 定牌是指在商品包装上使用买方指定的商标或牌号

    C. 无牌是指买方要求卖方在商品包装上免除任何商标或品牌

    D. 无牌是指商品包装上使用的是不知名商标或品牌

    E. 中性包装是指在商品的内外包装上不标明原产地、厂商、商标、牌号等有可能导致识别商品来源地的商品包装

10. 下列属于常用计量单位的是(　　　)。

    A. 长度单位、面积单位　　　　　　B. 重量单位

C. 体积单位　　　　　　　　　D. 容积单位

E. 个数单位

11. 运输包装的作用包括(　　　)。

A. 促进销售　　　　　　　　　B. 保护商品

C. 宣传商品　　　　　　　　　D. 防止货损货差

E. 吸引客户

12. 国际标准化组织推荐的标准唛头包括(　　　)内容。

A. 收货人名称的缩写或代号　　B. 目的地名称

C. 箱号或件号　　　　　　　　D. 产地标志

E. 参考号

13. 合同中数量条款为"500 M/T 10% MORE OR LESS AT SELLERS OPTIONS",则卖方交货数量为(　　　)时,不违反合同。

A. 500 M/T　　　　　　　　　B. 550 M/T

C. 449 M/T 或 551 M/T

D. 550 M/T 到 450 M/T 之间的任意数量

E. 300 M/T

14. "以毛作净"适用于(　　　)。

A. 低值商品

B. 经济价值较高而水分含量极不稳定的商品

C. 具有固定规格和固定体积的商品

D. 包装与货物本身不便分离的商品

E. 贵重商品

15. 下列属于集合运输包装的是(　　　)。

A. 集装箱　　　B. 集装包　　　　C. 集装袋

D. 托盘　　　　E. 漏孔箱

16. 在国际贸易中,若卖方交货数量多于合同规定的数量,根据《联合国国际货物销售合同公约》,买方可以(　　　)。

A. 只接受合同规定的数量,而拒绝超出部分

B. 接受合同规定数量以及超出合同规定数量的一部分

C. 拒收全部货物　　　　　　　D. 接受全部货物

E. 只能接受全部货物

17. 下列有关中性包装正确的描述有(　　　)。

A. 不能有卖方的商标/牌号

B. 标明生产国别但无卖方的商标/牌号

C. 有买方指定的商标/牌号但不标明生产国别

D. 既有商标/牌号又标明生产国别

E. 既不标明生产国别又无买方的商标/牌号

18. 下列关于蒲式耳说法正确的是(　　)。

A. 是一种容积单位　　　　　　　B. 常用于粮食谷物

C. 蒲式耳与重量单位的转换在不同国家、不同农产品之间是有区别的

D. 是一种体积单位

E. 是一种重量单位

19. 下列关于"吨"说法正确的是(　　)。

A. "吨"是国际单位制重量单位之一

B. "公吨"是公制重量单位之一

C. "长吨"是英制重量单位之一

D. "短吨"是美制重量单位之一

E. 1 公吨比 1 长吨少,比 1 短吨多

20. 下列计量单位中属于重量单位的是(　　)。

A. pound　　　　B. ounce　　　　C. picul

D. yard　　　　E. carat

【参考答案】

1. ABDE；2. BCD；3. ABCDE；4. ABCDE；5. ABCD；6. ACE；7. ABDE；
8. ABDE；9. BCE；10. ABCDE；11. BD；12. ABCE；13. ABD；14. AD；
15. ABCD；16. ABD；17. ACE；18. ABC；19. ABCDE；20. ABCE。

三、判断题

1. 以毛作净的计重标准是净重。(　　)

2. 商品以集装箱方式运输时,运输标志可以被集装箱号和铅封号取代。

(　　)

3. 法定重量适用于具有固定规格和固定体积的商品。(　　)

4. 进口生丝 100 公吨,双方约定标准回潮率 15%,经检验实际回潮率为 17%,应按 98.29 公吨付款。(　　)

5. 包装按其货物种类可分为木制品、纸制品、金属制品、玻璃、陶瓷制品和塑料制品包装等。(　　)

20

6. 罐、瓶、篓、坛、钢瓶、瓮属于单件运输包装。(　　)

7. 由于跨国运输运距长、风险大,所有进出口商品都必须经过适当的包装。
(　　)

8. 将商品特定化的最常见、有效的方式是在商品外包装上标明运输标志。
(　　)

9. 中性包装是指卖方在商品包装上使用买方指定的商标或牌号。(　　)

10. 国际物品编码协会分配给我国的国别代码为 690~695,中国澳门特别行政区为 958,中国香港特别行政区为 489,中国台湾为 471。(　　)

11. 中性包装就是通常说的小包装或内包装。(　　)

12. 使用中性包装的主要目的是为了掩盖货物的真实产地,规避贸易壁垒。
(　　)

13. 定牌中性包装是指在包装上既无生产国别,也无商标牌号。(　　)

14. 定牌中性包装与无牌中性包装的共同点在于商品的内外包装上都不注明生产国别。(　　)

15. 运输包装上的标志都应在货运单据上表示出来。(　　)

16. 条形码是为便利销售、结账、经营管理和国际贸易而设计的一种在一定范围内通用的商品代码。(　　)

17. 谷物、汽油、酒精的计量通常采用重量单位。(　　)

18. 当以理论重量成交时,应在合同中订明在结算货款时,是按实际交货重量计价,还是按理论重量计价。(　　)

19. 法定重量是海关依法征收从量税时,作为征税基础的计重方法。(　　)

20. 散装货的特点是数量大、不自然成件,必须配备特定的装卸设备、运输工具、码头和仓储设施,一般使用重量证书而不是包装单据。(　　)

【参考答案】

1~5: ×√×√×; 6~10: √×√×√; 11~15: ×√×√×;
16~20: √×√×√。

第4节 案例精解

1. 某公司进口化工原料 100 公吨,合同规定:新麻袋装,每袋 25 公斤。到货后发现货物扣除皮重后实际重量只有 94 公吨,于是要求出口方退回多收的 6

公吨货款。出口方答复说合同并未规定按净重计价,拒绝退款。请问对方的做法有道理吗?

2. 菲律宾某公司与上海某自行车厂洽谈业务,打算从我国进口"永久"牌自行车 1 000 辆。但要求出口方改用"剑"牌商标,并在包装上不得注明"Made in China"字样。请问:出口方是否可以接受?在处理此项业务时,应注意什么问题?

3. 某公司进口钢板 400 M/T,分别为 6 英尺、8 英尺、10 英尺、12 英尺四种规格各 100 M/T,合同规定每种规格数量允许增减 5%,由出口方决定。出口方交货情况为:6 英尺,70 M/T;8 英尺,80 M/T;10 英尺,60 M/T;12 英尺,210 M/T;总量未超过 420 M/T 的溢短装上限的规定。试分析出口方交货数量是否符合合同规定?进口方是否有权拒收拒付?

4. 某公司出口牛肉一批,合同规定:每箱净重 18 公斤,共 1 500 箱。但货抵目的港后,经海关查验,每箱净重并非 18 公斤而是 20 公斤。海关认为单货不符,进口方以多报少。试分析出口方这样做的后果。

5. 某公司出口果脯 1.5 公吨,合同规定纸箱装,每箱 15 公斤(内装 15 小盒,每小盒 1 公斤)。交货时此种包装的商品无货,于是便将小包装货物发出(每箱仍 15 公斤,但内装 30 小盒,每小盒 0.5 公斤)。到货后,进口方以包装不符为由要求减价,出口方认为数量完全相符,进口方理应按原价付款。你认为应如何处理?

【参考答案】

1. 出口方的做法没有道理。因为根据国际惯例,买卖双方如果在合同中没有明确规定计重方法,则应按净重计量和计价。故本案中出口方应退回多收的货款或补交短少的数量。

2. 这是一笔外商要求采用定牌中性包装的交易,出口方一般可以接受。但是在处理该项业务时应注意下列问题:首先进口方是否拥有该商标的合法使用权,如果出口方一时无法判明,应在合同中写明"若发生工业产权争议,由买方负责";其次如果这种做法可能会妨碍或冲击出口方自有品牌产品在这一市场的销售,则不宜接受。

3. 出口商交货数量不符合合同规定,因为虽然出口商交货总量为 420 M/T,并未超过溢短装上限,但合同规定每种规格的数量允许增减 5%,而不是总量允许增减 5%,每种规格的溢短装范围应为:95 M/T ~ 105 M/T,而本案中每种规格的实际交货数量都不在该范围内,因此进口商有权拒收拒付。

4. 在进出口交易中,按约定数量交货是卖方的一项基本义务。本案中合同规定:每箱净重 18 公斤,共 1 500 箱。但海关查验时发现实际每箱净重 20 公斤。出口方擅自改变了每箱的实际净重,其行为已经构成了违约,进口方可能因此拒绝接受多交的部分。另外,出口方的行为导致了单货不符,不仅会给进口方带来通关的麻烦,而且可能导致进口方因以多报少被海关罚款。

5. 本案中虽然出口方交货总数量符合合同规定,但包装方式与合同要求的包装方式不符,违反了合同包装条款的规定,因此应承担违约的后果。进口方以包装不符为由要求减价是合理的,出口方应设法尽量降低减价的幅度。

第3章
国际贸易术语

第1节　学习指导

　　贸易术语是构成进出口商品单价的四个要素之一,是用来说明价格构成,以及买卖双方在交接货物过程中各自承担的责任、风险、手续和费用划分的专门术语。其作用主要体现在简化交易磋商内容、节省交易时间和费用、便利贸易发展。

　　1. 关于贸易术语的国际贸易惯例有以下三个:

　　(1)《1932 年华沙—牛津规则》;

　　(2)《1990 年美国对外贸易定义修订本》;

　　(3)《2010 年国际贸易术语解释通则》(INCOTERMS2010)。

　　其中 INCOTERMS 已成为在全球商界最具影响力和权威性、使用范围最广泛、认同度最高的国际贸易惯例。

　　2. INCOTERMS2010 的 11 种贸易术语,如表 3.1 所示。

表 3.1　INCOTERMS2010 的 11 种贸易术语

适用范围	国际代码	中英文全称
任何单一运输方式或多种运输方式	EXW	Ex Works(insert named place of delivery)INCOTERMS2010 工厂交货(插入指定交货地点)
	FCA	Free Carrier(insert named place of delivery)INCOTERMS2010 货交承运人(插入指定交货地点)
	CPT	Carriage Paid To(insert named place of destination)INCOTERMS2010 运费付至(插入指定目的地)
	CIP	Carriage and Insurance Paid To(insert named place of destination)INCOTERMS2010 运费和保险费付至(插入指定目的地)

适用范围	国际代码	中英文全称
任何单一运输方式或多种运输方式	DAT	Delivered At Terminal（insert named terminal at port or place of destination）INCOTERMS2010 运输终端交货（插入作为运输终端的指定目的港或目的地）
	DAP	Delivered At Place（insert named place of destination）INCOTERMS2010 目的地交货（插入指定目的地）
	DDP	Delivered Duty Paid（insert named place of destination）INCOTERMS2010 完税后交货（插入指定目的地）
海运和内河水运	FAS	Free Alongside Ship（insert named port of shipment）INCOTERMS2010 装运港船边交货（插入指定装运港）
	FOB	Free On Board（insert named port of shipment）INCOTERMS2010 装运港船上交货（插入指定装运港）
	CFR	Cost and Freight（insert named port of destination）INCOTERMS2010 成本加运费（插入指定目的港）
	CIF	Cost Insurance and Freight（insert named port of destination）INCOTERMS2010 成本、保险费加运费（插入指定目的港）

3. INCOTERMS2010 按交货地点分类与分组，如图 3.1 所示。

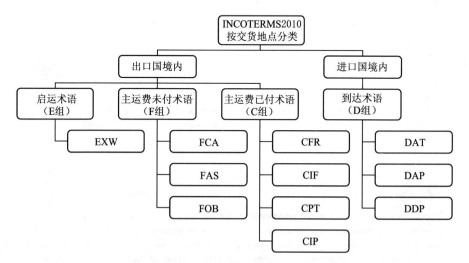

图3.1　INCOTERMS2010 按交货地点分类与分组

4. INCOTERMS2010 贸易术语图解①如下。

(1) EXW。

(2) FCA。

(3) CPT。

(4) CIP。

(5) DAT。

----

① 以图示的方式说明货物的交货地点、风险划分点、运费及保险费划分点。卖方为深色区域（左侧），买方为浅色区域（右侧）。

（6）DAP。

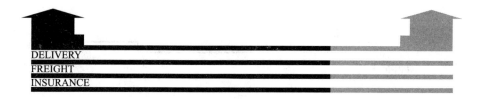

DELIVERY
FREIGHT
INSURANCE

（7）DDP。

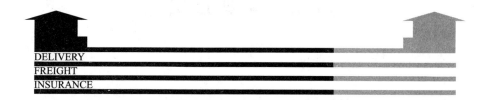

DELIVERY
FREIGHT
INSURANCE

（8）FAS。

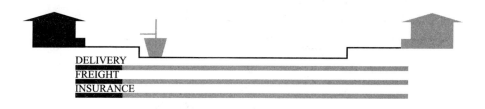

DELIVERY
FREIGHT
INSURANCE

（9）FOB。

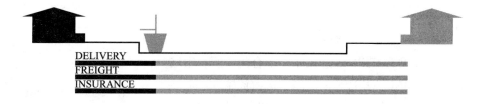

DELIVERY
FREIGHT
INSURANCE

（10）CFR。

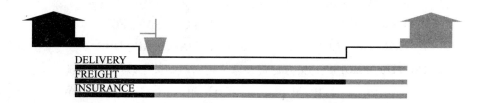

DELIVERY
FREIGHT
INSURANCE

（11）CIF。

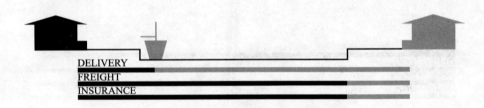

第2节　重要知识点

本章的重要知识点主要包括以下内容：

1. 贸易术语的概念；

2. INCOTERMS2010 11 种贸易术语的中英文全称；

3. INCOTERMS2010 11 种贸易术语的含义；

4. INCOTERMS2010 按交货地点分类与分组；

5. 使用常用贸易术语的注意事项；

6. 选用贸易术语应考虑的因素。

第3节　自我检测

一、单选题

1. 下列说法中正确的是(　　)。

    A. INCOTERMS 适用于买卖合同的所有领域

    B. INCOTERMS 仅适用于货物贸易

    C. 适用 INCOTERMS 无须注明版本

    D. INCOTERMS 仅适用于服务贸易

2. INCOTERMS2010 中属于"主运费未付"的术语包括(　　)。

    A. EXW   B. FCA、FAS、FOB

    C. CFR、CIF、CPT、CIP   D. DAT、DAP、DDP

3. INCOTERMS2010 中,买方自费办理货物出口结关手续的术语是(　　)。

    A. FAS   B. FOB   C. FCA   D. EXW

4. 根据 INCOTERMS2010,若以 CFR 条件成交,买卖双方风险划分是以(　　)为界。

　　A. 货物交给承运人保管　　　　B. 货物交给第一承运人保管

　　C. 货物在装运港置于船上　　　　D. 货物在装运港越过船舷

5. 下列说法中错误的是(　　)。

　　A. EXW 是工厂交货,适用于所有运输方式

　　B. EXW 是买方责任最小的贸易术语

　　C. EXW 是工厂交货,在商品所在地交货

　　D. EXW 属于 E 组贸易术语

6. 下列说法中与 INCOTERMS2010 相符的是(　　)。

　　A. FCA 是货交承运人　　　　B. FAS 是装运港船上交货

　　C. FCA 仅适用于海运　　　　D. FOB 适用于所有运输方式

7. 关于 CFR 的说法正确的是(　　)。

　　A. CFR 属于成本加运费加保险费　　B. CFR 属于成本加运费

　　C. CFR 是装运港船边交货　　　　D. CFR 适用于各种运输方式

8. INCOTERMS2010 中,哪种贸易术语是指"运输终端交货"(　　)。

　　A. DAP　　　　B. DDU　　　　C. DDP　　　　D. DAT

9. 以下哪种贸易术语适合各种运输方式(　　)。

　　A. FOB　　　　B. DAP　　　　C. CFR　　　　D. CIF

10. INCOTERMS2010 于 2011 年 1 月 1 日起生效,是国际商会对 INCO-TERMS 所作的第(　　)次修订。

　　A. 4　　　　B. 5　　　　C. 6　　　　D. 7

11. 《1932 年华沙—牛津规则》是国际法协会专门为解释(　　)合同而制定的。

　　A. CPT　　　　B. CFR　　　　C. CIF　　　　D. CIP

12. 就卖方承担的货物风险而言(　　)。

　　A. CIF 与 FOB、CFR 风险相同　　B. CIF 最大,CFR 次之,FOB 最小

　　C. FOB 最大,CFR 次之,CIF 最小　　D. CIF 和 CFR 的风险比 FOB 大

13. 下列贸易术语中,在出口国内陆交货又属象征性交货的术语是(　　)。

　　A. EXW　　　　B. FCA　　　　C. DDP　　　　D. FOB

14. 根据 INCOTERMS2010,下列贸易术语中装卸费都由卖方承担的是(　　)。

　　A. CIF　　　　B. DAT　　　　C. FOB　　　　D. DAP

15. 在 CFR 中卖方的义务不包括(　　)。

　　A. 租船订舱,支付运费

B. 在约定期限内,在指定装运港将货物装上船,并及时通知买方

C. 承担货物在装运港置于船上之前的风险

D. 自费取得进口许可证或其他官方许可,办理进口相关手续

16. 关于 CIP 说法错误的是( )。

    A. 卖方投保属于代办性质

    B. 卖方按双方在合同中约定的险别投保

    C. 如果买卖双方未在合同中明确规定投保险别,则由卖方按照惯例投保最低险别

    D. 保险金额一般是 CIP 货值的 120%,并采用与合同相同的货币

17. 根据 INCOTERMS2010,关于 FOB、CFR、CIF 下列说法正确的是( )。

    A. 三者都适用于各种运输方式

    B. 三者都是船边交货

    C. 三者都以装运港船上作为风险划分的界限

    D. 三者都以装运港船舷作为风险划分的界限

18. FOB、CFR、CIF 三种术语的主要区别在于( )。

    A. 交货地点不同

    B. 风险划分界限不同

    C. 交易双方承担的责任与费用不同

    D. 合同性质不同

19. 以下哪个术语不属于 INCOTERMS2010( )。

    A. DAT   B. DDP   C. DAP   D. DES

20. INCOTERMS2010 中,以下哪种术语仅适用于海运和内河水运的术语( )。

    A. FAS   B. FCA   C. CIP   D. DAP

【参考答案】

    1~5:BBDCB;6~10:ABDBD;11~15:CABBD;16~20:DCCDA。

二、多选题

1. 下列有关 INCOTERMS 的说法正确的是( )。

    A. INCOTERMS 仅适用于买卖合同的部分领域

    B. INCOTERMS 仅适用于货物贸易

C. 使用 INCOTERMS 时应注明版本

D. INCOTERMS 也适用于运输合同、保险合同和融资合同

E. INCOTERMS 也适用于服务贸易

2. INCOTERMS2010 与《1990 年美国对外贸易定义修正本》在 FOB 贸易术语上的主要区别是(　　)。

A. 风险划分点不同　　　　　　B. 适用的运输方式不同

C. 表达方式多寡不同,前者只有 1 种,后者有 6 种

D. 出口清关手续及其费用承担方式不同

E. 进口清关手续及其费用承担方式不同

3. 下列说法中正确的是(　　)。

A. FOB、CFR、CIF 都是以货物在装运港装上船为交货及风险分界点

B. FOB、CFR、CIF 三种贸易术语只适用于水上运输方式

C. FCA、CPT、CIP 三种贸易术语适用于所有的运输方式

D. FOB 和 FCA、CFR 和 CPT、CIF 和 CIP 的价格构成相同

E. CIF 和 CIP 都是不包括运费和保险费在内的价格

4. 有关 CPT 术语买卖双方义务的说法错误的是(　　)。

A. 卖方安排运输,支付运费

B. 卖方按合同规定时间,将符合合同约定的货物交给承运人处置,并及时通知买方

C. 卖方承担货交承运人监管之后的风险

D. 买方自费取得进出口许可证或其他官方许可,办理进出口相关手续

E. 买方接受与合同相符的单据,受领货物,支付价款

5. 一家美国出口商向日本出口一批钢材,若双方约定使用 DAP 贸易术语,以下说法正确的是(　　)。

A. DAP 是目的地交货

B. 美国出口商在合同规定的时间将货物运至进口国指定目的地,将处在抵达的运输工具上可供卸载的货物交由买方处置时即完成交货义务

C. 以卖方将货物交由买方处置为风险划分的界限,即货交买方处置之前的一切费用和风险由卖方承担,之后由买方承担

D. 美国出口商自付费用办理相关出口手续,日本进口商自付费用办理相关进口手续

E. 卖方负责提供商业发票和买方提货所需的单据

6. 关于 DAP 与 CIF 的区别,下列说法有误的是(　　)。

A. CIF 是象征性交货,DAP 是实际交货

B. 风险划分的界限不同,CIF 在装运港船上,DAP 在进口国指定地点卸货后货交买方时

C. 保险均为代办性质

D. DAP 合同为装运合同,CIF 合同为到货合同

E. 习惯上将 CIF 称为"到岸价"实际上是不确切的,而 DAP 才是真正意义上的"到岸价"

7. 进出口商在实际业务中,究竟采用何种贸易术语应考虑下列哪些因素(   )。

A. 与运输方式相适应　　　　　　　B. 与本国文化传统相符合

C. 考虑办理进出口货物结关手续的难易

D. 考虑运价动态

E. 考虑承运人风险控制

8. FOB 与 FCA 相比较,其主要区别是(   )。

A. 适用的运输方式不同　　　　　　B. 买卖双方风险划分界限不同

C. 交货地点不同

D. 出口清关手续及其费用的承担不同

E. 提交的运输单据种类不同

9. 关于 INCOTERMS2010 中的 CFR 和 CPT 的说法正确的是(   )。

A. 二者的价格构成模式相同,均为运费在内价

B. 二者的合同性质都属于装运合同

C. CFR 以货物在装运港装上船为交货及风险分界点,CPT 以货物在指定地点交给承运人为交货及风险分界点

D. CFR 卖方交货后需及时向买方发出装运通知,以便买方办理投保手续而 CPT 卖方却没有必要向买方发出装运通知

E. CPT 术语适用于任何运输方式,CFR 术语仅适用于海洋或内河运输

10. 按照 INCOTERMS2010 的解释,FCA、CPT、CIP 的相同之处表现为(   )。

A. 适用的运输方式相同　　　　　　B. 交货方式相同

C. 风险的划分界限相同

D. 可能涉及海运、陆运、空运等多种保险

E. 均由卖方自付费用办理相关进出口手续

11. 根据 INCOTERMS2010,在出口国境内交货的术语有(   )。

A. DAT　　　　　B. DAP　　　　　C. CIF

D. FCA　　　　　E. EXW

12. INCOTERMS2010 的 D 组术语包括( )。
    A. 边境交货　　　　　　　　　　B. 运输终端交货
    C. 未完税交货　　　　　　　　　　D. 目的地交货
    E. 完税后交货

13. INCOTERMS2010 中关于 D 组术语说法正确的有( )。
    A. 属于到达术语　　　　　　　　B. 买卖合同属于"到货合同"
    C. 卖方必须负责将货物运送到约定的目的地或目的港
    D. 卖方负担货物交至约定的目的地或目的港处为止的一切风险和
       费用
    E. 卖方在边境或进口国交货时都无需办理进口清关手续。

14. 根据 INCOTERMS2010,通常由卖方负担保险费的术语有( )。
    A. DAT　　　　　B. DAP　　　　　C. DDP
    D. CIF　　　　　E. CIP

15. 根据 INCOTERMS2010,由买方负担卸货费的术语有( )。
    A. DAT　　　　　B. DAP　　　　　C. DDP
    D. CIF/CIP　　　E. CFR/CPT

16. 贸易术语的作用包括( )。
    A. 简化交易磋商的内容　　　　　　B. 节省交易时间和费用
    C. 便利贸易发展
    D. 买卖双方交易磋商的基础,履行合同义务及享受合同权利的依据
    E. 解决合同争议与纠纷的重要依据

17. 下列说法正确的是( )。
    A. 贸易术语是确定买卖合同性质的重要因素
    B. 贸易术语是确定买卖合同性质的唯一因素
    C. 一般情况下,贸易术语的性质与买卖合同的性质相吻合
    D. 贸易术语并不是确定合同性质的唯一因素
    E. 合同中其他条款的规定也会影响到合同性质

18. 关于装运通知,以下说法正确的是( )。
    A. 就卖方而言,在使用 FOB/FCA、CFR/CPT 和 CIF/CIP 时都应向买
       方发送装运通知
    B. 在实际业务中,买卖双方有必要在合同中明确规定卖方发送装运通
       知的时限、方式和内容
    C. 卖方可能因遗漏或不及时向买方发出装运通知,致使买方未能及时
       办妥货运保险甚至漏保所造成的后果承担违约责任

D. 装运通知的内容要完全满足买方为在目的港收取货物而采取必要措施的需要

E. 就买方而言,CFR/CPT 术语下的装运通知具有格外重要的意义

19. 关于 CIF/CIP 项下的保险,以下说法正确的是( )。

A. 这项保险的性质属于代办性质

B. 卖方有必要向买方提供经其背书的保险单,由买方凭以在目的港直接向保险人办理索赔

C. 买卖双方在合同的保险条款中应明确规定保险险别、保险金额、适用的保险条款

D. 买卖双方如无特别约定,卖方按 CIF 货值的 110% 以合同货币的币种投保最低险别即可

E. 最低险别需至少符合 ICC(C)或类似条款的最低险别

20. 关于 DAP 以下说法正确的是( )。

A. 是 INCOTERMS2010 新增加的术语,旨在替代 INCOTERMS2000 中的 DAF、DES 和 DDU

B. 交货地点可以是两国边界指定地点、目的港船上或进口国内陆指定地点

C. 卖方负担进口通关的费用及关税

D. 卖方不负担进口通关的费用及关税

E. 卖方不负担卸货费用

【参考答案】

1. ABC;2. ABDE;3. ABCD;4. CD;5. ABCDE;6. BCD;7. ACDE;
8. AC;9. ABCE;10. ABCD;11. CDE;12. BDE;13. ABCD;14. ABCDE;
15. BCDE;16. ABCDE;17. ACDE;18. ABCDE;19. ABCDE;20. ABDE;

三、判断题

1. 根据 INCONTERMS2010 的规定,DDP 的卖方必须办理进口和出口手续。

( )

2. 由于 INCOTERMS2010 没有沿用 INCOTERMS2000 的分类方式,只是简单的将 11 个贸易术语按照适用范围分为两类,所以 INCOTERMS2000 的分类与分组方式没有任何意义。( )

3. 根据 INCONTERMS2010 的规定,CIF 的卖方必须办理运输,所以卖方必须承担货物在运输途中的一切风险。(　　)

4. INCOTERMS2010 已于 2011 年 1 月 1 日正式生效,这意味着 INCO-TERMS 之前各版本均已失效。(　　)

5. 在一笔具体的进出口交易中,除交易双方签订的买卖合同外,还涉及诸如运输合同、保险合同、融资合同等。(　　)

6. 在各种常用的贸易术语中,DDP 是卖方承担义务最多的贸易术语。(　　)

7. 根据 INCOTERMS2010,在 CFR 术语下,卖方必须给予买方关于货物已按规定交至船上的"充分的通知"。(　　)

8. INCOTERMS2010 中的"包装"指为满足买卖合同的要求或为适应运输需要对货物进行包装,不涉及在集装箱或其他运输工具中装载包装好的货物。(　　)

9. F 组术语均由卖方负责解决运输工具、支付运费,由卖方按照合同规定的时间和地点完成交货。(　　)

10. 以装运港船舷作为划分风险的界限是 INCOTERMS2010 中 FOB、CFR 和 CIF 的共同点。(　　)

11. CIF 合同和目的港交货合同是两种不同性质的合同。(　　)

12. 象征性交货的基本特点是"凭单交货,凭单付款"。(　　)

13. 当使用集装箱运输货物时,卖方通常将货物在集装箱码头移交给承运人,而不是交到船上,这时不宜使用 FOB 术语,而应使用 FCA 术语。(　　)

14. 根据 INCOTERMS2010 按 FOB、CFR、CIF 成交,货物在装运港装置于船上后,风险均告转移。因此,货到目的港后买方如发现品质、数量、包装等与合同规定不符,卖方概不负责。(　　)

15. 在 CIP 术语下,卖方要将合同规定的货物运到指定目的地,这个地点可以是两国边界指定地点、目的港船上或进口国内陆指定地点,所以 CIP 和 DAP 的交货地点相同。(　　)

16. 按 CIF 术语成交,尽管价格中包括至指定目的港的运费和保险费,但卖方不承担货物必然到达目的港的责任。(　　)

17. FCA 术语下,如果双方约定在卖方所在地交货,卖方需负责将货物装上买方指定承运人所提供的运输工具。(　　)

18. INCOTERMS 中所说的最低险别通常只适用于散装货物在运输途中因意外事故造成的损失,而不适用于制成品。因为制成品常常面临由于一般外来原因所引起的损失,为此通常需要投保责任范围较大的险别。(　　)

19. FCA 术语下,如果双方约定在其他地点(如 CY、CFS 等)交货,卖方需

自备运输工具将货物运至该指定地点并负责卸货。（　　　）

20. 在多式联运情况下,货交承运人是指卖方在将货物交给第一承运人时即完成交货,风险也自货物交付给第一承运人时转移。（　　　）

【参考答案】

1～5：√×××√；6～10：√√√××；11～15：√√√××；

16～20：√√√×√。

第4节 案例精解

1. 某公司以 CFR 价出口货物一批,货物装上船后已是周五下班时间,业务员在周一上班后向买方发出装船通知。待对方收到装船通知办理投保手续时,得知载货船舶已于周日在运输途中沉没。进口方以出口方未及时发出装船通知为由提出索赔,出口方应如何处理?

2. 某公司进口 5 000 公斤羊毛,采用 CFR 天津,装运期为当年 6 月。6 月 19 日出口方发来装船通知称货已装船,船名为 XINGHE V. 158,预计到达目的港的时间为 7 月 10 日。但直到 8 月 9 日 XINGHE V. 158 轮才抵达天津港,进口方去办理提货手续时发现船上根本没有合同项下的货物,后经多方查找,才发现合同项下的货物已在 7 月 20 日由另一条船运抵天津港。但此时因进口方迟报关和迟提货,被海关征收滞报金及转栈费人民币 16 000 元。对此进口方可否向出口方提出索赔?

3. 兰州某公司出口甘草膏,使用 20 英尺集装箱装运,单价为 FOB Tianjin USD 1800 per MT,装运期为 12 月 25 日前。兰州公司在天津设有办事处,于是在 12 月上旬便将货物运到天津,由天津办事处协调装船事宜。不料货物在天津存仓后的第三天,仓库午夜失火,由于风大火烈抢救不及,货物全部被焚。办事处立即通知兰州公司要求尽快补发货物,否则无法按期装船,但总部已无现成货源。试分析兰州公司应如何处理? 应吸取哪些教训?

4. 某公司按 CIF 伦敦向英商出售一批核桃仁,由于该商品用于圣诞节销售,为赶上销售季节,双方在合同中规定:出口方保证运货船只不迟于 12 月 2 日驶抵目的港;如货轮迟于 12 月 2 日抵达目的港,进口方有权取消合同;如货款已收,出口方必须将货款退还进口方。请问这份合同的性质是否属于 CIF 合同? 决定合同性质的因素有哪些?

5. 某公司出口一级大米 300 公吨,按 FOB 条件成交,装船时货物经公证人检验,符合合同规定的品质条件,出口方在装船后已及时发出装船通知。但航行途中由于海浪过大,大米被海水浸泡,品质受到影响。当货物到达目的港后,只能按三级大米的价格出售,因而进口方要求出口方赔偿差价损失。试问在上述情况下,出口方对该项损失是否负责? 为什么?

6. 有一份 CIF 合同,货物已在合同规定的时间和装运港装船,受载船只离港四小时后触礁沉没。当出口方凭手中持有的提单、保险单、商业发票等单据要求进口方付款时,进口方以未见到货物为理由,拒绝接受单据和付款。试问在上述情况下,出口方有无权利凭规定的单据要求进口方付款? 为什么?

【参考答案】

1. 如果合同中明确规定了出口方在货物装船后发出装船通知的时限,且出口方未在规定时限内发出装船通知,则出口方应承担货物损失的责任。

如果装船通知是按照合同规定的时间、方式、内容发出的,出口方应说明情况,不需要承担货物损失的责任。

如果合同中未明确规定出口方在货物装船后发出装船通知的时限,按照惯例出口方必须给予进口方关于货物已按合同规定交至船上的"充分的通知"。所谓充分的通知,是指该装船通知在时间上是"毫不延迟"的,在内容上是"详尽"的,完全满足进口方为在目的港收取货物而采取必要措施(包括及时投保、做好提货准备、及时转售货物等)的需要。本案中出口方没有做到"毫不延迟",因而出口方不能排除对于因不及时向进口方发出装船通知,致使进口方未能及时办妥货运保险所造成的后果承担违约责任。

2. 进口方可向出口方提出索赔。因为根据 INCOTERMS2010 在 CFR 术语下出口方必须给予进口方关于货物已按合同规定交至船上的"充分的通知"。发送装船通知是出口方完成交货义务的有机组成部分,而本案中出口方虽然发出了装船通知,但该装船通知的内容与实际情况严重不符,致使进口方因迟报关和迟提货而被海关征收滞报金及转栈费,出口方应赔偿进口方相应损失。

3. 首先兰州公司应及时联系进口方,争取与进口方协商将装运期延后以重新组织货源安排出运,但即使进口方同意延展交货期,兰州公司也需要重新寻找货源并承担已经发生的货损。本案应吸取的教训是:作为一个内陆公司,选用 FOB 术语是不恰当的。因为 FOB 只适用于水上运输方式,而兰州没有港口,所以兰州公司必须先将货物由兰州陆运到天津港,承担陆路运输的风险和费用。如果选用 FCA 术语,兰州公司就可以在兰州当地的集装箱货运站将货物交给承运人,不仅可以免除陆路运输的风险和费用,而且在货交承运人后可以更早的取得运输单据,尽早交单,尽早收汇。

4. 这一合同的性质已不属于 CIF 合同。根据 INCOTERMS2010, CIF 合同的性质属于装运合同。因为按 CIF 术语成交时,出口方是在装运港完成交货,出口方承担的风险也仅限于在装运港将货物装上船之前的风险,货物装船后产生的除运费和保险费之外的费用,出口方并不负责承担。也就是说,CIF 的出口方有义务保证货物在装运港按时装船,并没有义务保证货物按时运抵目的港。但本案中合同规定如果货轮迟于 12 月 2 日抵达目的港,进口方有权取消合同,意味着出口方要承担运输过程中的风险,此时合同的性质已经变为到货合同。可见,虽然贸易术语是确定买卖合同性质的重要因素,但它并不是确定合同性质的唯一因素,合同中其他条款的规定也会影响到合同性质。

5. 出口方对该项损失不需负责。因为根据 INCOTERMS2010,以 FOB 出口时,出口方在指定装运港完成交货时风险也发生转移,进口方必须自该交货点起,负担一切费用和货物灭失或损坏的风险。本案中货物所遭受的损失是在运输途中部分大米被海水浸泡所致,而非出口方所交货物品质固有的缺陷。事实上货物在装船时已验明货物品质是符合合同规定的。因此,出口方对该项损失不需负责,进口方应凭保险单向保险公司索赔。

6. 本案出口方有权利凭规定的单据要求进口方付款。因为 CIF 是象征性交货,其基本特点是"凭单交货,凭单付款"。只要出口方在装运港将货物装至船上并通过一定程序向进口方提交符合合同及/或信用证条款规定的单据(通常包括商业发票、海运提单、保险单),即完成了交货义务。即使货物在运输途中灭失,进口方也不能拒收单据和拒付货款。如果出口方提交的单据不符合合同及/或信用证规定,即使交付的货物完全合格,进口方仍有权拒收单据和拒付货款。所以,进口方以未见到货物为理由,拒绝接受单据和付款是没有道理的,出口方有权利凭合格的单据要求进口方付款。

第4章
国际货物运输与保险

第1节 学 习 指 导

根据不同情况,国际货物运输采用不同的单一或联合运输方式,使用不同的运输单据。其中,海洋运输是最重要的运输方式,约占国际货物运输总量的80%,集装箱班轮运输是目前国际货物主流运输方式。

由于国际货物运输的复杂性和风险性,通常需要为运输过程中的货物办理相应的运输保险,以达到分散风险、补偿损失的目的。

1. 国际货物运输方式的分类,如图4.1所示。

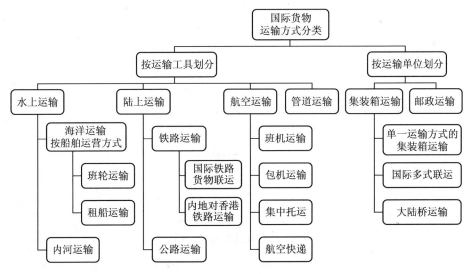

图4.1 国际货物运输方式的分类

2. 不同运输方式使用的运输单据,如表4.1所示。

表 4.1　不同运输方式使用的运输单据

运输方式	运输单据
海洋运输	海运提单、非转让海运单、租船合约提单
铁路运输	国际铁路联运运单、承运货物收据
航空运输	航空运单、快递收据
邮政运输	邮政收据、投递证明
国际多式联运	多式联运单据

3. 海运货物保险保障的范围,如图 4.2 所示。

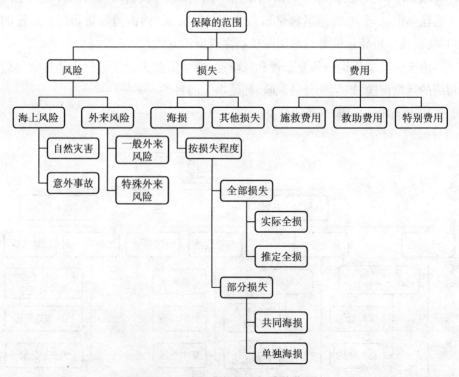

图 4.2　海运货物保险保障的范围

4. 中国保险条款的构成,见表 4.2 所示。

表4.2　中国保险条款的构成

	保险条款名称	基本险（主险）	附加险
C I C	海洋运输货物保险条款（Ocean Marine Cargo Clauses）	平安险 水渍险 一切险	一般附加险 11 种特殊附加险 8 种（除战争险外均可适用于陆、空、邮运货物保险）
	陆上运输货物保险条款（Overland Transportation Cargo Insurance Clauses）	陆运险 陆运一切险	陆上运输货物战争险（火车）
	航空运输货物保险条款（Air Transportation Cargo Insurance Clauses）	航空运输险 航空运输一切险	航空运输货物战争险
	邮包保险条款（Parcel Post Insurance Clauses）	邮包险 邮包一切险	邮包战争险
专门保险条款	海洋运输冷藏货物保险条款（Ocean Marine Insurance Clauses-Frozen Products）	冷藏险 冷藏一切险	
	陆上运输冷藏货物保险条款（Overland Transportation Cargo Insurance Clauses-Frozen Products）	同左	
	海洋运输散装桐油保险条款（Ocean Marine Insurance Clauses-Woodoil Bulk）	同左	
	活牲畜、家禽的海、陆、航空运输保险条款（Livestock & Poulty Insurance Clauses-by Sea, Land or Air）	同左	

5. 平安险、水渍险和一切险的承保责任范围,如表4.3 所示。

表4.3　平安险、水渍险和一切险的承保责任范围

承保责任范围	FPA	WPA	AR
1. 运输途中由于恶劣气候、雷电、海啸、地震、洪水等自然灾害造成整批被保险货物的实际全损或推定全损。被保险货物用驳船运往或运离海轮的,每一驳船所装的货物可视作一个整批			
2. 由于运输工具遭遇搁浅、触礁、沉没、互撞、与流冰或其他物体碰撞以及失火、爆炸等意外事故造成被保险货物的全部或部分损失			
3. 在运输工具已经发生搁浅、触礁、沉没、焚毁等意外事故的情况下,被保险货物在此前后又在海上遭遇恶劣气候、雷电、海啸等自然灾害所造成的部分损失			

承保责任范围	FPA	WPA	AR
4. 在装卸或转船时,被保险货物一件或数件或整件落海所造成的全部或部分损失	✓	✓	✓
5. 被保险人对遭受承保责任内危险的货物采取抢救、防止或减少货损的措施所支付的合理费用,但以不超过该批被救货物的保险金额为限	✓	✓	✓
6. 运输工具遭遇自然灾害或者意外事故后,在避难港由于卸货所引起的损失,以及在中途港、避难港由于卸货、存仓、运送货物所产生的特别费用	✓	✓	✓
7. 共同海损的牺牲、分摊和救助费用	✓	✓	✓
8. 运输契约如订有"船舶互撞责任"条款,根据该条款规定应由货方偿还船方的损失	✓	✓	✓
9. 被保险货物由于恶劣气候、雷电、海啸、地震、洪水等自然灾害所造成的部分损失		✓	✓
10. 被保险货物由于一般外来风险所造成的全部或部分损失			✓

第 2 节　重 要 知 识 点

本章的重要知识点如下:

1. 国际货物运输方式及各自特点;

2. 班轮运输的特点;

3. 集装箱运输的优势;

4. 海运提单的性质、作用和种类;

5. 其他运输单据定义、作用;

6. 风险、损失以及费用的定义、种类;

7. 构成共同海损应具备的条件;

8. 共同海损和单独海损的主要区别;

9. CIC 和 ICC 的险别构成及承保责任范围。

第3节 自我检测

一、单选题

1. 最主要的国际货物运输方式是(　　),约占国际货运总量的80%。
   A. 陆运
   B. 海运
   C. 空运
   D. 国际多式联运

2. 联运提单的签发人对(　　)。
   A. 运输的全程负责
   B. 第一程运输负责
   C. 最后一程负责
   D. 海运负责,其他运输方式不负责

3. 根据重量和体积的关系,货物分为重货和(　　)。
   A. 轻泡货　　　B. 件杂货物　　　C. 长大笨重货物　D. 大宗货物

4. 重货的运费计算标准一般采用(　　)。
   A. 按净重计算　　B. 按体积计算　　C. 按价值计算　　D. 按毛重计算

5. 以下不适宜采用航空急件递送的物品是(　　)。
   A. 急需药品　　　B. 医疗器械　　　C. 原木　　　　　D. 文件

6. 计算航空运费时,体积重量(KGS) = 货物体积(立方米) ÷ (　　)。
   A. 0.006　　　　B. 0.06　　　　C. 0.005　　　　D. 0.05

7. 国际海运的主流是(　　)。
   A. 期租船运输
   B. 程租船运输
   C. 光船租船运输
   D. 集装箱班轮运输

8. 海运航线根据船舶运营方式可分为(　　)。
   A. 远洋航线和不定期航线
   B. 沿海航线和近洋航线
   C. 近洋航线和远洋航线
   D. 定期航线和不定期航线

9. 集装箱货物交接方式中LCL/FCL的意思是(　　)。
   A. 整箱交,整箱接
   B. 拼箱交,拆箱接
   C. 整箱交,拆箱接
   D. 拼箱交,整箱接

10. 不适于开顶集装箱的货物是(　　)。
    A. 各种散装的粉粒状货物
    B. 玻璃板
    C. 钢制品
    D. 机械设备

11. "Terminal Handling Charge"指的是(　　)。
    A. 拼箱服务费
    B. 集装箱码头操作费

C. 集装箱及其设备使用费　　　　D. 内陆运输费

12. FCB 包箱费率是指(　　　)。

　　A. 不分货物种类、也不计货量,只规定统一的每个集装箱收取的费率

　　B. 按不同货物等级制定的包箱费率

　　C. 按不同货物等级或货物类别以及计算标准制定的包箱费率

　　D. 针对部分特殊货物进行分类,制定的包箱费率

13. 航空货物运输中开展最为普遍的运输方式是(　　　)。

　　A. 班机运输　　　　　　　　　B. 集中托运

　　C. 航空急件递送　　　　　　　D. 包机运输

14. 下列哪种提单在实际业务中的应用最为广泛(　　　)。

　　A. "空白抬头、空白背书"提单　B. 不记名提单

　　C. 记名提单　　　　　　　　　D. 全式提单

15. 集装箱货物交接地点中最能发挥集装箱运输优越性的是(　　　)。

　　A. CY/CFS to CY/CFS　　　　B. CY/CFS to Door

　　C. Door to Door　　　　　　　D. Door to CY/CFS

16. 下列关于国际多式联运的特征说法错误的是(　　　)。

　　A. 必须使用多式联运单据

　　B. 多式联运经营人必须对全程运输承担承运人的运输责任

　　C. 必须使用至少两种且包括海运在内的运输方式进行不间断的跨国
　　　运输

　　D. 多式联运经营人必须与货主签订多式联运合同

17. 下列关于 OCP 运输说法错误的是(　　　)。

　　A. 货物必须经由美国东海岸港口中转

　　B. 在提单备注栏内及唛头上应注明最终目的地 OCP×××城市

　　C. 凡从美国内陆地区启运经西海岸港口装船出口的货物同样可按
　　　OCP 运输条款办理

　　D. OCP 指美国落基山脉以东的内陆地区

18. 根据我国海运货物保险条款,货物抵达目的港后如不卸离海轮或驳船,战
争险的保险责任从海轮到达目的港当天午夜起算满多少天为止(　　　)。

　　A. 60　　　　　B. 15　　　　　C. 45　　　　　D. 30

19. 从承保责任范围来看,ICC(A)大致对应(　　　)。

　　A. 一切险　　B. 水渍险　　　C. 平安险　　　D. 战争险

20. 管道运输中应用最为普遍的是(　　　)。

　　A. 地下管道　　B. 架空管道　　C. 地面管道　　D. 海底管道

21. 下列哪种情况不能视为推定全损( )。
    A. 保险标的物遭受严重损害,完全灭失已不可避免
    B. 保险标的物遭受严重损害,修理费用要超过修复后的价值
    C. 保险标的物遭受严重损害,续运到原定目的地的费用之和将要超过保险价值
    D. 载货船舶失踪,达到一定时期仍无消息

22. 各种运输方式中运输时间最短、运价水平最高的是( )。
    A. 铁路运输   B. 海洋运输   C. 航空运输   D. 公路运输

23. 国际多式联运主要受下列哪个因素的限制( )。
    A. 车斗容积、载重   B. 集装箱装卸能力
    C. 车厢容积、载重   D. 地板承受力

24. 下列构成不清洁提单的批注是( )。
    A. 货物装二手麻袋
    B. 强调承运人对于货物或包装性质所引起的风险不负责任
    C. 否认承运人知晓货物的内容、重量、容积、质量或技术规格
    D. 五箱水渍

25. 运输粮食、豆类、矿石、煤炭等运量大、货价较低、装卸容易、装卸速度快的农副产品和矿产品,通常在计算运费时( )。
    A. 采用临时议定运价   B. 以商品价值为标准
    C. 以商品重量或体积为标准   D. 以商品毛重为标准

26. 下列不属于我国国际铁路货物联运口岸的是( )。
    A. 晖春、红其拉普、亚东、樟木、河口
    B. 阿拉山口、满洲里、山腰
    C. 绥芬河、二连浩特、凭祥
    D. 丹东、图们、集安

27. 海运提单收货人一栏填写"ABC Trading Corp.",该提单是( )。
    A. 记名提单   B. 指示提单
    C. 不记名提单   D. "空白抬头、空白背书"提单

28. 一切险的承保责任范围不包括( )。
    A. 运输工具遭遇自然灾害或者意外事故后,在避难港由于卸货所引起的损失,以及在中途港、避难港由于卸货、存仓、运送货物所产生的特别费用
    B. 被保险货物由于恶劣气候、雷电、海啸、地震、洪水等自然灾害所造成的部分损失

C. 被保险货物由于一般外来风险所造成的全部或部分损失

D. 被保险货物由于特殊外来风险所造成的全部或部分损失

29. 水渍险的承保责任范围不包括(　　)。

　　A. 被保险货物由于恶劣气候、雷电、海啸、地震、洪水等自然灾害所造成的部分损失

　　B. 被保险货物由于一般外来风险所造成的全部或部分损失

　　C. 共同海损的牺牲、分摊和救助费用

　　D. 由于运输工具遭遇搁浅、触礁、沉没、互撞、与流冰或其他物体碰撞以及失火、爆炸等意外事故造成被保险货物的全部或部分损失

30. 运输工具遭遇海难后,在避难港由于卸货所引起的损失,以及在中途港、避难港由于卸货、存仓、运送货物所产生的有关费用属于(　　)。

　　A. 施救费用　　B. 救助费用　　C. 特别费用　　D. 避难费用

1～5: BAADC; 6～10: ADDDA; 11～15: BCBAC; 16～20: CABAA;
21～25: DCBDA; 26～30: AADBC。

二、多选题

1. 海洋运输的特点包括(　　)。
　　A. 运载量大　　B. 运费低　　C. 通过能力强
　　D. 速度慢　　E. 风险大

2. 海运的货物根据其形态可分为(　　)。
　　A. 包装货　　B. 散装货　　C. 裸装货
　　D. 重货　　E. 大宗货物

3. 班轮的"四固定"是指(　　)。
　　A. 固定的船期　　　　　　B. 固定的租期
　　C. 固定的航线　　　　　　D. 固定的挂靠港口
　　E. 相对固定的含装卸费在内的运价

4. 海洋运输的必备要素包括(　　)。
　　A. 集装箱　　B. 船舶　　C. 港口
　　D. 航线　　E. 货物

5. 铁路运输的特点是(　　)。

A. 运量较大　　　　　　　　B. 运费较低

C. 易受气候影响　　　　　　D. 受轨道限制

E. 具有高度的连贯性和准确性

6. 目前货物运输的国际铁路干线有(　　)。

A. 亚洲铁路网　　　　　　　B. 西伯利亚大铁路

C. 欧洲铁路网　　　　　　　D. 北美铁路网

E. 澳洲铁路网

7. 下列关于公路运输的特点说法正确的是(　　)。

A. 机动灵活、简洁方便、应急性强,适于小批量、远距离的货物运输

B. 投资少、收效快

C. 运费高、运量少

D. 货物易破损丢失

E. 可与其他运输方式相结合,实现"门到门"运输

8. 我国对朝鲜的公路口岸主要有(　　)。

A. 丹东　　　　B. 晖春　　　　C. 图们

D. 红其拉普　　E. 喀什

9. 航空运输的特点主要有(　　)。

A. 运输速度快　　　　　　　B. 受地面条件的限制

C. 运费高　　　　　　　　　D. 运量小

E. 节省包装、保险、储存、利息等费用

10. 航空运输的种类(　　)。

A. 班机运输　　　　　　　　B. 包机运输

C. 集中托运　　　　　　　　D. 航空急件递送

E. 分批托运

11. 集装箱运输的特点是(　　)。

A. 货物易破损丢失　　　　　B. 增加了运输开支

C. 可节省商品包装材料

D. 车船装卸作业机械化,节省劳动力和减轻劳动强度

E. 装卸速度快,提高了车船的周转率

12. 集装箱按具体用途分类,主要有(　　)。

A. 杂货集装箱　B. 保温集装箱　C. 框架集装箱

D. 散货集装箱　E. 开顶集装箱

13. 集装箱运输主要单据包括(　　)。

A. 场站收据　　B. 集装箱装箱单　C. 收(交)货记录

D. 形式发票　　E. 设备交接单

14. 关于国际多式联运,下列描述正确的是(   )。

    A. 多式联运经营人必须与货主签订多式联运合同

    B. 多式联运经营人自己必须拥有运输工具

    C. 海运中的转船运输也是国际多式联运的一种类型

    D. 均采用集装和运输

    E. 降低了运输成本,提高运输效率

15. 根据运输过程不同,海运提单可以分为(   )。

    A. 直达提单   B. 班轮提单   C. 转船提单

    D. 租船提单   E. 联运提单

16. 海运集装箱运输费用包括(   )。

    A. 内陆或装运港市内运输费   B. 拼箱服务费

    C. 堆场服务费   D. 海运运费

    E. 集装箱及其设备使用费

17. 关于非转让海运单,叙述不正确的是(   )。

    A. 海运单是物权凭证

    B. 海运单适用的规则是《鹿特丹规则》

    C. 对进口商而言,海运单方便、及时、节省费用、手续简便

    D. 海运单中不必详细标明收货人

    E. 海运单背面一般没有任何条款

18. 与海运提单有关的规则有(   )。

    A.《海牙规则》   B.《鹿特丹规则》

    C.《维斯比规则》   D.《汉堡规则》

    E.《约克安特卫普规则》

19. 关于航空运单,叙述不正确的是(   )。

    A. 一份航空运单可以用于多个托运人

    B. 是出口商结汇单据之一

    C. 是货物保险的证明

    D. 是运费结算凭证和运费收据

    E. 是物权证明

20. 关于航空运单的使用注意事项正确的说法是(   )。

    A. 航空运单可以转让

    B. 一份航空运单只能用于同种类货物的运输

    C. 航空运单的法律有效期为一年

    D. 航空运单由航空公司注册印制

E. 托运人对填开的货物说明或声明的正确性负责

21. 构成被保险货物实际全损的情况有(   )。

A. 被保险货物的实体已经完全灭失

B. 被保险货物遭受严重损害,已丧失原有用途和价值

C. 被保险人对被保险货物的所有权已无可挽回地被完全剥夺

D. 保险标的物遭受严重损害,完全灭失已不可避免

E. 载货船舶失踪,达到一定时期仍无消息

22. 平安险、水渍险和一切险三种基本险别的除外责任包括(   )。

A. 被保险人的故意行为或过失所造成的损失

B. 属于发货人责任所引起的损失

C. 在保险责任开始前,被保险货物已存在的品质不良或数量短差所造成的损失

D. 被保险货物的自然损耗、本质缺陷、特性以及市价跌落、运输延迟所造成的损失和费用

E. 属于海洋运输货物战争险条款和货物运输罢工险条款规定的责任范围和除外责任

23. 属于特殊附加险的险别包括(   )。

A. 战争险   B. 罢工险   C. 短量险

D. 受潮受热险   E. 黄曲霉素险

24. 关于海运提单的性质,下列描述正确的是(   )。

A. 提单是货物所有权的凭证

B. 提单是承运人签发给托运人的货物收据

C. 提单的合法持有人可以凭提单向银行办理抵押贷款或押汇

D. 提单是承运人与托运人之间订立的运输合同的证明

E. 提单的合法持有人可以通过背书转让提单实现货物所有权的转让

25. 进出口货物运输保险的目的是为了(   )。

A. 将不定的损失变为固定的费用   B. 补偿损失

C. 规避风险   D. 增加收益

E. 分散风险

26. 中国保险条款主要包括(   )。

A. 海洋运输货物保险条款   B. 陆上运输货物保险条款

C. 航空运输货物保险条款   D. 邮包保险条款

E. 专门保险条款

27. 海运货物保险保障的风险包括(　　)。

A. 由恶劣气候、雷电、海啸、地震、火山爆发、洪水、浪击落海等原因引起的灾害

B. 由失火、爆炸、触礁、搁浅、沉没、碰撞、互撞等原因引起的事故

C. 由偷窃、淡水雨淋、短量、玷污、渗漏、碰损破碎、受潮受热、串味、钩损、锈损、包装破裂等原因引起的风险

D. 由被保险人的过失所造成的损失

E. 由战争、罢工、交货不到、拒收等原因引起的风险

28. 构成共同海损必须具备的条件包括(　　)。

A. 危难必须是真实存在的或不可避免的,而不是主观想象或臆断出来的

B. 所作出的牺牲是特殊的,支出的费用是额外的,是为了解除船舶与货物的共同危险,而不是由危险直接造成的

C. 所作出的牺牲和费用支出是有意的、合理的,而且最终必须是有效的

D. 在同一一海上航程中,船舶、货物和其他财产遭遇共同危险

E. 危难必须威胁船、货的共同安全

29. 共同海损和单独海损的主要区别包括(　　)。

A. 发生的时间不同　　　　　B. 发生的地点不同

C. 导致损失的原因不同　　　D. 承担损失的人不同

E. 损失的内容不同

30. 关于救助费用下列说法正确的是(　　)。

A. 在保险标的遭遇保险责任范围内的风险损害时,被保险人或其代理人、雇佣人员和保险单受让人,为了防止或减少保险标的进一步损失,采取各种抢救措施而支付的合理费用

B. 保险标的遭遇保险责任范围内的风险损害时,由保险人和被保险人以外的第三者采取了救助措施并获得成功,而向其支付的报酬

C. 在海上救助中,救助人和被救助人通常在救助开始之前或救助过程中订立救助合同

D. 雇佣性救助合同的特点是不论救助是否有效,都要按照约定标准付报酬

E. "无效果,无报酬"合同的特点是救助费用根据救助效果、救助难度等协商或仲裁确定,如果救助没有效果,就不给报酬

【参考答案】

1. ABCDE；2. ABC；3. ACDE；4. BCDE；5. ABDE；6. BCD；7. BCDE；
8. ABC；9. ACDE；10. ABCD；11. CDE；12. ACDE；13. ABCE；14. ADE；
15. ACE；16. ABCDE；17. ABD；18. ABCD；19. AE；20. DE；21. ABCE；
22. ABCDE；23. ABE；24. ABCDE；25. ABE；26. ABCDE；27. ABCE；
28. ABCDE；29. CDE；30. BCDE。

三、判断题

1. 国际货物运输通常涉及承运人、货主、货运代理人、保险人。（　　）

2. 光船租船（bare-boat charter）实际上是期租船的一种。（　　）

3. "W/M plus Ad. Val"是指按毛重、体积、商品价值三者最高者计收运费。
（　　）

4. 公路运输是陆运的主要形式。（　　）

5. 大陆对香港的铁路运输分为两段，由外运公司承运，使用国内铁路运单结算货款，运费以港币计收。（　　）

6. 航空运输的缺点之一是运量小。（　　）

7. 只要采用集装箱运输，铁路运输中的转运、海洋运输中的转船等也属于国际多式联运范畴内的运输形式。（　　）

8. 集中托运是航空货运代理的主要业务之一。（　　）

9. 大陆桥运输在形式上是陆—海—陆的连贯运输，在实际操作上属于以集装箱为媒介的国际多式联运。（　　）

10. 多式联运经营人可以没有运输工具，但要对全段运输承担总责任。
（　　）

11. 如果全套正本提单不止一份的话，其中任何一份用于提货后，其余各份立即失效。（　　）

12. 多式联运单据的适用范围更为广泛，可适用于不包括海运的联运过程，而联运提单只适用于至少有一程海运的联运过程。（　　）

13. 倒签提单是指提单签发后，晚于信用证规定的交单期限才交到银行的提单，或晚于货物到达目的港的提单。（　　）

14. 多式联运单据的签发人对运输全程负责，而联运提单的签发人一般只对最后一程负责。（　　）

15. 副本提单一般标明"副本"（copy）或"不可转让"（non-negotiable）字样，

不具有提单的性质和作用。(　　)

16. 不记名提单无须背书即可转让,在实际业务中因其方便而广泛使用。
(　　)

17. 航空运输货物的破损率比海运的要高,因而航空运输的包装费比海运的要多。(　　)

18. 转船提单是指货物在装运港装上某一海轮后,在中转港口将货物卸下,再装上另一运输工具驶往目的地卸货的情况下签发的包括运输全程的提单。
(　　)

19. 对于成交数量较小、批次较多、交接港口分散的货物,使用租船运输比较适宜。(　　)

20. 航空运单、铁路运单和海运提单一样,均可背书转让。(　　)

21. 甲板提单所涉及的货物不包括集装箱货物。(　　)

22. 转船提单、联运提单、多式联运提单的签发人都是船公司或其代理人。
(　　)

23. 一份航空运单既可以用于单种货物的运输,也可用于不同种类货物的运输,特种货物除外。(　　)

24. 国际铁路联运运单正本随货同行,在到达站连同货物到达通知单及货物一并交给收货人,作为交接货物和结算费用的依据。(　　)

25. 承运货物收据是内地对香港的铁路运输中采用的一种特定格式、特定性质的运输单据。(　　)

26. 按照保险标的不同,保险可分为财产保险、责任保险、信用保险和人身保险四类。进出口货物运输保险是责任保险的一种。(　　)

27. 在推定全损的情况下,由于货物并未全部灭失,被保险人可以选择按全损或按部分损失索赔,不必经过保险人同意。(　　)

28. 被保险货物如果因承保风险造成全部或部分损失,无论水渍险,还是平安险,保险人均要负赔偿责任。(　　)

29. 共同海损和单独海损都属于部分损失。(　　)

30. 海运货物保险的各种附加险别中除战争险外均可适用于陆、空、邮运货物保险。(　　)

【参考答案】

1～5:×√×××;6～10:√×√×√;11～15:√√××√;
16～20:××××;21～25:√×√√√;26～30:×××√√。

四、计算题

1. 某公司出口箱装货共 400 箱,每箱毛重 25 公斤,净重 23 公斤,体积为 20 厘米×30 厘米×40 厘米。查运价表知该货运费计算标准为 W/M,等级为 10 级,每吨运费 100 美元,另征燃油附加费 20%。试计算该批货物的运费。

2. 某公司出口一批货物总重量为 9 公吨,总体积为 10 立方米。查该商品海运费计算标准为 W/M,每吨运费 200 美元。另征燃油附加费 30%,港口附加费 10%。试计算该批货物的运费。

3. 某公司出口一批贵金属,FOB 货值为 80 000 美元。查运价表知从价费率为 2%,另征燃油附加费 20%。试计算该批货物的运费。

4. 一批空运货物净重 2 500 千克,毛重 2 700 千克,体积 21 立方米。求计费重量。

5. 求 40 千克重的货物运往日本东京的航空运费。已知现行运价本分三个等级:

M:起码运费 230 元;

N:45 千克以下普通货物运价 30.22 元/千克;

Q:45 千克以上普通货物运价 22.71 元/千克。

6. 出口货物 225 箱,每箱毛重 12 千克,纸箱尺码 48 厘米×30 厘米×25 厘米,由上海空运至香港,运价每千克 11.20 元(100 千克起)。试计算空运运费。

7. 某公司出口一批货物,CIF 货值为 15 000 美元,加一成投保一切险加战争险,一切险费率 0.6%,战争险费率 0.4%。求该批货物的投保金额和保险费应为多少?

8. 某公司出口货物 200 公吨,每公吨 240 美元 FOB Tianjin。履行合同时由于进口方订舱不顺利,要求将价格条件改为 CIF Singapore。经查该货到新加坡的基本运费为每公吨 50 美元,加征燃油附加费 20%,如果按 CIF 加一成投保一切险加战争险,一切险费率 0.5%,战争险费率 0.3%。求出口方的 CIF 最低报价应为多少?

【参考答案】

1. 解:总毛重 = 25(公斤)×400(箱) = 10(公吨)

总体积 = (20×30×40)÷1 000 000×400(箱) = 9.6(立方米)

因为 W > M,所以按 W 计算,有:

$$总运费 = （100 + 100 × 20\%）× 10 = 1\,200（美元）$$

2. 解:因为 M > W,所以按 M 计算,有:

$$总运费 = （200 + 200 × 30\% + 200 × 10\%）× 10 = 2\,800（美元）$$

3. 解:基本运费 $= 80\,000 × 2\% = 1\,600（美元）$

$$总运费 = 1\,600 + 1\,600 × 20\% = 1\,920（美元）$$

4. 解:体积重量 $= 21（立方米）÷ 0.006 = 3\,500（千克）$

$$实际毛重 = 2\,700（千克）$$

因为体积重量 > 实际毛重,所以以体积重量作为计费重量。

5. 解:按实际计费重量:$40 × 30.22 = 1\,208.8（元）$

按较高重量等级分界点重量:$45 × 22.71 = 1\,021.95（元）$

通常航空公司同意按 45 千克计收运费。

6. 解:每箱体积重量 $= （48 × 30 × 25）÷ 1\,000\,000 ÷ 0.006 = 6（千克）$

因为实际毛重 > 体积重量,所以空运费 $= 11.2 × 12 × 225 = 30\,240（元）$。

7. 解:投保金额 = CIF 货值 × 110%

$$= 15\,000 × 110\%$$

$$= 16\,500（美元）$$

保险费 = 投保金额 × 保险费率

$$= 16\,500 × （0.6\% + 0.4\%）$$

$$= 165（美元）$$

8. 解:每公吨运费 $= 50 + 50 × 20\% = 60（美元）$

CIF = FOB + 运费 + 保险费

$$= 240 + 60 + CIF × 110\% × （0.5\% + 0.3\%）$$

$$= 300 + 0.008\,8CIF$$

$$= 302.66（美元）$$

第4节 案例精解

1. 某公司以 CIF 价格出口一批货物,合同规定不允许转船,即期信用证支付方式。出口方在合同规定的交货期内将符合合同要求的货物装上直航目的港的班轮,并取得直达提单办理了议付货款。该班轮途经一个港口时,船公司为接载其他货物,擅自将出口方托运的货物卸下,换装另一船舶继续运往目的港。由于等待转船的耽搁加上换装的船舶设备陈旧,致使货物抵达目的港的时间比正常直达船舶的抵达时间晚了近两个月,影响了进口方对货物的使用。为此,进口方向出口方提出索赔,理由是出口方提交的是直达提单,而货物实际是转船运输,是对进口方的欺骗。出口方应如何处理进口方的索赔? 为什么?

2. 我国某公司与外商签订一个 CIF 出口合同,由于该公司现货充足,急于出售,所以合同中约定的交货期为签约当月交货。不料签约后出口方租不到船,未能按期交货,导致双方产生争议。试分析出口方公司应吸取的教训。

3. 有一批已购买保险的货物,共 1 500 箱。装载该批货物的货轮在航运途中发生了火灾,经船长下令施救后,火被扑灭。事后查明该批货物损失如下:(1)500 箱受严重水渍损失,无其他损失;(2)500 箱既受热烤、烟熏损失,又受水渍损失,但未发现火烧的痕迹;(3)200 箱着火后被扑灭,有严重的水渍损失;(4)300 箱已烧毁。试分析上述四种情况下海损的性质。

4. 某公司按 CFR 条件进口一批初级产品,合同规定采用程租船运输,即期信用证结算。进口方付款后拿到了符合信用证规定的全套单据,但装运船只一直未到达目的港。后经多方查询,发现承运人是一家只有一条旧船的小公司,已在船舶起航后不久宣告破产,船货均告失踪。经证实此系出口方与船方相互勾结进行诈骗,导致进口方蒙受重大损失。试分析进口方应吸取的教训。

5. 某公司进口设备,采用即期信用证支付方式。信用证要求出口方在交单时,提供全套已装船清洁提单。6 月 12 日,进口方业务人员审核议付单据时发现出口方提交的提单签署日期早于装船日期且提单中没有已装船字样。你认为进口方此时应如何处理?

6. 某公司出口农产品 3 500 长吨,装运期为当年 12 月,采用信用证支付方式。由于原定的装货船舶发生故障,只能临时改装另一艘外轮,致使货物到次年 1 月 10 日才装船完毕。为使提单相关内容能够符合信用证的要求,在出口方的请求下,外轮代理公司将提单的日期签署为 12 月 31 日。试分析出口方这样做可能产生的后果。

7. 某公司分别向 A、B 两国商人以 CIF 和 CFR 价格出售水果罐头,有关被保险人均办理了保险手续。这两批货物自启运地仓库运往装运港的途中均遭受损失。试分析该货物损失的风险与责任各由谁承担? 保险公司是否给予赔偿? 并简述理由。

8. 某公司以 FOB 价格出口坯布 1 000 包,经双方认可的检验机构检验,装船时货物符合合同规定的品质条件。装船后该公司因疏忽未及时通知买方,直至 3 天后才发出装船通知。但船舶在启航 18 小时后遇风浪致使坯布全部浸湿,进口方因接到装船通知过晚,未能及时办理保险手续,无法向保险公司索赔,于是要求出口方赔偿损失。试分析该合同中货物风险是否已转移给进口方? 出口方是否应作出赔偿?

9. 一台精密仪器价值 50 000 美元,投保了一切险。载货船舶在航行途中触礁,由于船身剧烈震动导致该精密仪器受损。事后经专家检验鉴定,如将该精密仪器修复原状,需要修理费 55 000 美元,如拆卸为零件出售,可以收回 5 000 美元。此时被保险人应如何处理。

10. 有一批货物价值 10 000 美元,已经投保了平安险,载货船舶在航行途中于 7 月 5 日遇到暴风雨,致使该批货物部分受到水渍,损失金额为 1 000 美元。该船在继续航行途中又于 7 月 10 日发生触礁事故,致使该批货物再次发生部分损失,损失金额为 1 200 美元。请问保险公司是否赔付? 赔付多少?

【参考答案】

1. 出口方对由于货物延迟抵达目的港给进口方造成的损失不承担责任,不必接受进口方的索赔。因为就 CIF 合同的性质而言,只要出口方在装运港按时将符合合同约定的货物装上船,就完成了交货义务,并没有保证货物按时抵达目的港的义务。况且延迟抵达目的港是由于船公司擅自转船造成的,应由船公司承担相应责任。

2. 虽然出口方公司现货充足,急于出售,也应该在签约前详细了解班轮公司的船期安排及近期舱位供求情况,如果近期没有合适的船,可将交货期适当延后,即可避免不能按期交货的被动。如果近期舱位紧张,可选择 FOB 术语,由进口方自行解决运输问题,也可避免租不到船的情况发生。作为业务员应全面考虑进出口贸易相关因素,不能只考虑尽快出售。

3. 根据《约克—安特卫普规则》:为扑灭船上火灾,因水或其他原因使船舶、货物受损害,包括将着火船舶搁浅或沉没所造成的损失,均应作为共同海损受到补偿,但任何烟熏或热烤所造成的损坏不得受到补偿。因此,本案中的海损性质判断如下:(1)为共同海损,因为这 500 箱货仅受严重水渍,并无火烧或烟熏、热烤等其他损失,而水渍是船长为了船、货的共同安全,下令用水救火导致的直接牺牲;(2)因为这 500 箱货没有发现火烧痕迹,只受到热烤和烟熏,按保险业务的习惯做法,通常将热烤和烟熏损失列为单独海损,而将水渍部分列为共同海损,因为水渍是灌水施救的直接后果;(3)为单独海损,因为这 200 箱货虽有严重水渍,但属着火后被扑灭,不能列为共同海损;(4)为单独海损,因为这 300 箱货已烧毁,不属于共同海损。

4. 本案中出口方与船方相互勾结进行诈骗,导致进口方蒙受重大损失。进口方应吸取的教训是:以 CFR 价格进口时由出口方负责安排运输,为避免出口方所选择的承运人资质不佳或信誉不好,进口方应要求对方预先提供承运人相关信息资料,以便慎重核查并确认,同时也要对出口方本人的资信进行调研。此外,进口方进口时可以选用 FOB 价格,由进口方自己选择承运人以掌握运输主动权,也可避免 CFR 条件下出口方与承运人的联手诈骗。

5. 本案中出口方提交的提单签署日期早于装船日期,在实际业务中有三种提单可以存在这种情况:第一种是预借提单,即在货物尚未装船或尚未装船完毕的情况下,由托运人为了能及时结汇而从承运人那里借用的已装船清洁提单。第二种是倒签提单,指承运人或其代理人应托运人的要求,在货物装船完毕后,以早于货物实际装船完毕的日期作为提单签发日期的提单。承运人这样做是为了使提单上记载的签发日期符合信用证关于装运期的规定,以便托运人能顺利结汇。第三种是备运提单,指承运人已收到托运货物等待装运期间所签发的提单。

通常情况下预借提单和倒签提单都属于已装船提单,而本案中提单上没有"已装船"字样,因而更可能是备运提单。备运提单如经承运人加注"已装船"字样,注明装船名称、装船日期并签字证明,可以转为已装船提单。但本案中的提单显然不是已装船提单,信用证项下银行不接受备运提单,进口方可以以单证不符为由通知开证行对出口商退单拒付。

6. 本案中出口方的做法属于倒签提单,在实际业务中较为常见。这种提单表面上符合信用证的相关要求,实质上是出口方与承运人合谋欺骗进口方。根据国际惯例,这种违法行为不论对于出口方还是承运人后果都是非常严重的。如果进口方有证据证明提单的装船日期是伪造的,进口方有权拒绝接受单据、拒收货物、拒付货款。即使货款已付,进口方也有权要求出口方退回,并有权要求赔偿因倒签提单而引起的损失。

7. 本案中货物自启运地仓库运往装运港途中所遭受的损失均由出口方承担。

(1) 以 CFR 价格出口时,风险划分的界限是装运港船上,也就是说在此之前发生的风险应由出口方承担。进口方向保险公司投保时,只保货物在装运港装上船之后的风险,保险公司的承保责任起讫是"船至仓",而不是"仓至仓",所以货物自启运地仓库运往装运港途中所遭受的损失要由出口方承担。

(2) 以 CIF 价格出口时,虽然由出口方负责投保,但损失发生时出口方尚未完成交货义务,如果出口方不更换受损货物便不能取得清洁的已装船提单。另外,CIF 条件下如果保险单的被保险人写的是进口方,那么货物装上船后风险转移给进口方时保险单才真正生效,因为货物装上船之前进口方对货物无可保利益,保险公司不会赔偿货物自启运地仓库运往装运港途中所遭受的损失。如果保单的被保险人写的是出口方,则保险责任在货物装上船之前就开始承担。

但要真正做到"仓至仓",还要在保险单上清楚注明起运时间和起运地点。起运时间最好写离开工厂或仓库的时间,而不是提单的装船时间;起运地要写工厂或仓库所在地。

8. 本案中进口方未能及时办理保险手续,无法由保险公司获得赔偿是由于出口方发出的装船通知过晚所致,而及时发送装船通知是出口方完成交货义务的有机组成部分,未发送或延迟发送该项通知,意味着出口方未能全部完成交货义务,货物风险也没有转移给进口方,货物在海运途中的风险仍被视为出口方负担,因此出口方不能以货物装船后风险已经转移为由免除违约责任,而应该向进口方作出赔偿。

9. 本案的被保险人可以选择按推定全损或按部分损失索赔。倘若按推定全损处理,则被保险人必须及时向保险人发出委付通知,把残余标的物的所有权交付保险人,经保险人接受后,可按全损得到赔偿。

10. 保险公司应该赔付。因为平安险的承保责任范围包括在运输工具已经发生搁浅、触礁、沉没、焚毁等意外事故的情况下,被保险货物在此前后又在海上遭遇恶劣气候、雷电、海啸等自然灾害所造成的部分损失。本案被保险货物受损的情况符合平安险的条件,是在同一航程中被保险货物先后遭遇自然灾害和意外事故,导致部分损失。所以保险公司应该赔付 2 200 美元。

第 5 章
国际货款结算

第1节 学习指导

国际货款结算使用汇票、本票、支票作为结算工具,其中以使用汇票为主。国际货款结算基本方式有汇付、托收和信用证三种,其中汇付和托收属于商业信用,信用证属于银行信用,汇付属于顺汇,托收和信用证属于逆汇。

1. 汇票知识结构图,如图 5.1 所示。

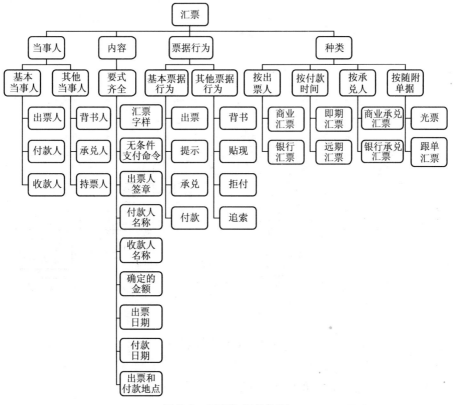

图 5.1 汇票知识结构图

2. 本票知识结构图,如图 5.2 所示。

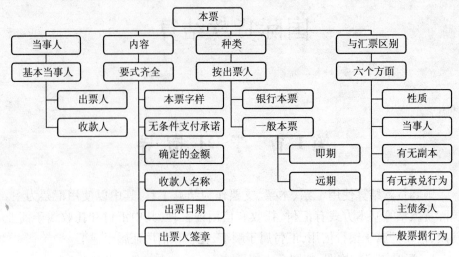

图 5.2　本票知识结构图

3. 支票知识结构图,如图 5.3 所示。

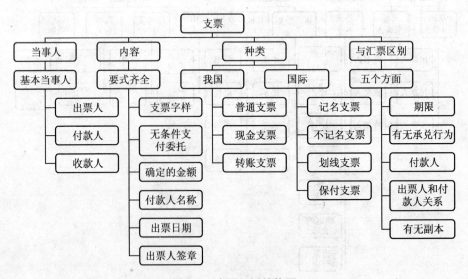

图 5.3　支票知识结构图

4. 汇付知识结构图,如图 5.4 所示。

5. 托付知识结构图,如图 5.5 所示。

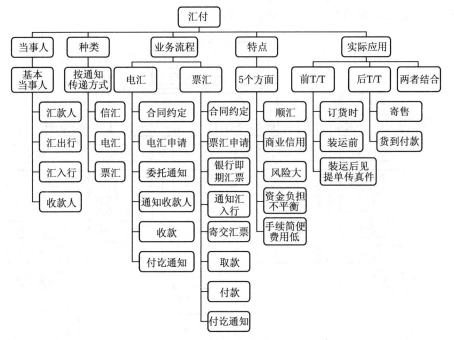

图 5.4　汇付知识结构图

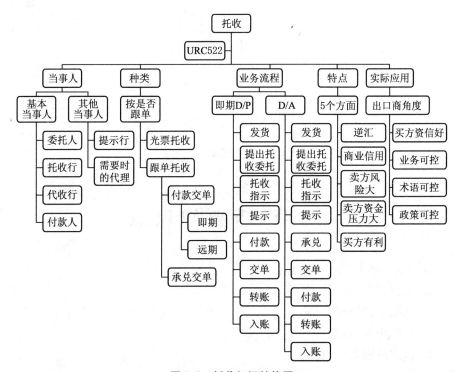

图 5.5　托收知识结构图

6. 信用证知识结构图,如图5.6所示。

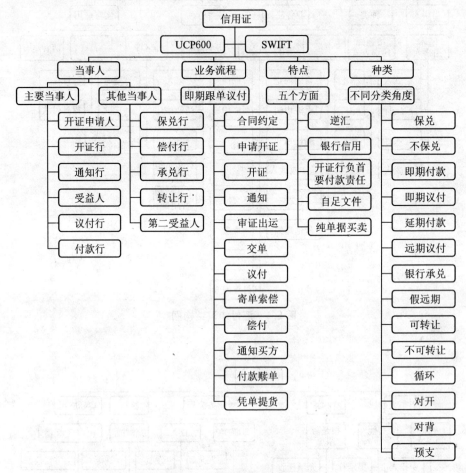

图5.6　信用证知识结构图

第2节　重要知识点

本章的重要知识点主要有:

1. 汇票相关知识;

2. 电汇相关知识;

3. 托收相关知识;

4. 信用证相关知识;

5. 选择结算方式应考虑的因素;

6. 不同结算方式如何结合使用。

第3节 自我检测

一、单选题

1. 票据的基本特性是要式性、无因性和流通性。"票据一旦做成,票据上的权利即与其出票的原因相分离,成为独立的票据债权债务关系"是指票据的(　　)。

   A. 要式性　　　B. 独立性　　　C. 无因性　　　D. 流通性

2. 票据的基本特性是要式性、无因性和流通性。"所有票据无论采用何种形式支付票款,持票人都有权将票据转让给其他人,除非票据上写明禁止转让"是指票据的(　　)。

   A. 要式性　　　B. 独立性　　　C. 无因性　　　D. 流通性

3. "Drawee"是指汇票当事人中的(　　)。

   A. 出票人　　　B. 付款人　　　C. 收款人　　　D. 背书人

4. "Pay to ABC Company or order"是汇票的(　　)抬头。

   A. 限制性抬头　　B. 指示性抬头　　C. 来人抬头　　D. 空白抬头

5. "at 30 days after the date of the draft"是汇票付款日期的哪种记载形式(　　)。

   A. 定日付款　　　　　　　　B. 出票日后定期付款

   C. 见票日后定期付款　　　　D. 运输单据出单日期后定期付款

6. 如果汇票上注明"Pay to ABC Company the sum of U. S. Dollars six thousand only providing the goods supplied in compliance with contract",(　　)。

   A. 该汇票有效　　　　　　　B. 该汇票的有效性不确定

   C. 该汇票无效　　　　　　　D. 无法判断

7. 我国《票据法》规定:见票即付和见票后定期付款的汇票自出票日后(　　)内提示。

   A. 10 日　　　B. 15 日　　　C. 20 日　　　D. 一个月

8. 如果汇票上注明"It will be appreciated if you pay to ABC Company the sum of U. S. Dollars six thousand only",(　　)。

   A. 该汇票有效　　　　　　　B. 该汇票的有效性不确定

   C. 该汇票无效　　　　　　　D. 无法判断

9. 汇票按照出票人可分为(　　)。

    A. 商业汇票和银行汇票　　　　　B. 远期汇票和即期汇票

    C. 商业承兑汇票和银行承兑汇票　D. 跟单汇票和光票

10. 下列属于顺汇的结算方式是(　　)。

    A. 汇付　　　　　B. 托收　　　　　C. 信用证　　　　　D. 银行保函

11. 关于电汇以下描述不正确的是(　　)。

    A. 特点是速度快、安全性好、费用较高

    B. 银行一般均采用 SWIFT 电报操作汇款

    C. 属于顺汇的结算方式

    D. 以航邮信函方式通知汇入行解付一定金额的款项给收款人的汇付方式

12. "D/P after sight" 是指(　　)。

    A. 即期付款交单　　　　　　　　B. 远期付款交单

    C. 承兑交单　　　　　　　　　　D. 承兑远期汇票

13. URC522 是关于(　　)支付方式的国际惯例。

    A. 托收　　　　　B. 汇付　　　　　C. 支票　　　　　D. 信用证

14. 根据我国《票据法》,本票必须标明"本票"字样、无条件的支付承诺、确定的金额、收款人的名称,以及(　　)。

    A. 付款日期和出票人签字　　　　B. 出票日期和出票人签字

    C. 出票日期和出票地点　　　　　D. 付款时期和无条件支付的承诺

15. 下列汇票的抬头中可以经过背书转让的是(　　)。

    A. Pay to the order of ABC Company

    B. Pay to ABC Company only

    C. Pay to the holder

    D. Pay to bearer

16. 如汇票的见票日为 6 月 15 日,付款期限为见票日后 30 天,则到期日为(　　)。

    A. 7 月 15 日　　B. 7 月 14 日　　C. 7 月 16 日　　D. 7 月 17 日

17. 受开证行的指示或授权,对有关代付行或议付行的索偿予以照付的银行是(　　)。

    A. 保兑行　　　　B. 偿付行　　　　C. 承兑行　　　　D. 转让行

18. 如汇票见票日为 1 月 31 日,见票后 3 个月付款,则到期日为(　　)。

    A. 5 月 1 日　　B. 4 月 29 日　　C. 4 月 30 日　　D. 5 月 2 日

19. 受益人每次装运货物交单议付一定金额后,在规定时限内开证行未提出不能恢复原金额的通知,信用证即自动恢复到原金额供再次使用的信用证是(   )。

    A. 半自动循环信用证   B. 非自动循环信用证

    C. 自动循环信用证   D. 预支信用证

20. 下列关于银行保函叙述不正确的是(   )。

    A. 又称银行保证书

    B. 仅适用于货物买卖

    C. 如果交易正常进行,银行保函就不会被使用

    D. 适用的惯例包括 URDG758

21. 若信用证规定受益人开立远期汇票,由付款行负责贴现,并规定一切利息和费用由进口人负担,则这种信用证被称为(   )。

    A. 延期付款信用证   B. 假远期信用证

    C. 承兑信用证   D. 即期信用证

22. 对进口商而言,首选的结算方式是(   )。

    A. 后 T/T   B. D/A   C. D/P at Sight   D. 信用证

23. 根据 UCP600,信用证项下银行审单期限为(   )个银行工作日。

    A. 3   B. 5   C. 6   D. 8

24. 一般情况下,(   )不是开证行的指定银行。

    A. 承兑行   B. 付款行   C. 议付行   D. 通知行

25. 支票是以(   )为付款人的即期汇票。

    A. 出票人   B. 企业   C. 银行   D. 个人

26. 实际业务中,如果汇票的付款日期记载为"on demand",意为(   )。

    A. 见票即付   B. 定日付款

    C. 出票日后定期付款   D. 见票日后定期付款

27. 下列说法不正确的有(   )。

    A. 汇票记载出票日期的作用之一是判定出票人的行为能力

    B. 如果在汇票上加注出票条款以表明汇票的起源交易,该汇票无效

    C. 以月为单位计算汇票到期日的,一律以相应月份的同一天为到期日,若当月无对应日期,则以该月的最后一天代替

    D. 按照英国《票据法》和《日内瓦统一法》的规定,汇票金额大写和小写如有差异应以大写为准

28. 按票据法的一般规则,下列哪种承兑视作拒绝承兑(   )。

    A. 汇票付款人的票据行为由写成和交付两个动作组成

    B. 付款人在汇票正面写上"承兑"字样,注明承兑日期并签名,再交还

收款人或其他持票人

    C. 汇票的金额为 10 000 美元,付款人仅承兑 8 000 美元

    D. 付款人仅在汇票上签名,再交还收款人或其他持票人

29. 实际业务中不采用的背书方式有(　　　)。

    A. 空白背书　　B. 记名背书　　C. 限制性背书　　D. 口头背书

30. 银行汇票一般为(　　　)。

    A. 光票　　　　B. 跟单汇票　　C. 商业承兑汇票　D. 商业汇票

31. 根据《日内瓦统一法》和英国《票据法》,银行本票是(　　　)。

    A. 远期本票　　　　　　　　　B. 即期本票

    C. 即期本票或远期本票　　　　D. 一般本票

32. 关于本票下列说法错误的是(　　　)。

    A. 本票是无条件支付承诺

    B. 本票只有两个基本当事人,即出票人和收款人

    C. 本票可以开成一式多份

    D. 远期本票无须承兑

33. 在国际上,根据附加的付款保障方式支票分为(　　　)。

    A. 现金支票和转账支票　　　　B. 普通支票和现金支票

    C. 记名支票和不记名支票　　　D. 划线支票和保付支票

34. 关于支票下列说法错误的是(　　　)。

    A. 支票需要付款人履行承兑手续

    B. 支票的付款人只有在出票人在付款人处有足额存款的条件下才负有付款义务

    C. 支票的付款人是银行

    D. 支票都是即期的

35. 下列支付方式中属于银行信用的是(　　　)。

    A. D/P　　　　B. L/C　　　　C. D/A　　　　D. T/T

36. 下列关于汇付的特点说法错误的是(　　　)。

    A. 汇付属商业信用

    B. 对于货到付款的卖方或预付货款的买方来说风险较大

    C. 买卖双方资金负担不平衡

    D. 汇付属逆汇

37. 如果发生拒付的情况,托收委托人就可能需要一个代理人在目的港为其办理有关货物存仓、保险、重新议价、转售或运回等事项。这个代理人必须由委托人在托收委托书中写明且完整地注明其权限,称为(　　　)。

A. Remitting Bank

B. Collecting Bank

C. Presenting Bank

D. Principal's Representative in case of Need

38. 下列关于托收的特点说法错误的是(　　)。

A. 托收属顺汇

B. 托收属商业信用

C. 承兑交单方式下,卖方资金负担较重,几乎需要提供整个交易过程需要的全部资金,承担钱货两空的风险、买方不付款的风险或买方延迟付款的利息损失

D. 托收的买方基本上没有资金压力,并且在整个交易中占据主动地位

39. 从出口商角度来说哪种情况不宜采用托收(　　)。

A. 出口商品不需要进口许可证、进口国对外贸易管制和外汇管制不过分严格

B. 第一次与买方打交道

C. 使用资质可靠的国外代收行,采用海运方式下的付款交单并且严格履约、规范制单

D. 使用 CIF/CIP 贸易术语

40. 下列关于托收的国际惯例是(　　)。

A. ISBP　　　　B. INCOTERMS　　C. URC　　　　D. UCP

41. 下列不属于信用证主要当事人的是(　　)。

A. Beneficiary　　　　　　　B. Opening Bank

C. Applicant　　　　　　　　D. Remitting Bank

42. 关于信用证特点的说法错误的是(　　)。

A. 信用证属于银行信用、顺汇　　B. 信用证是纯单据业务

C. 开证行负第一性付款责任　　　D. 信用证是一项自足文件

43. 下列关于延期付款信用证说法错误的是(　　)。

A. 对受益人来说风险较一般的承兑信用证大

B. 一种可以不使用汇票的远期信用证

C. 在实际业务中大多用于金额较大、付款期限较长、与政府出口信贷相结合的资本密集型货物的交易

D. 一种不使用汇票的远期信用证

44. 信用证中规定"The usance draft is payable on a sight basis, discount charges and acceptance commission are for buyer's account",该信用证是

（　　　）。

A. Restrict Negotiation L/C   B. Confirmed L/C

C. Buyer's Usance L/C   D. Open Negotiation L/C

45. 下列关于可转让信用证说法错误的是（　　　）。

A. 可转让信用证只能转让一次,但允许第二受益人将信用证重新转让给第一受益人

B. 可转让信用证必须注明"可转让"字样

C. 如果信用证允许分批装运,在总和不超过信用证金额的前提下,可分别转让给多个第二受益人

D. 如果发生第二受益人不能交货,或交货、交单不符合买卖合同要求时,应由第二受益人承担买卖合同规定的卖方责任

46. 对于货物比较大宗单一,可定期分批均衡供货、分批支款的长期合同,可以采用（　　　）。

A. Revolving L/C   B. Reciprocal L/C

C. Back to Back L/C   D. Anticipatory L/C

47. 可用于易货贸易、补偿贸易及来料加工/来件装配业务中的信用证是（　　　）。

A. Revolving L/C   B. Reciprocal L/C

C. Back to Back L/C   D. Anticipatory L/C

48. 下列关于对背信用证说法错误的是（　　　）。

A. 对背信用证的受益人可以是国外的,也可以是国内的

B. 对背信用证的某些条款可以与原证不同

C. 对背信用证的修改不必征得原证开证申请人和开证行的同意

D. 对背信用证的开证行一般要求以原证用作开立新证的抵押

49. 对出口商而言,一般来说（　　　）。

A. 信用证和前 T/T 的安全保障性最佳,D/A 和后 T/T 次之,D/P 最差

B. 后 T/T 的安全保障性最佳,D/A、D/P 次之,信用证最差

C. D/P 的安全保障性最佳,信用证和前 T/T 次之,D/A 和后 T/T 最差

D. 信用证和前 T/T 的安全保障性最佳,D/P 次之,D/A 和后 T/T 最差

50. 就结算方式的使用成本而言（　　　）。

A. 信用证最高,托收次之,汇付最低

B. 信用证最高,汇付次之,托收最低

C. 托收最高,信用证次之,汇付最低

D. 汇付最高,托收次之,信用证最低

1~5：CDBBB；6~10：CDCAA；11~15：DBABA；16~20：ABCAB；
21~25：BABDC；26~30：ABCDA；31~35：BCDAB；36~40：DDABC；
41~45：DABCD；46~50：ABCDA。

二、多选题

1. 票据的基本特性包括(　　)。
   A. 要式性　　　　B. 记名性　　　　C. 禁止转让
   D. 无因性　　　　E. 流通性

2. 汇票的基本当事人有(　　)。
   A. 出票人　　　　B. 付款人　　　　C. 收款人
   D. 承兑人　　　　E. 背书人

3. 汇票"抬头"的写法有(　　)。
   A. 空白抬头　　　B. 无条件抬头　　C. 来人抬头
   D. 指示性抬头　　E. 限制性抬头

4. 即期汇票的一般票据行为包括(　　　)。
   A. 出票　　　　　B. 提示　　　　　C. 承兑
   D. 付款　　　　　E. 见票

5. 下列哪些付款人的承兑属于拒绝承兑(　　)。
   A. 汇票原规定见票后60天付款,承兑时注明见票后180天付款
   B. 限定支付地点
   C. 汇票的金额为10 000美元,仅承兑8 000美元
   D. 承兑时注明"凭交付提单付款"
   E. 承兑时未注明"承兑"字样

6. 下列背书方式中属于记名背书的是(　　)。
   A. Pay to . . . Co. only
   B. Pay to . . . Co. , not transferable
   C. Pay to . . . Bank not negotiable
   D. Pay to the order of . . . Co.
   E. Pay to . . . Bank or order

7. 在国际上,根据附加的付款保障方式,支票可分为(　　　)。
   A. 现金支票　　B. 转账支票　　　C. 划线支票

D. 保付支票　　E. 记名支票

8. 关于汇票,下列叙述正确的有(　　)。
   A. 汇票的付款人既可以是银行也可以是工商企业或个人
   B. 来人抬头的汇票仅凭交付转让,无须背书
   C. 按照我国《票据法》的规定,大小写不一致时,应以大写为准
   D. 光票一般用于贸易从属费用、尾款、佣金等的收付
   E. 汇票既有即期也有远期

9. 汇付的特点包括(　　)。
   A. 汇付属银行信用　　　　　　B. 风险大
   C. 汇付属顺汇　　　　　　　　D. 手续简便费用低
   E. 买卖双方资金负担不平衡

10. 下列情况中属于拒付的是(　　)。
    A. 承兑人或付款人已死亡或逃匿或避而不见,持票人经过合理努力仍
       未找到
    B. 承兑人或付款人因违法被责令终止业务活动
    C. 承兑人或付款人被依法宣告破产
    D. 付款人是虚构人物或是根本没有资格支付汇票的人,以及经过合理
       努力后都无法作出提示的
    E. 无法判断

11. 托收的特点包括(　　)。
    A. 托收属顺汇　　　　　　　　B. 托收属商业信用
    C. 卖方资金压力和风险较大　　D. 对买方有利
    E. 托收属逆汇

12. 信用证的特点包括(　　)。
    A. 信用证属逆汇　　　　　　　B. 属银行信用
    C. 开证行负首要付款责任　　　D. 是一项自足文件
    E. 是纯单据业务

13. 下列哪种抬头的汇票可以转让(　　)。
    A. Pay to ABC Company only
    B. Pay to the order of ABC Company
    C. Pay to the holder
    D. Pay to bearer
    E. Pay to . . . Bank not negotiable

14. 实际业务中,汇票付款日期的记载形式有(　　)。

A. 见票即付　　　　　　　　B. 定日付款

C. 出票日后定期付款　　　　D. 见票日后定期付款

E. 运输单据出单日期后定期付款

15. 托收方式的当事人之间存在委托代理关系的有(　　　)。

A. 委托人与付款人　　　　　B. 委托人与托收行

C. 托收行和代收行　　　　　D. 委托行和保兑行

E. 委托人与代收行

16. 汇票记载出票日期的作用有(　　　)。

A. 票面美观　　　　　　　　B. 决定票据的有效期

C. 决定付款到期日　　　　　D. 判定出票人的行为能力

E. 我国《票据法》和《日内瓦统一法》规定,不记载出票日期的汇票
无效

17. 持票人要对其前手行使追索权,必须满足的条件包括(　　　)。

A. 持票人按期向付款人提示

B. 持票人在遭拒付时可以不向其前手发出拒绝通知,只出示拒绝证书

C. 持票人在遭拒付时可以不出示拒绝证书,只向其前手发出拒绝通知

D. 持票人在遭拒付时,应向其前手发出拒绝通知,并出示拒绝证书

E. 追索权的行使应在法定时间内进行

18. 汇付通常用于下列哪种业务(　　　)。

A. C. O. D.　　B. Arbitration　　C. C. W. O.

D. Consignment　E. Open Account Transaction

19. 在下列信用证当事人中,属于开证行指定银行的是(　　　)。

A. 付款行　　　B. 承兑行　　　C. 议付行

D. 偿付行　　　E. 转让行

20. 信用证"41A:Available with … by …"中信用证的兑付方式包括(　　　)。

A. PAYMENT　　　　　　　　B. ACCEPTANCE

C. NEGOTIATION　　　　　　D. DEFFERED PAYMENT

E. MIXED PAYMENT

21. 根据 UCP600,开证申请人拒付后开证行对单据的处理办法包括(　　　)。

A. 持单直到开证申请人接受不符单据

B. 径直退单

C. 拍卖单据

D. 依据事先得到交单人的指示行事

E. 持单听候交单人的处理

22. 选择结算方式时应考虑的因素包括(　　)。
    A. 安全因素　　B. 运输方式　　C. 融资便利因素
    D. 贸易术语　　E. 成本因素

23. 对背信用证也称为(　　)。
    A. 红条款信用证　　　　　　　　B. 桥式信用证
    C. 从属信用证　　　　　　　　　D. 转开信用证
    E. 自动循环信用证

24. 关于划线支票下列说法正确的是(　　)。
    A. 划线后只能通过银行转账,而不能直接支取现金
    B. 划线后既能通过银行转账,也能直接支取现金
    C. 划线后只能直接支取现金,而不能通过银行转账
    D. 既可由出票人划线,也可由收款人或银行划线
    E. 只可由出票人划线

25. URC522 的主要内容有(　　)。
    A. 一切寄出的托收单据均须附有托收指示书,并注明该项托收按照
       URC522 办理
    B. 银行必须确定所收到的单据与托收指示书所列的完全一致,对于单
       据缺少或发现与托收指示书中所列的单据不一致时,必须毫不延迟
       地用电讯或其他快捷方式通知发出托收指示书的一方。除此之外,
       银行没有进一步审核单据的义务
    C. 除非事先征得银行同意,货物不应直接运交银行,也不应以银行或
       其指定人为收货人
    D. 如果托收含有远期汇票,托收指示书应注明商业单据是凭承兑
       (D/A)交付款人还是凭付款(D/P)交付款人。如无此项注明,商业
       单据仅能凭付款交付,代收行对因迟交单据产生的任何后果不负
       责任
    E. 托收如被拒付,提示行必须毫不延迟地向发出托收指示书的银行送
       交拒付通知。委托行收到此项通知后,必须对单据如何处理给予相
       应的指示。提示行如在发出拒付通知后 60 天内仍未收到此项指示,
       则提示行可将单据退回发出托收指示书的银行,而不负任何责任

26. 相符交单是指与(　　)一致的交单。
    A. URDG758　　　　　　　　　　B. 信用证条款
    C. URC522　　　　　　　　　　 D. UCP600 的相关适用条款
    E. ISBP

27. 承付是指(　　)。

A. 如果信用证为即期付款信用证,则即期付款

B. 如果信用证为延期付款信用证,则承诺延期付款并在承诺到期日付款

C. 如果信用证为承兑信用证,则承兑受益人开出汇票并在汇票到期日付款

D. 如果信用证为假远期信用证,则负责贴现受益人的远期汇票

E. 如果信用证为对开信用证,则立即开立第二张信用证

28. 信用证的受益人通常也是(　　)。

A. 买卖合同的买方　　　　　　B. 货运单据的发货人

C. 汇票的出票人　　　　　　　D. 发票和装箱单的制作人

E. 买卖合同的卖方

29. 下列关于议付行说法正确的是(　　)。

A. 是根据开证行的授权买入或贴现受益人开立和提交的符合信用证条款规定的汇票及/或单据的银行

B. 对作为出票人的信用证受益人的付款有追索权

C. 是开证行授权进行信用证项下付款或承兑并支付受益人出具的汇票的银行

D. 是受开证行的指示或授权,对有关代付行或议付行的索偿予以照付的银行

E. 实际业务中多由通知行兼任

30. 分期付款与延期付款的区别主要有(　　)。

A. 分期付款合同是一种即期合同;延期付款合同是一种远期合同

B. 分期付款的卖方完成交货义务时,买方已付清或基本付清货款;延期付款的卖方完成交货义务时,大部分货款尚未支付

C. 分期付款时所有权转移时间为买方付清最后一期货款时;延期付款时所有权转移时间为卖方履行交货义务后

D. 分期付款不必考虑利息因素;延期付款需要考虑利息因素

E. 分期付款是买方给卖方提供的商业信贷;延期付款是卖方给买方提供的商业信贷

【参考答案】

1. ADE; 2. ABC; 3. CDE; 4. ABD; 5. ABCD; 6. DE; 7. CD; 8. ABDE;

9. BCDE; 10. ABCD; 11. BCDE; 12. ABCDE; 13. BCD; 14. ABCDE;

15. BC；16. BCDE；17. ADE；18. ACDE；19. ABCDE；20. ABCDE；

21. ABDE；22. ACE；23. BGD；24. AD；25. ABCDE；26. BDE；27. ABC；

28. BCDE；29. ABE；30. ABCD。

三、判断题

1. 票据的无因性是指所有票据无论采用何种形式支付票款,持票人都有权将票据转让给其他人,除非票据上写明"禁止转让"。（　　）

2. 就世界范围来说,目前还没有统一的票据法。世界上具有较大影响力的票据法有两类:一是以英国《1882 年票据法》为基础的英美法系,另一类是以《日内瓦统一法》为代表的大陆法系。（　　）

3. 出票人以签发汇票的形式创设了一种债权并将其赋予收款人,同时他因为在汇票上签名而成为汇票的主债务人。（　　）

4. 根据国际通行规则,持票人必须按照票据债务人的先后顺序行使追索权。（　　）

5. 付款人必须鉴定背书是否连续。对经过多次背书转让的远期汇票,只有连续背书才能证明持票人获得票据权利的合法性。（　　）

6. 所谓"无条件支付命令"是指不允许在汇票上记载付款条件,即不能以收款人履行某项义务或某种行为作为付款人付款的前提条件,也不允许以请求的语气要求付款,否则汇票无效。（　　）

7. 对付款人而言,承兑就是承诺按票据文义付款。汇票一经承兑,付款人就成为汇票的承兑人以及汇票的主债务人,出票人成为汇票的从债务人。（　　）

8. 承兑的交付通常有实际交付和推定交付两种做法,其中实际交付指付款人在承兑后将汇票交还给持票人,银行实务中较多采用此种做法。（　　）

9. 对于载有限制、保留或改变票据文义的承兑统称为限制承兑。按票据法的一般规则,对于这种承兑,应视作拒绝承兑。（　　）

10. 持票人获得票款时,应在汇票上签收,并将汇票交付款人作为收据存查,汇票上的一切债权债务即告消灭或结束。（　　）

11. 出口商在货物出运后将海运提单传真给进口商,进口商见提单传真件后马上电汇货款,这种做法属于后 T/T。（　　）

12. 在实际业务中,持票人通常向其直接前手进行追索,但根据国际通行规则,持票人有权自由选择追索对象,可以不按照票据债务人的先后顺序,对其中一人、数人或全体行使追索权。（　　）

13. 光票是指不附带货运单据的汇票,一般用于贸易从属费用、尾款、佣金等的收付。( )

14. 本票是承诺式票据,所以本票只有两个基本当事人,即出票人和收款人,本票的付款人就是出票人自己。( )

15. 通知行的义务是合理审慎地鉴别信用证及其修改书的表面真实性并及时、准确地通知受益人。( )

16. 汇付属于顺汇,托收和信用证属于逆汇。( )

17. 根据汇款委托通知传递的方式不同,汇付分为电汇、信汇和票汇三种,其中电汇是实际业务中主要采用的汇付方式。( )

18. 后 T/T 是一种有利于出口商的收汇方式。( )

19. 付款行是开证行授权进行信用证项下付款或承兑并支付受益人出具汇票的银行。付款行通常是汇票的受票人,故亦称受票行。付款行付款后发现有误,对收款人有追索权。( )

20. 保兑行具有与开证行相同的责任和地位。保兑行自对信用证加具保兑之时起,即不可撤销地对受益人承担承付或议付的责任。( )

21. 转让行是应受益人的委托,将可转让信用证转让给信用证的受让人的银行。转让行一般为通知行,也可以是议付行、付款行或保兑行。( )

22. 信用证包括信开和电开两种基本开立方式。电开是指开证行以标准格式缮制并通过电讯方式送达通知行的开立方式,目前广泛使用的是 SWIFT MT700/701 标准格式和 SWIFT 报文传输。( )

23. 信用证转让时,第二受益人必须在转让行交单,第二受益人可以用自己按原信用证单价及金额制作的汇票、发票替换第一受益人的汇票、发票,从而获取差额利润。( )

24. 如果信用证规定:本证按月循环,每月可支金额 5 万美元,于每个日历月的第一天自动恢复,本行在此循环信用证项下的最大责任不超过 6 个月的总值 30 万美元。如果上一次未使用的金额可以移至下次一并使用,该信用证称为累积循环信用证。( )

25. 对于受益人来说,保兑信用证具有双重银行信用,实际操作时,受益人要先向开证行要求付款,才能向保兑行要求办理交单议付手续。( )

26. 预支信用证俗称"红条款信用证"(red clause L/C)指允许受益人在货物装运前预支全部货款或部分货款的信用证。( )

27. 对背信用证是指两张信用证的开证申请人互以对方为受益人而开立的信用证。两张信用证的金额可以相等或大体相等,也可以有较大出入;可以分别生效,也可以同时生效。( )

28. 信用证是银行与信用证受益人之间存在的一项契约,该契约以贸易合同为依据开立,所以信用证应受到贸易合同的牵制。（　　　）

29. 无论使用有条件银行保证书还是见索即付银行保证书,担保银行的付款责任都是第一性的。（　　　）

30. 对背信用证的某些条款可以与原证不同,但货物的质量、数量必须与原证一致。（　　　）

31. 如果开证行在开立大额预支信用证时担心受益人预支后不履行供货义务,可在预支信用证中加列受益人需提供银行保证书或备用信用证,以保证受益人不履约时退还已预支的款项。（　　　）

32. 使用见索即偿银行保证书时,当受益人凭保证书向担保银行索偿时,担保银行大多需经调查证实,而在调查证实过程中,担保银行难免会涉及买卖合同,甚至被牵扯买卖合同纠纷。（　　　）

33. 备用信用证是一种特殊形式的信用证,是开证行对受益人承担一项独立的、第一性义务的凭证。在此凭证中,开证行承诺在一定条件下偿付或偿还开证申请人的应付款、预收款,或在开证申请人未履行合同时,保证为其支付。

（　　　）

34. 就开证行风险而言,一般跟单信用证比备用信用证大。（　　　）

35. 当第二受益人提交的单据与转让后的信用证一致,而第一受益人换单导致单据与信用证出现不符时,如在第一次被要求时不能作出修改,转让行有权直接将第二受益人提交的单据寄开证行,以保护正常发货制单的第二受益人的利益。（　　　）

36. 如果单据在指定银行送往开证行或保兑行的途中,或保兑行送往开证行的途中丢失,开证行或保兑行可以不必承付或议付或偿付指定银行。（　　　）

37. 与 UCP 配套的国际惯例包括《审核跟单信用证项下单据的国际标准银行实务》(ISBP681)和《跟单信用证项下银行间偿付统一规则》(URR725)。（　　　）

38. 汇付、托收和信用证相比,汇付的融资便利性能最好,不仅可以获得资金融通,而且可以获得信用融通;不仅卖方可以获得融资便利,而且买方也可获得融资便利;不仅在交货后可以获得融资便利,在交货前也可获得融资便利。

（　　　）

39. 在海运方式下,并且使用海运提单时,采用 D/P,即使买方拒付,卖方仍能够控制物权。但在非海运方式下或使用非物权凭证的运输单据时,D/P 方式的安全性能便大打折扣了。（　　　）

40. 跟单托收与前 T/T 结合使用时,托收部分宜采取承兑交单方式。（　　　）

41. 信用证与 D/P at Sight 结合使用时,全套货运单据附于托收项下,在买

方付清发票的全部金额后交单。如买方不能付清全部发票金额,则货运单据须由开证行掌握,凭卖方指示处理。(　　)

42. 汇付和托收结算方式都是以商业信用为基础,存在较大信用风险,如果与履约保证书或备用信用证相结合,就可以防止卖方不交货或买方不付款的风险,但履约保证书或备用信用证的有效期限必须晚于合同规定的汇付或托收的付款期限。(　　)

43. 汇票收款人的权利包括付款请求权、转让权和追索权。汇票的收款人必须是记名的特定的人或其指定人。(　　)

44. 汇票、本票、支票都可分为即期和远期两种。(　　)

45. 分期付款与延期付款主要用于那些金额大、制造生产周期长、检验手段复杂、交货条件严格,以及产品质量保证期限长的大型机械、成套设备、大型交通工具的交易。(　　)

46. 采用汇付方式,有关单据一般不通过银行转递,而由出口人自行寄交进口人,所以出口人采用汇付方式,一般不会有什么风险。(　　)

47. 承兑交单最易为买方接受,有利于达成交易,所以在出口业务中,应扩大对承兑交单的使用。(　　)

48. UCP600 对跟单信用证全部适用,但对备用信用证只是部分适用。(　　)

49. 如果信用证上未明确付款人,则受益人应以开证行作为汇票的付款人。(　　)

50. 在票汇情况下,买方购买银行汇票寄交卖方,因采用的是银行汇票,故这种付款方式属于银行信用。(　　)

【参考答案】

1~5:×√√×√;6~10:√√×√√;11~15:×√√√;
16~20:√√××√;21~25:√×√××;26~30:√×××√;
31~35:√×√×√;36~40:×√×√×;41~45:√√××√;
46~50:××√√×。

第4节　案例精解

1. 某公司与外商按 CIF 条件签订一笔大宗商品出口合同,合同规定装运期为8月份,即期信用证支付方式。信用证开到后,出口方因舱位紧张未能按时完成交货,于是在8月30日请求进口方延展装运期,进口方回复同意将装运期延至9月30日。此时恰逢9月5日有船,出口方为了不错过难得的舱位便一边装船一边等待开证行的信用证修改书。你认为出口方这样做是否妥当? 为什么?

2. 某公司从国外进口钢材一批,合同规定货物分两批装运,每批分别由中国银行开立一份即期信用证。第一批货物装运后,进口方在有效期内向银行交单议付,议付行审单后向出口方议付货款,随后中国银行对议付行作了偿付。进口方在收到第一批货物后,发现货物品质与合同规定不符,因而要求开证行对第二份信用证项下的单据拒绝付款,但遭到开证行拒绝。你认为开证行这样做是否有理? 为什么? 关于第一批货物进口方应如何处理? 是否可以要求开证行追回已经偿付的货款?

3. 某公司与法国公司订立一份出口300公吨冷冻食品合同,规定某年4~9月每月平均交货50公吨,即期信用证支付,来证规定货物装运前由出口口岸商品检验局出具船边测温证书作为议付不可缺少的单据之一。4~6月份交货正常,并顺利结汇,7月份因船期延误,拖延到8月5日才实际装运出口,海运提单倒签为7月31日,但送银行议付的商检证中填写船边测温日期为8月5日。8月7日出口人又在同一船上装运50公吨,开证行收到单据后来电表示拒付货款。试分析出口方有何失误、导致的后果是什么及开证行拒付的依据。

4. 某外贸企业与某国A商达成一项出口合同,支付条件为付款交单,见票后90天付款。当汇票及所附单据通过托收行寄抵进口地代收行后,A商及时在汇票上履行了承兑手续。货抵目的港时,由于行情大跌A商遂经代收行同意出具信托收据向代收行借单提货。汇票到期时,A商因经营不善失去偿付能力。代收行以付款人拒付为由通知托收行,并建议由外贸企业径向A商索取货款。对此,你认为外贸企业应如何处理?

5. 甲交给乙一张经付款银行承兑的远期汇票,作为向乙订货的预付款。乙在票据上背书后转让给丙以偿还原先欠丙的借款,丙于到期日向承兑银行提示付款,恰遇当地法院公告该银行于当天起进行破产清理,因而被拒付。丙随即向甲追索,甲以乙所交货物质次为由予以拒绝,并称10天前已通知银行止付,止付通知及止付理由也同时通知了乙。在此情况下丙再向乙追索,乙以汇票系甲开立为由推诿不理。你认为丙是否可以向甲和乙追索? 为什么? 甲推托的理由是否成立? 为什么?

6. 某公司出口一批冻鲜对虾,采用即期D/P支付方式并于9月15日装运。进口方曾于7月向出口公司发函通知该公司迁址,但经管业务员因出差未将该情况通知单证人员。所以单证员制单时仍依据合同上进口方旧地址缮制提单"被通知人"栏和《托收委托书》,并且为了收汇安全,将提单收货人做成"凭代收行指示"。9月18日托收行向国外寄单,代收行于9月28日收到单据后,因付款人地址有误无法向其提示。货物到港后因提单被通知人地址有误,无法向其发出提货通知,船方又通知提单的收货人商业银行,而商业银行不予置理。船方遂将货物临时卸入仓库暂时保存。代收行于10月11日将无法查找付款人的情况通知托收行,出口公司即于10月13日将进口方新地址通知托收行,托收行即发出更正托收指示要求代收行速向付款人提示付款。10月20日,代收行向付款人提示汇票和单据。但进口方拒付票款不接受单据,理由是货早已到港,因未及时提取货物,货已卸船入库,又因库内温度不适合,货已部分软化。最终出口公司委托目的港其他客户在当地挑选加工,将部分可销售的货物削价处理,损失惨重。试分析导致出口公司损失的主要原因是什么?将提单收货人做成凭代收行指示是否有助于控制物权?本案中进口方是否有责任?

7. 某公司进口电脑,合同规定 CIF 条件,信用证支付,12月交货。12月20日卖方将货物装船并取得信用证要求的提单、保险单等单证后,即到议付行交单。经审查单证相符,议付行遂将货款议付给出口方。与此同时,载货船在离开装运港 10 天后遇特大暴雨和暗礁,货物与货船全部沉入大海。此时开证行已收到议付行寄来的全套单据,进口方也已知所购货物全部损失的消息。试分析开证行能否由于货物全部灭失而免除其所承担的付款义务?依据是什么?这批货物的风险自何时起由出口方转移给进口方?进口方的损失如何得到补偿?

8. 国内厂商与国外客户达成一笔来件装配业务,由国外客户提供价值 100 万美元的零部件,经国内厂商根据国外客户的设计组装成高级音响,再以 105 万美元的价格出口给国外客户,采用对开信用证。签约后,国内厂商向国外客户开出金额为 100 万美元、见票后 45 天付款的远期信用证,国外客户按时发货并提交单据,由国内厂商开证行承兑其开出的远期汇票。到货后,国内厂商凭担保向国内开证行借出货运单据,提货后进行加工装配。见票后 45 天汇票到期,国内开证行遂将零部件的货款支付给国外客户。而国内厂商组装成品耗时 70 天才完成。此间国内厂商三番五次催促国外客户开证,但国外客户对国内厂商的要求不予理会,最终使这笔加工贸易变成了单边进口,且由于该高级音响价格昂贵,无法打开国内市场,造成产品积压。请分析本案国内厂商的主要失误及应吸取的教训。

9. 某年8月5日,通知行收到国外开证行开来的一份即期可转让信用证,最迟装船日为9月1日,有效期为9月10日。应第一受益人的要求,转让行将信用证转让给第二受益人。由于第二受益人急需资金,经第一受益人同意,允许受让地银行对第二受益人议付。9月15日转让行收到第二受益人的议付行寄来的全套单据,显示:装运日为9月1日;议付日为9月10日。经审查单据符合转让信用证条款,转让行就通知第一受益人换单。然而此时第一受益人已宣告破产,换单事宜无人过问。于是转让行在9月18日将第二受益人的全套单据寄开证行索汇。9月22日转让行收到开证行来电,指出单据存在不符点,并予以拒付。请分析开证行所称不符点是因何原因所致? 转让行该如何处理拒付?

10. 中方公司和日方公司签订了一份补偿贸易合同,合同规定由日方公司向中方公司提供生产显像管玻壳研磨材料所需的部分设备和技术服务,设备总价款为18 890.5万日元,外加两年利息2 659.5万日元。中方公司用日方公司提供的机械设备所生产的研磨材料3 726吨偿还全部设备价款,偿还期为两年。请为该笔交易设计适宜的信用证支付方式。

【参考答案】

1. 出口方这样做不妥当。因为虽然进口方已经同意将信用证装运期延展,但开证行尚未开来信用证修改书,此时贸然开始装船可能面临开证行不同意展期的风险、信用证修改书中有其他不利条款的风险,所以出口方应等待拿到信用证修改书并经审核无误后才开始装船,以保证出口方安全收汇。

2. 开证行这样做有理。因为信用证一旦开立即成为独立于合同的自足文件,只要受益人作出相符交单,不论其所交货物是否与合同规定相符,开证行都必须承担第一性付款责任。

关于第一批货物,买方应依据合同向卖方提出索赔要求。开证行不能追回已经偿付的货款,开证行的付款不同于议付行的议付,是没有追索权的。

3. 出口方失误主要有:由于7月份船期掌握不好,未能做到按时交货,所以不得不使用倒签提单以保证提单表面与信用证规定相符,但未同时注意到船边测温证书的日期不应晚于提单日期。如果要顺利结汇,就要做到信用证项下单单相符、单证相符,就必须保证船边测温证书的日期与提单日期一致。现在船边测温证书的日期没有倒签,就造成了信用证项下单单不符、单证不符。出口方更不应该于8月7日在同一条船上又装运50公吨,导致进一步暴露了倒签提单的事实。

出口方的失误导致7月交货及以后各月交货均告失败,7月和8月已经装出的货物均无法正常结汇。

开证行拒付依据:

(1)单证不符,船边测温证书的日期晚于信用证规定的最迟装运日期7月31日。

（2）单单不符,船边测温证书的日期与提单日期不一致。

（3）受益人违反了信用证规定的每月平均交货50公吨。

4. 外贸企业应向代收行收取货款。因为外贸企业在托收指示中并未授权代收行允许 A 商凭信托收据借单提货,而是代收行擅自在 A 商未付款时就将提货单据交给 A 商,代收行的行为超出了托收指示的授权范围,应承担向外贸企业支付货款的责任。

5. 丙可以向甲和乙追索。因为根据国际通行规则,持票人有权自由选择追索对象,可以不按照票据债务人的先后顺序,对其中一人、数人或全体行使追索权。所以在该汇票的主债务人(承兑银行)拒付后,丙有权向其前手甲和乙追索。

甲推托的理由不成立。因为票据具有无因性,即票据一旦做成,票据上的权利即与其出票的原因相分离,成为独立的票据债权债务关系。对于持票人而言,它无需了解出票原因,只要该票据是依法取得的,就可享有票据权利。对于债务人而言,只能根据票据的文字记载来履行付款义务。所以丙作为该汇票的善意持有人有权要求甲支付票款及相关利息、费用,甲不得以乙交货质量不符拒付。

6. 导致出口公司损失的主要原因是业务员工作失误,未及时将客户更改的新地址通知单证员和托收行。

将提单收货人做成凭代收行指示的做法并不能帮助出口方更好的控制物权。因为根据 URC522,除非事先征得银行同意,货物不应直接运交银行,也不应以银行或其指定人为收货人。即使这样做,银行也无义务提取货物,货物风险及责任仍由发货人承担。所以船方通知商业银行提货,商业银行置之不理,船方只好将货卸入临时仓库,最终发生变质。

本案中进口方有未尽到责任的一面。虽然出口方制单地址有误,但进口方可以根据合同规定的交货期估计出口方交货的大致时间,在迟迟得不到港口提货通知和代收行付款提示时,可以主动联系进口方、代收行或船公司。

7. 开证行不能以货物全部灭失为由而免除其所承担的付款义务。因为信用证一经开立即构成开证行与受益人之间独立于合同之外的一份不可撤销的契约,只要受益人提交的单据符合信用证条款,开证行就要承担付款责任。

这批货物以 CIF 成交,根据 INCOTERMS2010,货物的风险自货物在装运港置于船上时起由出口方转移给了进口方。虽然出口方负责投保,但运输过程的风险属于进口方负责,所以出口方应将保险单背书后随其他单据一起交给进口方,进口方可凭保险单在目的港直接向保险人办理索赔。

8. 国内厂商的主要失误:对外开出的远期信用证的付款时间有误,不应将付款时间规定在完成加工装配成品之前,造成国内厂商在远期信用证到期时不得不立即付款,而国外客户尚未开来购买成品的即期信用证;对国外客户不按时开证的可能性估计不足,未能采取有效防范措施;忽略了对国外客户提供的零配件价格的合理性进行评估。

国内厂商应吸取的教训:出口加工企业应对自身加工生产的周期严格考察,准确估计生产所需要的时间,在确定对外开出的远期信用证的付款时间时应留有适当余地;充分预见对开信用证可能存在的风险,必要时可采取对外开出的远期信用证暂不生效,待国外客户信用证开到后两证同时生效的做法;评估国外客户提供的零配件价格的合理性,因为在来件装配业务正常运作的情况下,国内厂商只收取工缴费,即对开信用证的差价,但如果发生本案中的情况,就有可能由于国外客户提供的零配件估价过高,导致加工贸易变成国内厂商以较高价格进口原材料。

9. 本案涉及信用证的转让,通常情况下第一受益人在将信用证转让给第二受益人时,会要求转让行对信用证内容做一些变更,如降低货物单价。在正常情况下,第二受益人所交的单据(如汇票、商业发票)只与转让信用证相符,第一受益人会用自己的单据替换第二受益人的单据,以使单据(如汇票、商业发票)与母证相符。本案中的不符点是由于第一受益人破产,导致没有人换单,转让行直接将第二受益人的单据寄交国外付款行,而第二受益人的单据与母证必然存在不符点造成的。

转让行应追回单据,或由卖方(第二受益人)直接与真实买家(母证的开证申请人)联系,沟通偿付和单据情况,尽量说服买方接受不符点。

10. 可采用中日双方对开信用证的方式。中方公司开出以日方公司为受益人,金额为 21 650 万日元,不可撤销的 720 天远期信用证,用以支付全部设备及利息。同时,日方公司开出以中方公司为受益人的不可撤销、自动循环信用证,货物数量为 3 726 吨,总金额与第一张信用证金额相同,有效期两年,作为补偿商品的货款,两证同时生效为宜。

第6章

进出口商品检验检疫与报关

第1节 学 习 指 导

商品检验检疫是进出口贸易的重要环节,一般来说,买卖双方中谁享有检验权,谁就有权指定检验机构,该检验机构所出具的检验证书就作为确定交货

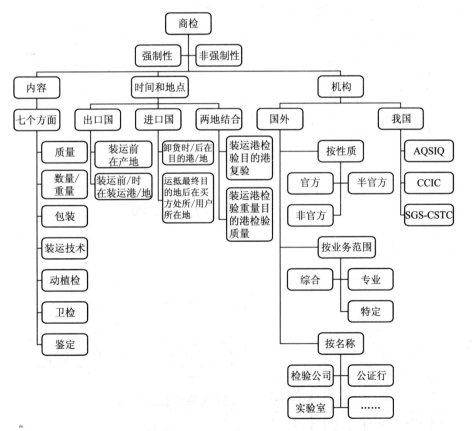

图6.1 商检的内容、时间和地点、机构知识结构图

品质、数量、包装等项内容是否与合同一致的最后依据。由此可见，检验权的归属直接关系到买卖双方在交接货物方面的权利和义务。

进出口货物报关是进出口贸易的必备环节，一般程序包括申报、查验、缴纳税费和放行。

1. 商检的内容、时间和地点、机构知识结构图，如图6.1 所示。

2. 商检证书、标准、程序知识结构图，如图6.2 所示。

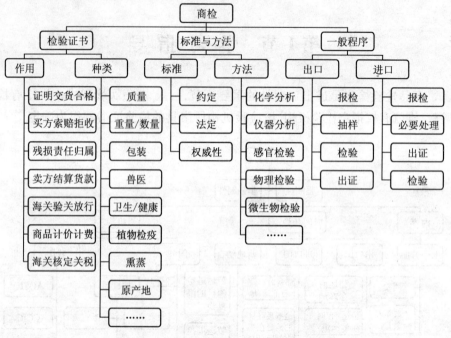

图6.2　商检证书、标准、程序知识结构图

3. 进出口货物报关知识结构图，如图6.3 所示。

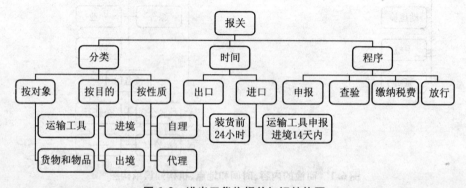

图6.3　进出口货物报关知识结构图

第2节 重要知识点

本章的重要知识点包括如下内容：

1. 检验检疫的含义、内容；

2. 法定检验；

3. 检验权与检验的时间和地点；

4. 检验检疫证书的作用；

5. 进出口检验一般程序；

6. 进出口报关的时间与一般程序。

第3节 自 我 检 测

一、单选题

1. 下列不属于质量检验内容的是(　　)。

    A. 外观质量   B. 内在质量

    C. 特定质检项目   D. 运输包装性能检验

2. 积载鉴定属于(　　)。

    A. 质量检验   B. 数量/重量检验

    C. 装运技术检验   D. 包装检验

3. 买卖合同规定由检验检疫机构实施检验的进出口商品属于(　　)。

    A. 非强制性检验   B. 法定检验

    C. 客检   D. 无法判断

4. 证明进出口商品的重量吨和尺码吨,供承运人计算运费和制定装载计划及进口人报关纳税的检验检疫证书是(　　)。

    A. 货载衡量检验证书   B. 船舱检验证书

    C. 残损检验证书   D. 温度检验证书

5. 出口货物向海关申报的时间应是(　　)。

    A. 备货 24 小时前   B. 装货 24 小时前

    C. 装货 24 小时后   D. 货到目的港 24 小时后

6. 若使买方在目的港对所收货物不享有检验权,商品检验(　　)。

    A. 以离岸品质,离岸重量为准　　　　B. 以到岸品质,到岸重量为准

    C. 以离岸品质,到岸数量为准　　　　D. 以到岸品质,离岸数量为准

7. 我国主管全国质量、计量、出入境商品检验、出入境卫生检疫、出入境动植物检疫、进出口食品安全和认证认可、标准化等工作的官方机构是(　　)。

    A. SGS-CSTC　　　B. SGS　　　　C. CCIC　　　　D. AQSIQ

8. 下列不属于出口国检验检疫机构出具的检验证书为(　　)。

    A. 原产地证明书　　　　　　　　　　B. 船舱检验证书

    C. 熏蒸检验证书　　　　　　　　　　D. 客检证

9. 在买卖合同的检验条款中,关于检验时间和地点的规定,使用最多的是(　　)。

    A. 在出口国检验　　　　　　　　　　B. 在进口国检验

    C. 在出口国检验,进口国复检　　　　D. 在第三国检验

10. 按照我国《商检法》有关规定,法律、行政法规规定的强制性标准或其他必须执行的检验标准,低于对外贸易合同约定的检验标准的(　　)。

    A. 按照法律、行政法规规定的检验标准检验

    B. 按照有关国际标准检验

    C. 按照对外贸易合同规定的检验标准检验

    D. 按照检验检疫部门制定的标准检验

11. 列入《出入境检验检疫机构实施检验检疫的进出境商品目录》的商品属于(　　)。

    A. 进出口食品　　　　　　　　　　　B. 非强制性检验商品

    C. 强制性检验商品　　　　　　　　　D. 进出口动植物产品

12. 进口货物的收货人或其代理人如果在法定期限内没有向海关办理申报手续,海关将征收滞报金。滞报金的起收日期为(　　)。

    A. 运输工具申报进境之日起的第 15 天

    B. 运输工具申报进境之日起的第 14 天

    C. 运输工具申报进境之日起的第 7 天

    D. 运输工具申报进境之日起的第 8 天

13. 根据我国《海关法》规定,电子数据报关单和纸质报关单(　　)。

    A. 具有同等的法律效力

    B. 电子数据报关单的效力优于纸质报关单

    C. 纸质报关单的效力优于电子数据报关单

D. 需要依合同约定确定其效力

14. 根据我国《海关法》规定,出口货物的发货人或其代理人应当在装货24小时以前向海关申报,如果在规定期限内没有向海关申报(　　)。

A. 可以在装货12小时以前凭保函申报

B. 海关将征收罚金

C. 海关将征收滞报金

D. 海关可以拒绝接受通关申报

15. 下列哪种检验检疫证书可以作为进口国通关、享受减免关税待遇的凭证(　　)。

A. 兽医检验证书　　　　　　B. 卫生/健康检验证书

C. 消毒检验证书　　　　　　D. 原产地证明书

【参考答案】

1～5:DCBAB;6～10:ADDCC;11～15:CAADD。

二、多选题

1. 法定检验的范围包括:(　　)。

A. 列入《检验检疫商品目录》内的进出口商品

B. 装运易腐烂变质食品、冷冻品的船舱和集装箱等运输工具

C. 我国《食品卫生法》和《进出境动植物检疫法》中规定的进出口食品和动植物产品

D. 出口危险货物的包装容器、危险货物运输设备和工具

E. 买卖合同规定由检验检疫机构实施检验的进出口商品

2. 质量检验是检验工作的主要项目,其内容包括(　　)。

A. 外观质量　　B. 内在质量　　C. 特定质检项目

D. 包装材料　　E. 运输标志

3. 在实际业务中,兼顾买卖双方检验权的规定方法是(　　)。

A. 离岸品质、离岸重量　　　　B. 到岸品质、到岸重量

C. 离岸重量、到岸品质　　　　D. 出口国检验,进口国复验

E. 第三国检验

4. 检验证书的主要作用有(　　)。

A. 证明卖方所交货物在品质、数(重)量、包装等方面是否符合买卖合

同规定

    B. 买方要求索赔或提出拒收的依据

    C. 证明货物在装卸、运输过程中的实际情况,明确货物残损、短少的责任归属

    D. 卖方向银行结算货款的单据之一

    E. 海关验关放行的有效证件之一

5. 国际上对商品检验标准的分类有(　　)。

    A. 约定检验技术标准　　　　　　B. 生产国检验技术标准

    C. 法定检验技术标准　　　　　　D. 进口国检验技术标准

    E. 国际权威性检验技术标准

6. 实际业务中使用的检验检疫方法主要有(　　)。

    A. 化学分析检验法　　　　　　　B. 仪器分析检验法

    C. 感官检验法　　　　　　　　　D. 物理检验法

    E. 微生物检验法

7. 对产地和报关地不一致的货物,下列表述正确的是(　　)。

    A. 报检人应向产地检验检疫机构报检

    B. 产地检验检疫机构出具《出境货物换证凭单》或"出境货物换证凭条"

    C. 产地检验检疫机构出具《出境货物通关单》

    D. 报检人凭《出境货物换证凭单》或"出境货物换证凭条"向口岸检验检疫机构报检

    E. 口岸检验检疫机构验证或核查货证合格后,出具《出境货物通关单》

8. 入境货物检验检疫工作的一般步骤包括(　　)。

    A. 在法定检验检疫货物入境前或入境时,报检人向卸货口岸或到达站的检验检疫机构报检

    B. 检验检疫机构受理报检并计收费

    C. 实施必要的检疫、消毒、卫生处理

    D. 签发《入境货物通关单》供报检人在海关办理通关手续

    E. 货物通关后,检验检疫机构施检

9. 进出口商品检验检疫的内容主要包括(　　)。

    A. 动植物及卫生检疫　　　　　　B. 装运技术检验

    C. 包装检验　　　　　　　　　　D. 数量/重量检验

    E. 质量检验

10. 进出口商品鉴定业务范围主要包括(　　)。

    A. 熏蒸证明　　　　　　　　　　B. 舱容丈量

C. 集装箱鉴定　　　　　　　　D. 货物残损鉴定

E. 质量鉴定

11. 关于买方检验权,下列说法正确的是(　　)。

A. 买方检验权是一种法定的检验权

B. 买方可以未经检验就接受货物

C. 买方有权对自己收到的货物进行检验或查看,并根据检验结果选择接受或拒收

D. 如发现货物与合同规定不符,而且确属卖方责任,买方有权向卖方索赔,直至拒收货物

E. 买方放弃检验权,也就丧失了拒收货物的权利

12. 包装检验的内容包括(　　)。

A. 货载衡量鉴定　　　　　　　B. 积载鉴定

C. 运输包装性能检验　　　　　D. 进口商品包装检验

E. 出口商品包装检验

13. 装运技术检验的内容包括(　　)。

A. 货载衡量鉴定　　　　　　　B. 积载鉴定

C. 监视装载　　　　　　　　　D. 进出口集装箱鉴定

E. 船舱检验

14. 下列哪些进出口货物需要进行卫生检疫(　　)。

A. 微生物　　B. 血液制品　　C. 人体组织

D. 生物制品　　E. 血液

15. 属于出口国境内检验的时间与地点有(　　)。

A. 货物离开产地前在产地检验

B. 货物装运前在装运港或装运地检验

C. 卸货后在目的港或目的地检验

D. 运抵最终目的地后在买方营业处所或最终用户所在地检验

E. 货物装运时在装运港或装运地检验

【参考答案】

1. ABCDE; 2. ABC; 3. CD; 4. ABCDE; 5. ACE; 6. ABCDE; 7. ABDE;

8. ABCDE; 9. ABCDE; 10. ABCDE; 11. ABCDE; 12. CDE; 13. ABCDE;

14. ABCDE; 15. ABE。

三、判断题

1. 检验检疫机构的公证鉴定业务属于法定检验范围。（　　）

2. 电子报检是指报检人使用报检软件通过检验检疫电子业务服务平台将报检数据以电子方式传输给检验检疫机构,经检验检疫业务管理系统和检务人员处理后,将受理报检信息反馈报检人,实现远程办理出入境检验检疫报检的行为。（　　）

3. 进口货物经检验检疫不合格的,检验检疫机构签发《检验检疫处理通知书》,货主或其代理人应在检验检疫机构的监督下进行处理或做退运或销毁处理。（　　）

4. 复验权指对货物的质量、数量、包装等内容是否合格享有的最终评定的权利。（　　）

5. 对来自疫区的、可能传播检疫传染病、动植物疫情及可能夹带有害物质的入境货物的交通工具或运输包装,检验检疫机构先签发《入境货物通关单》供报检人在海关办理通关手续,然后实施必要的检疫、消毒、卫生处理。（　　）

6. 对产地和报关地不一致的出口货物,报检人应向报关地检验检疫机构报检。（　　）

7. 买方检验权是一种法定的检验权,所以买方在表示接受货物之前必须对货物进行检验。（　　）

8. 有些商品由于检验方法不同,其检验结果可能相差很大。为避免发生争议,必要时应在合同中对检验方法作出明确规定。（　　）

9. 价值检验证书是证明进口商品残损状况、估定残损贬值程度、判断残损原因的书面文件。适用于进口商品发生残、短、渍、毁等情况,可作为收货人向有关责任方索赔的依据。（　　）

10. 原产地证书可以作为进口国外汇管理和征收关税的凭证。（　　）

11. 欧盟的玩具安全标准较国内相关标准高,因此从欧盟进口的玩具,可不再向检验检疫机构报检。（　　）

12. 熏蒸检验证书用于证明出口粮谷、油籽、豆类、皮张等商品,以及包装用木材与植物性填充物等已经过熏蒸灭虫。（　　）

13. 采用离岸重量、到岸品质时,买方享有重量检验权。（　　）

14. 检验检疫证书是卖方向银行结算货款的单据之一。（　　）

15. 买方必须经过检验才能决定是否接受货物。（　　）

16. 买方检验权是一种法定的检验权。买方如果未经检验就接受了货物，就是放弃了检验权，也就丧失了拒收货物的权利。（　　）

17. "离岸品质、离岸重量"对买方有利，买方"收到"货物就等于已经"接受"了货物。（　　）

18. 一般来说，买卖双方中谁享有检验权，谁就有权指定检验机构，该检验机构所出具的检验证书就作为确定交货品质、数量、包装等项内容是否与合同一致的最后依据。（　　）

19. 仅由买卖合同规定由检验检疫机构实施检验的进出口商品不属于法定检验商品。（　　）

20. 货到进口国后，买方检验机构对货物进行复验，机械设备的复验地点应选在最终用户所在地。（　　）

21. 电子报关是指进出口货物的收发货人或其代理人通过计算机系统，按照《中华人民共和国海关进出口货物报关单填制规范》的有关要求，向海关传送报关单电子数据，并备齐随附单证的申报方式。（　　）

22. 按照报关行为的性质，报关分为运输工具报关、货物报关和物品报关。
（　　）

23. 海关经过审核报关单据、查验实际货物，并依法办理了征收货物税费手续或减免税手续后，在有关单据上签盖放行章，货物的所有人或其代理人才能提取或装运货物。（　　）

24. 海关查验货物，应在海关规定的时间和场所进行。（　　）

25. 进口货物的收货人或其代理人应当自载运该货的运输工具申报进境之日起 14 天内向海关办理进口货物的通关申报手续。（　　）

【参考答案】
1～5：×√√×√；6～10：××√××；11～15：×√×√×；
16～20：√×√×√；21～25：√×√√√。

第4节　案例精解

1. 某公司以 CIF 价格出口一批货物，合同规定货物品质由进口方在装船前派代表进行检验，经检验合格出具该代表签字的检验证书，该检验证书作为信用证项下议付货款的单据之一。出口公司根据合同规定按时办理了租船订舱并做好了一切装运准备。但几次去电催促进口方派代表前来验货，进口方均未及时派出，直至该航次货轮即将起航进口方代表才匆匆赶来，致使该批货物未能及时装船，出口公司只好退载并承担了空舱费。试分析出口公司应吸取的教训。

2. 合同中的检验条款规定："以装运地检验机构出具的检验证书为准"。但货到目的地后，进口方发现货物品质与合同规定不符，经当地检验机构出具检验证书后，进口方可否向出口方索赔？为什么？

3. 信用证规定出口方须提交"商品净重检验证书"。进口商收到货物后，发现除质量不符外，出口方仅提供重量单。进口方于是委托开证行向议付行提出拒付，但议付行已将货款押出。议付行解释说出口方提供的重量单即为信用证要求的净重检验证书，要求开证行付款。试分析：重量单与净重检验证书一样吗？开证行能否拒付货款给议付行？

【参考答案】

1. 本案中的品质检验证书属于客检证，进出口双方应在合同中明确规定出口方通知进口方前来验货的时间和方式、进口方接到验货通知后应该前来的最迟期限，以及进口方延迟验货应承担的责任，从而才能避免由于合同责任界限规定不清导致出口方承担额外费用的情况。

2. 进口方不可以向出口方索赔。因为合同中的检验条款规定："以装运地检验机构出具的检验证书为准"，实际上属于离岸品质、离岸重量的规定方法，意味着出口方享有检验权，以装运地检验结果作为最终依据，因此即使进口方发现货物品质与合同规定不符也不能以此再向出口方索赔。

3. 重量单与净重检验证书不一样。重量单通常是由出口商自制的，表明有关货物重量的一般情况。而净重检验证书是由检验检疫机构对出口商品的净重实施检验或鉴定后，根据检验结果出具并签署的书面文件，以此来证明出口方所交货物在重量方面是否符合买卖合同规定，也是出口方向银行结算货款的单据之一。开证行可以拒付货款给议付行，因为议付行转寄的单据中缺少信用证要求的净重检验证书，单证不符，可以拒付。

第7章

争议的预防与处理

第1节 学习指导

在进出口贸易中,各种违约行为是导致争议的主要原因,索赔是违约行为的直接后果。如果导致违约行为的原因确属不可抗力,违约方可以免除对违约行为应该承担的责任。解决争议的方式有多种,但仲裁较其他方式具有明显的优越性。

1. 争议相关知识结构图,如图7.1所示。

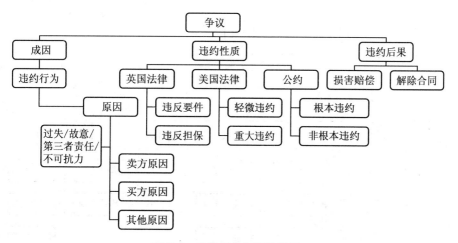

图7.1 争议相关知识结构图

2. 索赔相关知识结构图,如图7.2所示。

3. 不可抗力相关知识结构图,如图7.3所示。

4. 仲裁相关知识结构图,如图7.4所示。

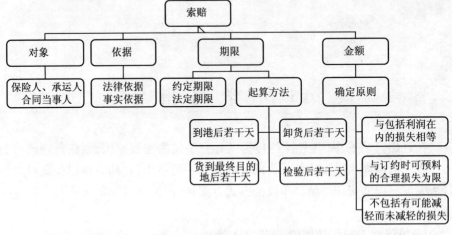

图7.2 索赔相关知识结构图

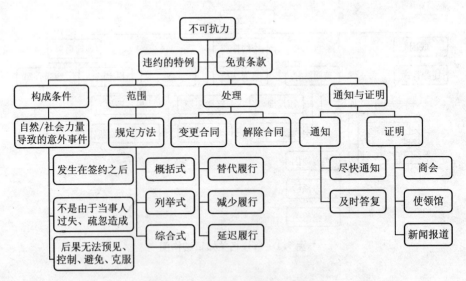

图7.3 不可抗力相关知识结构图

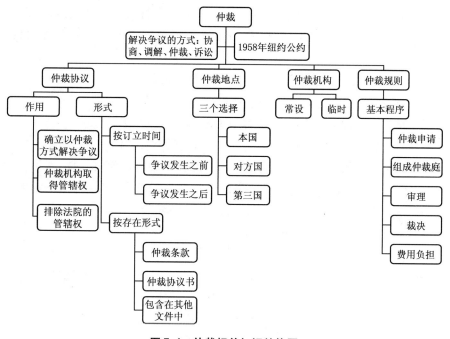

图 7.4 仲裁相关知识结构图

第2节 重要知识点

本章主要涉及的重要知识点包括:

1. 不同法律对违约性质、后果和处理方式的解释和规定;

2. 索赔的对象、依据、期限和原则;

3. 构成不可抗力的条件;

4. 不可抗力的处理;

5. 仲裁协议的作用。

第3节 自我检测

一、单选题

1. 在国际贸易中,导致争议的主要原因是( )。

A. 索赔行为　　　B. 违约行为　　　C. 理赔行为　　　D. 仲裁行为

2. 未按合同规定的时间、地点、方式、品质、数量、包装条款交货的行为属于（　　）。

A. 卖方违约　　　　　　　　　　B. 买方违约

C. 买卖双方均构成违约　　　　　D. 以上都对

3. 当事人因管理和工作疏漏造成的违约属于（　　）。

A. 故意违约　　　B. 不可抗力　　　C. 第三者责任　　　D. 过失违约

4. 某年9月某外贸公司与外商签订一份农产品出口合同，规定当年10月至12月交货。后因10月份以后价格猛涨，外贸公司因高亏不能出口，经查8月份产地曾发生严重水灾，货源受损。因此，（　　）。

A. 出口方可以利用不可抗力条款，免除责任

B. 出口方不能利用不可抗力条款，免除责任

C. 只要产地贸促会能出具不可抗力证书，出口方可以免除责任

D. 出口方可以利用不可抗力条款，减少承担的责任

5. 仲裁协议是仲裁机构受理争议案件的法律依据，因此（　　）。

A. 仲裁协议必须在争议发生之前达成

B. 仲裁协议只能在争议发生之后达成

C. 仲裁协议既可以在争议发生之前达成，也可以在争议发生之后达成

D. 仲裁协议不能独立于合同外

6. 解决国际贸易争议的方式中容易损害双方当事人贸易关系的一种是（　　）。

A. 友好协商　　　B. 第三方调解　　　C. 仲裁　　　　　D. 司法诉讼

7. 《联合国国际货物销售合同公约》将违约划分为（　　）。

A. 不履约和延迟履约　　　　　　B. 轻微违约和重大违约

C. 根本性违约和非根本性违约　　D. 违反要件和违反担保

8. 根本违约是指（　　）。

A. 一方当事人违反合同的结果，使另一方当事人蒙受损害，以致实际上剥夺了他根据合同有权期待得到的东西

B. 合同一方没有履行或履行有严重缺陷，致使另一方不能得到该合同项下的主要利益

C. 违反合同的主要条款

D. 违反合同的次要条款

9. 交易一方认为对方未能全部或部分履行合同规定的责任与义务而引起的纠纷是（　　）。

A．争议　　　　　B．违约　　　　　C．索赔　　　　　D．理赔

10．下列关于索赔期限的规定中，对卖方较为有利的是(　　　)。

A．货物运抵目的港(地)检验后30天内

B．货物运抵目的港(地)卸离海轮后30天内

C．货物运抵买方营业处所或用户所在地后30天内

D．货物运抵目的港(地)后30天内

11．对于货物本身存在的质量缺陷，买方应向(　　　)索赔。

A．保险公司　　　B．卖方　　　　C．承运人　　　D．中间商

12．《联合国国际货物销售合同公约》规定的索赔期限为买方实际收到货物后(　　　)。

A．半年内　　　　B．一年内　　　C．一年半内　　　D．两年内

13．根据货物性质、运输、检验等情况在贸易合同中明确规定的索赔期限属于(　　　)。

A．我国《合同法》规定的索赔期限

B．法定索赔期限

C．约定索赔期限

D．《联合国国际货物销售合同公约》规定的索赔期限

14．在实际业务中约定不可抗力范围通常采用的方法是(　　　)。

A．综合式　　　　B．列举式　　　C．概括式　　　　D．以上都错

15．以仲裁方式解决交易双方争议的必要条件是(　　　)。

A．交易双方当事人订有仲裁协议

B．交易双方当事人订有买卖合同

C．交易双方当事人订有谅解协议

D．交易双方当事人所在国都是《联合国国际货物销售合同公约》缔约国

16．下列不属于不可抗力的意外事件是(　　　)。

A．战争　　　　　B．政府禁令　　　C．价格暴跌　　　D．地震

17．如果由于不可抗力导致特定标的物全部灭失，或意外事件的影响相当严重，短期内不可能复原，有关当事人可以(　　　)。

A．替代履行合同　　　　　　　　B．减少履行合同

C．延迟履行合同　　　　　　　　D．解除合同

18．出具不可抗力证明的机构通常是(　　　)。

A．当地的商会或法定公证机构　　B．当地的检验检疫机构

C．当地的司法机构　　　　　　　D．当地的保险公司

19. 在实际业务中,当事人应尽可能在( )订立仲裁协议。

    A. 争议发生之后   B. 争议发生之前

    C. 争议发生之中   D. 以上都对

20. 中国国际经济贸易仲裁委员会属于( )。

    A. 临时仲裁机构   B. 行业性仲裁机构

    C. 常设仲裁机构   D. 国际性仲裁机构

【参考答案】

    1~5：BADBC；6~10：DCAAD；11~15：BDCAA；16~20：CDABC。

二、多选题

1. 导致争议的买方原因主要有( )。

    A. 拒绝或拖延开立信用证   B. 无理拒绝接受单据

    C. 无理拒付货款   D. 在 FOB 条件下不按时派船接货

    E. 无理拒收货物

2. 在国际贸易中,违约主要指合同当事人( )。

    A. 不履行合同义务的行为   B. 不完全履行合同义务的行为

    C. 延迟履行合同义务的行为   D. 要求修改合同的行为

    E. 要求撤销合同的行为

3. 违约的原因主要包括( )。

    A. 双方当事人发生争议   B. 第三者责任

    C. 故意违约   D. 过失违约

    E. 不可抗力

4. 在根本违约的情况下,受损害的一方当事人( )。

    A. 只能要求撤销合同   B. 只能要求赔偿全部损失

    C. 撤销合同   D. 赔偿全部损失

    E. 有权要求撤销合同或赔偿全部损失

5. 下列属于不可抗力事故的是( )。

    A. 水灾   B. 地震   C. 海盗劫货

    D. 政府禁令   E. 通货膨胀

6. 合同中规定不可抗力范围的方式有( )。

    A. 分类式   B. 概括式   C. 综合式

D. 列举式　　　E. 简约式

7. 在国际贸易中,解决争议的方式有(　　)。
  A. 友好协商　　　B. 第三方调解　　　C. 仲裁
  D. 司法诉讼　　　E. 以上都对

8. 确定索赔金额的基本原则包括(　　)。
  A. 赔偿金额与因违约而遭受的损失金额相等
  B. 赔偿金额与货物受损时的实际价值相等
  C. 赔偿金额与因违约而遭受的包括利润在内的损失金额相等
  D. 赔偿金额以违约方在订立合同时可预料到的合理损失为限
  E. 由于受损害一方未采取合理措施使有可能减轻而未减轻的损失,应从赔偿金额中扣除

9. 构成不可抗力应具备的条件包括(　　)。
  A. 意外事件必须发生在合同签订以后
  B. 意外事件的发生不是由于任何一方当事人的故意或过失造成的
  C. 意外事件的发生及其造成的后果是当事人无法预见的
  D. 意外事件的发生及其造成的后果是当事人无法避免的
  E. 意外事件的发生及其造成的后果是当事人无法克服的

10. 关于不可抗力事件的通知,下列说法正确的是(　　)。
  A. 遭遇不可抗力事件的一方应采用尽量快捷的通信方式通知对方
  B. 在通知中提出不可抗力事件处理方案
  C. 在合理时限内将有关部门出具的不可抗力证明文件寄送对方
  D. 另一方当事人在接到通知和证明文件后应及时作出答复
  E. 如对处理方案有异议应及时在答复中提出

11. 如果不可抗力事件部分地或暂时地阻碍了合同的履行,当事人可采取的处理措施为(　　)。
  A. 解除合同　　　B. 替代履行　　　C. 仲裁
  D. 减少履行　　　E. 延迟履行

12. 国际商事仲裁协议通常包括的内容有(　　)。
  A. 请求仲裁的意思表达　　　　B. 仲裁事项
  C. 仲裁地点　　　　　　　　　D. 仲裁机构、规则
  E. 仲裁裁决的效力

13. 仲裁协议的作用有(　　)。
  A. 表明双方当事人愿意将他们的争议提交仲裁机构裁决
  B. 表明双方当事人相互承认仲裁裁决具有约束力

C. 是仲裁机构受理争议案件的依据

D. 表明法院根据一方当事人的申请依法强制另一方当事人执行仲裁裁决

E. 排除了法院对有关争议案件的管辖权

14. 根据仲裁协议存在的形式,仲裁协议有( )形式。

A. 合同中的仲裁条款　　　　　　B. 仲裁协议书

C. 其他文件中包含的仲裁协议　　D. 争议发生之前达成的仲裁协议

E. 争议发生之后达成的仲裁协议

15. 关于仲裁裁决下列说法正确的是( )。

A. 仲裁裁决是仲裁程序的最后一个环节

B. 仲裁裁决是最终裁决

C. 根据《中国国际经济贸易仲裁委员会仲裁规则》,在仲裁过程中可就案件的任何问题作出中间裁决或部分裁决

D. 仲裁裁决必须以书面形式作出

E. 仲裁裁决对双方当事人都有约束力

【参考答案】

1. ABCDE; 2. ABC; 3. BCDE; 4. CD; 5. ABD; 6. BCD; 7. ABCDE;

8. CDE; 9. ABCDE; 10. ABCDE; 11. BDE; 12. ABCDE; 13. ACE;

14. ABC; 15. ABCDE。

三、判断题

1. 在国际贸易中,违约行为是导致争议的主要原因,索赔是违约行为的直接后果。( )

2. 根据英国《货物买卖法》,在违反担保的情况下,受损方有权解除合同并要求损害赔偿。( )

3. 通常认为合同中与商品有关的品质、数量、交货期等条款属于合同要件。

( )

4. 法定索赔期限只在买卖合同中未约定索赔期限时才起作用。( )

5. 索赔金额不应该包括受损方的预期利润。( )

6. 如果有证据表明导致违约方违约行为的原因确属不可抗力,则违约方可以免除对违约行为应该承担的责任,受损方不得对不可抗力导致的违约行为要

求损害赔偿。（　　）

7. 我国《合同法》规定的索赔期限为自买方实际收到货物之日起 1 年内。
（　　）

8. 根据我国《合同法》，一方当事人延迟履行后发生不可抗力的，当事人不能免除责任。（　　）

9. 伦敦谷物和饲料贸易协会、伦敦羊毛协会、伦敦油籽协会属于行业性临时仲裁机构。（　　）

10. 我国只对根据我国法律认定属于契约性和非契约性商事法律关系所引起的争议适用《1958 年纽约公约》。（　　）

11. 仲裁的意思表示可以不集中表现于某个法律文件中，而是分散在当事人之间彼此多次往来的不同文件中。（　　）

12. 索赔和理赔是完全不相关联的两件事情。（　　）

13. 受损方在索赔期限到期后提出的索赔要求是无效的。（　　）

14. 在实际业务中，双方当事人应尽量采用争议发生之后订立的仲裁协议。
（　　）

15. 某公司 10 月签订粮食出口合同，后得知产地因春天遭遇特大旱灾导致粮食减产，无法提供货源，该公司可援引不可抗力条款要求解除合同。（　　）

16. 在实际业务中，当事人一般首选在第三国仲裁。（　　）

17. 根据《中国国际经济贸易仲裁委员会仲裁规则》，中间裁决是指仲裁庭对整个争议中的一些问题已经审理清楚，而先行作出的部分终局性裁决。
（　　）

18. 选择第三国作为仲裁地点，通常是因为该国拥有著名的仲裁机构，或基于政治上的考虑，买卖双方彼此难以接受对方所在地作为仲裁地点。（　　）

19. 仲裁协议书是在合同中没有规定仲裁条款的情况下，双方当事人为了专门约定仲裁内容而单独订立的一种协议。（　　）

20. 仲裁费用通常由提出仲裁申请的一方承担。（　　）

第 7 章　争议的预防与处理

【参考答案】

1~5：√×√×√；6~10：√×√×√；11~15：√×√××；

16~20：××√√×。

第4节 案例精解

1. 某贸易商从广州某伞厂取得报价单后,转向意大利某客户报价。成交后国外开来信用证并规定7月底以前交货。哪知在7月初该伞厂仓库失火,成品、半成品及原料均烧毁,以致无法交货。请问该贸易商可否援引不可抗力条款要求免交货物?

2. 甲向乙购买一台精密设备,根据合同乙于3月1日交付了货物,甲于4月15日装机生产时发现设备有一个关键零件不合格,设备无法运转并立即通知了乙。乙迅速答复同意马上空邮一个合格零件给甲。但甲拒绝乙的解决方法,认为乙已经构成根本性违约,主张宣告合同无效,要求乙运回设备并作出赔偿。试分析甲的要求能否成立? 如果乙拒绝补发合格零件或拖延很长时间,会出现什么后果?

3. 甲向乙购买小麦1万吨,乙在装船后发现其中1千吨已霉烂变质,即在发票和汇票中减去了1千吨的价金,并了解到甲可以在当地购到同质量的小麦。乙的做法是否构成根本性违约?

4. 某公司与国外客户签订一份精密仪器进口合同,合同规定9月份交货。9月15日,该国政府宣布该仪器为高科技产品,禁止出口,该禁令自公布之日起15日后生效。国外客户来电以不可抗力为由要求解除合同。试分析国外客户的要求是否合理? 该公司应如何妥善处理?

5. 某公司与外商签订一份出口合同,合同中包括仲裁条款,并规定如发生争议就提交中国国际经济贸易仲裁委员会在北京仲裁。该合同履行过程中,双方就货物品质发生争议,进口方遂在其所在地法院起诉出口方,出口方收到了法院传票。试分析出口方应如何应对?

【参考答案】

1. 该贸易商不可援引不可抗力条款要求免交货物。因为该事故只是在一定期限内阻碍合同的履行,距离合同约定的交货期到期还有一段时期。而且该项交易的产品是普通货物,而不是特定物,出口商可以从其他供货商处找到货源。因此,不能免除贸易商的交货义务,贸易商可以选择替代履行、减少履行或延迟履行。

2. 甲的要求不成立,因为乙虽然的确违约了,但在甲发现该设备有一个关键零件不合格后,出口方乙立即以空运方式补发一个合格零件的补救措施是及时、合理的,可以避免使进口方甲蒙受实质上的经济损失,故不形成对进口方甲的根本性违约。在这种情况下,进口方甲可以要求合理的损害赔偿或其他救济措施,但坚持要求出口方乙运回设备并作出赔偿的做法是不合理的。如果出口方乙拒绝补发合格零件或拖延很长时间,就有可能对进口方甲造成重大的损失,从而构成对进口方的根本性违约,因为案例中的货物是一台精密设备,且不合格的是设备的一个关键零件,其对设备的运行起着关键作用。

3. 乙的做法并没有构成根本性违约。所谓根本性违约是指一方当事人违反合同的结果,使另一方当事人蒙受损害,以致实际上剥夺了他根据合同有权期待得到的东西。而本案中,霉变的小麦只占合同的一小部分,且出口方相应地减去了价金;同时,进口方还可以通过其他渠道购到同质量的小麦,这些不至于剥夺进口方根据合同有权期待得到的东西,故不构成根本性违约。如果出口方发现 1 千吨小麦质量有问题,仍坚持收取 1 万吨的价金,并且无法确定出口方能否偿还进口方多付的价款,出口方将构成根本性违约。

4. 国外客户的要求是不合理的,案例中出口国政府宣布该仪器为高科技产品,禁止出口的禁令自公布之日 9 月 15 日起 15 日后生效,即在 9 月 30 日后才生效,而合同规定 9 月份交货,合同完全可以在禁令生效前履行,出口方不应以不可抗力为由拒绝履行合同。该公司应尽力说服出口方继续履行合同,同时严格依据合同履行进口方应尽的责任义务,必要时可以通过仲裁或诉讼等方式,依法维护自己的权益。

5. 本案中,进口方的做法是不对的。因为双方在合同中已经约定了仲裁条款,即在争议发生之前已经订立了仲裁协议,该仲裁协议排除了法院对该争议案件的管辖权,约束双方当事人在争议发生时只能采取仲裁的方式加以解决,且仲裁裁决的效力是终局的,对双方当事人都有约束力。因此,该公司应拒绝去对方法院应诉,坚持由中国国际经济贸易仲裁委员会在北京进行仲裁。

第8章
出口准备工作

第1节 学习指导

出口准备工作对外包括国际市场调研、国外客户调研和与客户建立联系,对

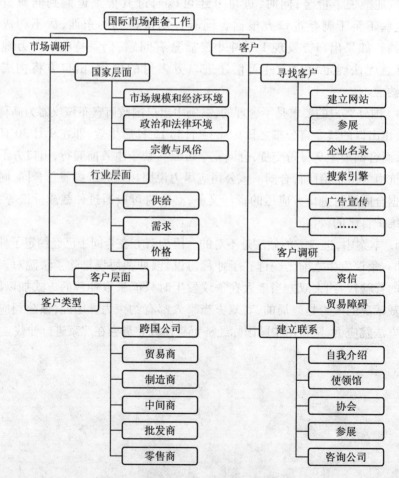

图 8.1 国际市场准备工作知识结构图

内包括出口商品的选择与调研、供货商的选择与调研以及出口商自身的准备。

    1. 国际市场准备工作知识结构图,如图 8.1 所示。

    2. 国内市场准备工作知识结构图,如图 8.2 所示。

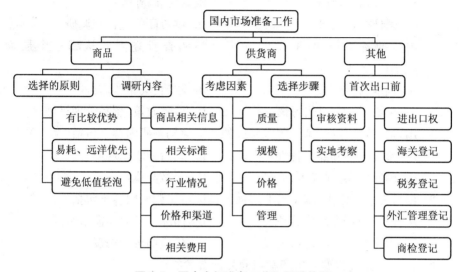

图 8.2　国内市场准备工作知识结构图

第 2 节　重 要 知 识 点

本章涉及的重要知识点包括:

1. 国外客户分类;

2. 寻找客户的方法;

3. 联系客户的方法;

4. 客户调研的内容;

5. 选择供货商应考虑的因素。

第 3 节　自 我 检 测

一、单项选择题

1. (　　)是出口交易磋商的必要前提条件。

A. 出口准备工作   B. 签订出口合同

C. 履行出口合同   D. 出口善后工作

2. 面向国际市场的出口准备工作不包括( )。

A. 国际市场调研   B. 寻找国外客户

C. 国外客户调研   D. 供货商的选择与调研

3. 出口准备工作中,对于国际市场的调查研究需要从哪三个层面入手( )。

A. 国家、行业、客户   B. 政治、法律、宗教

C. 供给、需求、风俗习惯   D. 贸易政策、贸易管理措施、价格

4. 出口准备工作中,基于国家层面的国际市场调研内容不包括( )。

A. 市场规模和经济特性   B. 政治和法律环境

C. 国际市场商品需求情况   D. 宗教与风俗

5. 出口准备工作中,基于行业层面的国际市场调研内容不包括( )。

A. 国际市场商品供给情况   B. 国际市场商品需求情况

C. 国际市场商品价格情况   D. 供应商分布情况

6. ( )是连接商品生产者与商品消费者的桥梁。

A. 中间商   B. 跨国公司   C. 零售商   D. 批发商

7. 在实际业务中,国外( )一般直接向出口商购进商品在国内销售,或给出口商下订单,然后购进出口商按订单生产的产品,靠赚取买卖差价获得利润。

A. 中间商   B. 批发商   C. 制造商   D. 贸易商

8. 出口准备工作中,客户所在国的贸易障碍不包括( )。

A. 该商品在客户所在国正接受反倾销调查或已被征收反倾销税

B. 该商品在客户所在国存在绿色壁垒等其他贸易壁垒

C. 该商品在客户所在国存在特殊的技术要求

D. 该商品属于禁止或限制出口的商品

9. ( )通常是原材料或零部件的买主,在质量和价格合适的前提下,可以成为出口商较为稳定的销售对象。

A. 制造商   B. 贸易商   C. 跨国公司   D. 批发商

10. 对于生产型的出口企业,借助( )的销售力量能够以较小的成本接触更多的中小客户,而且由于( )接触面比较广,常常比生产厂商更容易得到买方的信任。

A. 贸易商、贸易商   B. 中间商、中间商

C. 批发商、批发商   D. 零售商、零售商

11. 流通型贸易企业在选择国内供货商时不需要考虑的因素是（　　）。

    A. 对产品的质量控制能力

    B. 拥有进出口经营权

    C. 拥有生产特定产品所需的设备和工艺能力

    D. 规章制度健全、管理规范

12. 出口企业在自主选择经营品种时不需要考虑的原则是（　　）。

    A. 选择具有比较优势的产品

    B. 优先选择易耗品和远洋运输产品

    C. 尽量避免价格低且体积庞大的轻泡货

    D. 尽量选择以中国传统手艺制成的商品

13. 零售商的基本任务是（　　）。

    A. 直接为最终消费者服务，包括购、销、调、存、加工、拆零、分包、传递信息、提供销售服务等

    B. 为国内实际买主代买进口商品、为境外出口商办理寄售业务或代卖出口商品

    C. 将采购的原材料或零部件，经过较为自动化的机器设备及生产工序制成成品，从事原材料及产品的进出口，并拥有自己的品牌

    D. 直接向出口商购进商品在国内销售，或给出口商下订单，然后购进出口商按订单生产的产品，靠赚取买卖差价获得利润

14. 我国目前历史最长、层次最高、规模最大、商品种类最全、到会客商最多、成交效果最好的综合性国际贸易展会是（　　）。

    A. 中国出口商品交易会   B. 中国华东进出口商品交易会

    C. 中国大连进出口商品交易会   D. 中国进出口商品交易会

15. 流通型贸易企业在选择国内供货商时应该考虑的首要因素是（　　）。

    A. 供货商对产品的质量控制能力

    B. 供货商拥有生产特定产品所需的设备和工艺能力

    C. 了解特定商品的主要生产流程和原材料来源及市场价格

    D. 规章制度健全、管理规范

16. 流通型贸易企业在核实国内供货商登记注册相关情况时应采取的方式是（　　）。

    A. 当面向供货商核实

    B. 到供应商所在地工商行政管理局核实

    C. 登录供货商网页核实

    D. 要求供货商提交企业营业执照复印件

17. 下列陈述中错误的说法是(　　)。

　　A. 对外贸易经营者办理备案登记,取得加盖备案登记印章的《对外贸易经营者备案登记表》后,即可开展进出口贸易

　　B. 未获进出口经营资格或无该项商品进出口经营资格的自然人、法人和其他组织,如需进出口,必须委托有该商品进出口经营资格的对外贸易经营者代理进出口

　　C. 对外贸易经营者办理备案登记后,应在30日内到所在地主管税务机关申请办理退(免)税认定

　　D. 对外贸易经营者办理备案登记后,应在30日内到当地海关、外汇管理、检验检疫等部门办理相关登记

18. 流通型贸易企业在实地考察供货商生产经营条件时不包括核实(　　)。

　　A. 企业生产设备、经营场地

　　B. 外部交通条件、水电气热供应情况

　　C. 员工人数、技术力量情况

　　D. 经营范围、经营方式、注册资本

19. 与国外客户建立联系的渠道通常不包括(　　)。

　　A. 自我介绍

　　B. 请我驻外使馆商务处或外国驻华使馆介绍合作对象

　　C. 通过参加国内外展览会、交易会建立关系

　　D. 利用互联网搜索引擎

20. 以下说法错误的是(　　)。

　　A. 跨国公司或规模较大的贸易商,通常资金实力雄厚,只对比较大宗的交易感兴趣,并且多在交易磋商过程中占有主动

　　B. 中小规模的贸易商通常受资金所限,进口数量不大,并且通常会要求远期付款

　　C. 中间商为进出口商居间促成交易,其利润来源是出口商或进口商支付的佣金,中间商的存在增加了交易环节和交易费用

　　D. 制造商通常是原材料或零部件的买主,在质量和价格合适的前提下,可以成为出口商较为稳定的销售对象

【参考答案】

　　1～5:ADACD;6～10:ADDAC;11～15:BDADA;16～20:BADDC。

二、多项选择题

1. 出口业务流程通常可分为(　　)。
   A. 出口准备阶段
   B. 出口交易磋商签约阶段
   C. 出口履约阶段
   D. 出口善后阶段
   E. 出口业务员培训阶段

2. 面向国际市场的出口准备工作主要包括(　　)。
   A. 国际市场调研
   B. 寻找国外客户
   C. 国外客户调研
   D. 出口商品的选择与调研
   E. 与客户建立关系

3. 出口准备工作中,对于国际市场的调研主要从(　　)入手。
   A. 主要针对宏观环境的国家层面
   B. 主要针对具体交易对象的客户层面
   C. 主要针对特定商品的行业层面
   D. 主要针对经济效益的费用核算层面
   E. 主要针对货源的供货商层面

4. 出口准备工作中,基于国家层面的国际市场调研内容主要包括(　　)。
   A. 市场规模和经济特性
   B. 政治和法律环境
   C. 国际市场商品供求情况
   D. 宗教与风俗
   E. 国际市场商品价格情况

5. 实际业务中,出口商通常面对的客户类型有(　　)。
   A. 中间商
   B. 跨国公司
   C. 零售商
   D. 贸易商
   E. 制造商

6. 出口准备工作中,基于行业层面的国际市场调研内容不包括(　　)。
   A. 国际市场商品供给情况
   B. 国际市场商品需求情况
   C. 国际市场商品价格情况
   D. 国际市场商品产地
   E. 国际市场规模和经济特性

7. 出口准备工作中,寻找国外客户的方法有(　　)。
   A. 建立网站
   B. 参展
   C. 利用企业名录
   D. 广告宣传
   E. 向有关银行或咨询机构获取进口商资料

8. 出口准备工作中,客户所在国的贸易障碍不包括(　　)。
   A. 该商品在客户所在国正接受反倾销调查或已被征收反倾销税

B. 该商品属于客户所在国限制出口的商品

C. 该商品在客户所在国存在特殊的技术要求

D. 该商品属于客户所在国禁止出口的商品

E. 该商品在客户所在国存在绿色壁垒等其他贸易壁垒

9. 出口准备工作中,客户资信调查的途径主要有(   )。

A. 通过国内的商务机构

B. 通过对方国家的工商机构、商会、贸易协会

C. 通过我国驻外使领馆

D. 通过银行等金融机构

E. 通过其他客户

10. 下列说法正确的是(   )。

A. 在首次经营进出口业务之前,对外贸易经营者必须先依法备案登记,取得进出口经营资格

B. 对外贸易经营者办理备案登记后,应在 30 日内到所在地主管税务机关申请办理退(免)税认定

C. 对外贸易经营者办理备案登记后,应在 30 日内到当地海关办理开展进出口业务所需的登记手续

D. 对外贸易经营者办理备案登记后,应在 30 日内到当地外汇管理部门办理开展进出口业务所需的登记手续

E. 对外贸易经营者办理备案登记后,应在 30 日内到当地检验检疫部门办理开展进出口业务所需的登记手续

11. 流通型贸易企业选择国内供货商应考虑的因素包括(   )。

A. 企业性质　　B. 产品质量　　C. 生产规模

D. 供货价格　　E. 管理水平

12. 出口准备工作中,出口商品调研的内容包括(   )。

A. 了解所经营产品的生产企业分布及其所在行业的一般情况

B. 掌握所经营产品及相关原材料的采购价格和渠道

C. 查询所经营产品的相关标准

D. 分析出口可能涉及的直接和间接业务费用

E. 熟悉所经营产品的种类、规格、成分、性质、包装、生产工艺、生产能力等情况

13. 可以为出口商介绍国外客户的机构包括(   )。

A. 驻外使馆或外国驻华使馆

B. 国内外金融机构

C. 国内外贸易促进机构或友好协会

D. 国内外保险机构

E. 国内外的专业咨询公司

14. 出口准备工作中,客户资信调查的内容主要包括(   )。

 A. 企业的主营业务、资本与利润增长情况、经营作风、付款习惯等经营信息

 B. 企业的名称、地址、注册资本等基本信息

 C. 企业的固定资产、开户银行、资产总额等财务信息

 D. 企业的生产设备、经营场地等硬件设施信息

 E. 企业的员工人数、技术力量等人力资源信息

15. 出口准备工作中,关于国际市场商品价格情况需要掌握(   )。

 A. 近期价格变动趋势   B. 客户通常的购买方式

 C. 目前的国际市场价格   D. 客户需求的旺季和淡季

 E. 影响价格变动的主要因素

【参考答案】

1. ABCD; 2. ABCE; 3. ABC; 4. ABD; 5. ABCDE; 6. ED; 7. ABCDE;
8. BD; 9. ABCDE; 10. ABCDE; 11. BCDE; 12. ABCDE; 13. ACE;
14. ABC 15. ACE。

三、判断题

1. 出口准备工作中,研究一国市场规模主要涉及该国人口和收入分配两个因素。(   )

2. 出口准备工作中,对国际市场的调研需要从基础设施和经济发展水平两个因素入手。(   )

3. 出口准备工作中,政治环境考察主要涉及政局稳定性、政府干预程度、民族情绪、经济贸易政策、进出口国双边关系情况等。(   )

4. 出口准备工作中,宗教与风俗考察包括宗教节日、宗教禁忌、风俗习惯、语言文字、价值观念等。(   )

5. 国际市场商品需求情况指同种/类商品供应的其他来源、其他生产厂家、生产能力及库存情况、替代品和互补品的情况。(   )

6. 生产型出口企业借助中间商的销售力量能够以较小的成本接触更多的

中小客户。（　　）

7. 批发商可以起到提供市场信息、提高交易效率的作用,出口商在对目标市场不甚了解的情况下,可以充分利用批发商打开市场。（　　）

8. 出口企业应该在互联网上用中文建立企业主页,介绍企业和产品。（　　）

9. 国内外广告代理商很多,出口企业在选择时应注意其市场覆盖率、广告质量、市场调研、公共关系及其他营销方面的服务水平、广告费用等。（　　）

10. 通过国内的商务机构可以进行客户资信调查。（　　）

11. 所谓贸易障碍调查是指除买卖双方自身因素之外,出口企业需要确定客户所在国和本国在相关法律法规、政策措施、管理规定等方面是否存在阻碍或不利于成交的因素,根据具体情况选择放弃交易或其他对策。（　　）

12. 自我介绍和参展是与国外客户直接建立联系的方式。（　　）

13. 出口企业在自主选择经营品种时应尽量选择价格低且体积庞大的。

（　　）

14. 流通型外贸企业只有选择若干信誉好、生产能力强又有合作意向的国内供货商,才能为顺利开展出口业务提供稳定的货源保障。（　　）

15. 流通型外贸企业在选择国内供货商时,应尽量选择新建立的工厂。

（　　）

16. 流通型外贸企业可以通过核查相关注册资料和实地考察的方式选择国内供货商。（　　）

17. 实地考察国内供货商的生产经营条件主要包括核实企业生产设备、经营场地、员工人数、外部交通条件、水电气热供应情况、环保、安全情况、技术力量情况等。（　　）

18. 根据我国现行《对外贸易法》,自然人不可以从事货物和技术的进出口贸易。（　　）

19. 在首次经营进出口业务之前,对外贸易经营者必须依法备案登记取得进出口经营资格,然后凭加盖备案登记印章的《对外贸易经营者备案登记表》在30日内到当地海关、税务、外汇管理、检验检疫等部门办理开展进出口业务所需的有关手续。（　　）

20. 国内供货商的有效产能是以计划产能为基础,减去因停机或产品不合格所造成的工时损失。（　　）

【参考答案】

1～5：√×√√×;6～10：×××√√;11～15：√√×√×;
16～20：√√×√√。

第4节 案 例 精 解

1. 某公司向伊朗出口200吨肉鸭,货物抵达目的港后被拒收,原因是肉鸭的屠宰方法(钳杀法)不符合伊斯兰教教规,必须退货。另一出口公司为中东市场开发了具有独特功能的手表,即无论在世界任何地方,手表都能将当地时间转换成穆斯林时间,并在应做祷告的时间自动提醒戴表的人,表上的"指南针"始终指向麦加。该手表一投放市场,立刻打开销路。试分析上述两个案例失败与成功的原因是什么?你从中受到什么启发?

2. A公司以FOB条件向一家美国公司出口工艺品,A公司以前曾多次与其接触,关系不错,但没有成交过。第一笔成交后美国公司坚持要以T/T付款,称这样节约费用对双方有利。A公司考虑到双方彼此还算了解就答应了客户的要求。货物装运后,A公司将正本提单传真给客户,客户很快将货款USD11000汇给A公司。第一单非常顺利。一个月后客户返单,并再次要求T/T付款,A公司同意。三个月内连续4次返单,总值USD44000。但由于A公司疏忽在货物发出后既没有及时追要货款,也没有采取任何避险措施,致使客户在没有正本B/L的情况下从船公司轻松提货。待发现后多次向客户索款,客户均以各种理由拖延,半年后客户人去楼空,传真、e-mail不通,4万多美元如石沉大海,白白损失。试分析A公司应吸取哪些教训?

3. 某进出口公司为一服装订单寻找国内供应商,有以下三家备选企业:A供应商具有多年生产出口订单的经验,质量稳定,地处劳动力资源丰富的出口加工区,但设备数量有限且产品价格较高;B供应商是新建服装厂,厂房和设备都是新的,规模很大,工人也是刚刚招聘的,从制作的服装样品看,工艺质量不错;C供应商规模适中,产品价格也具有竞争力,但地处偏远。请你站在出口业务员的角度为三家供应商排序并说明理由。

【参考答案】
1. 第一个案例失败的原因是:在开展出口业务之前,该公司没有充分做好国际市场调研,没有了解伊朗的宗教禁忌与风俗习惯等。第二个案例成功的原因是:该公司在国际市场调研上做足了功课,他们针对伊朗的宗教、文化、风俗,精心设计产品,使产品迎合当地的民俗,从而产品被广泛接受。

从本案例中我们可以看出,开展充分的市场调研的重要性。国际市场错综复杂,市场瞬息万变,外贸业务员必须学会从国家、行业、客户三个方面开展市场调研,适时地捕捉利用信息,才能全面地把握市场脉搏,及时发现问题,解决问题。

2. 我们从本案例中可以看出,A公司显然没有对这家美国公司的资信情况做充分地调研,为此我们应吸取的教训是:首先,在开展国际贸易时,要对客户的资信进行调查,应尽可能详尽和全面地考察客户的背景,特别关注其在国际市场上的声誉是否良好、是否有负面信息等。客户资信好,贸易中的风险就相对小。其次,在与客户刚打交道时,在对客户没有深入了解的情况下,不宜轻率采用T/T结算方式,应尽量采取安全的结算方式,比如信用证。如果采用商业信用的结算方式,可以尽量选择CIF或CIP术语,以便对承运人有所控制,并且可在投保时加保出口方利益险。最后,出口商应积极地做好充分的避险措施,如在货物发出后及时催要货款,在收到货款之前不返单或控制返单金额,以减小风险和损失。必要时还可以利用备用信用证或银行保函规避进口方不付款的风险。

3. 出口公司应优先选择A供应商。因为A供应商具有多年生产出口订单的经验,质量稳定,虽然设备数量有限,但地处劳动力资源丰富的出口加工区,有条件找到工人实行三班制生产,即可解决生产规模有限的问题;至于产品价格可以通过谈判尽量压低。其次选择C供应商。因为C供应商生产规模适中,产品价格也具有竞争力,虽地处偏远,但可以采取派相关人员驻厂的方式减少往返费用,而且较低的产品价格也可以弥补增加的运输费用。最后选择B供应商。因为B供应商是新建服装厂,虽然厂房和设备都是新的,但各项管理规章制度可能不规范、健全;虽然规模很大,但缺乏生产出口订单的经验,而且工人也是刚刚招聘的,尚未经过系统培训,良莠不齐;虽然制作的服装样品工艺质量不错,但不代表全体工人的平均水平。

第9章
出口交易磋商与签约

第1节 学习指导

出口交易磋商可采用口头或书面方式,内容主要涉及各项主要交易条件。交易磋商的一般步骤包括询盘、发盘、还盘和接受,其中发盘和接受是必不可少的步骤。一般交易条件虽非合同不可缺少的内容,但对于提高合同质量、预防和解决合同争议具有重要作用。在实际业务中,为简化交易磋商程序,买卖双方往往在磋商主要交易条件之前,先就一般交易条件达成协议。

签订出口合同时,一方面要注意合同本身条款的严谨性,另一方面要使合同在国内法、国际法、国际贸易惯例三个层面上符合相应法律规范,同时根据业务实际需要选择适当的书面合同格式。

1. 出口交易磋商相关知识结构图,如图9.1所示。

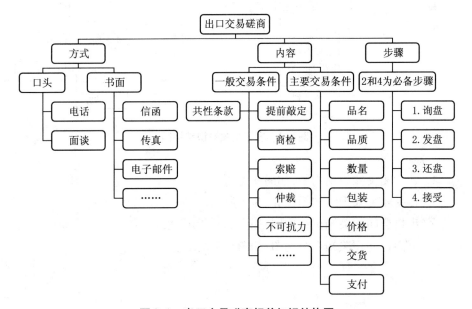

图9.1 出口交易磋商相关知识结构图

2. 询盘相关知识结构图,如图9.2所示。

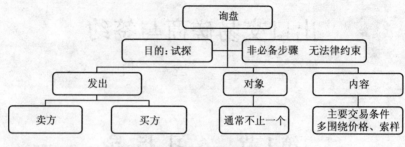

图9.2 询盘相关知识结构图

3. 发盘相关知识结构图,如图9.3所示。

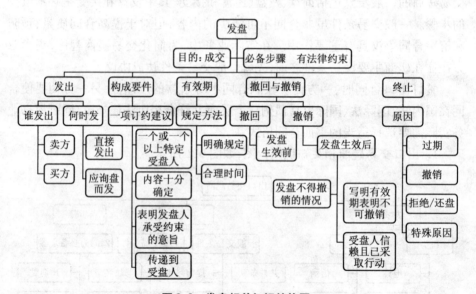

图9.3 发盘相关知识结构图

4. 还盘相关知识结构图,如图9.4所示。

5. 接受相关知识结构图,如图9.5所示。

6. 出口合同相关知识结构图,如图9.6所示。

7. 书面合同相关知识结构图,如图9.7所示。

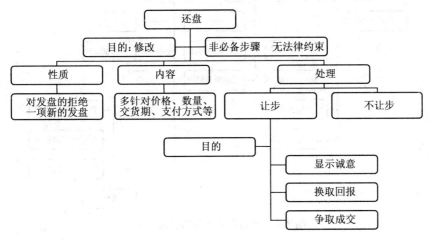

图9.4 还盘相关知识结构图

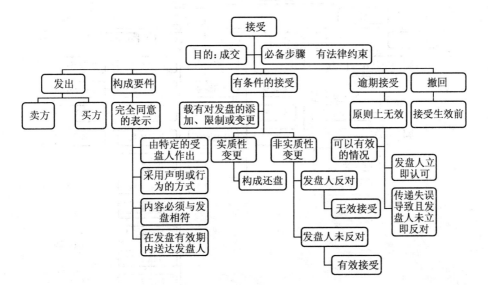

图9.5 接受相关知识结构图

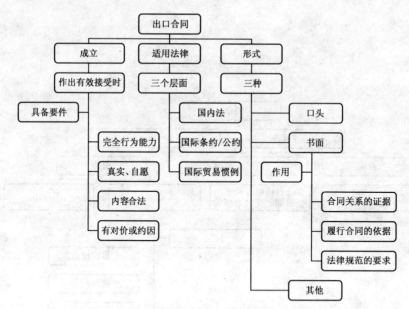

图9.6　出口合同相关知识结构图

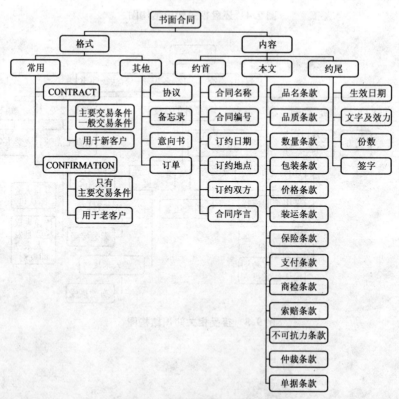

图9.7　书面合同相关知识结构图

第2节 重要知识点

本章主要涉及的重要知识点包括：

1. 发盘相关知识点；
2. 接受相关知识点；
3. 主要交易条件有哪些条款；
4. 一般交易条件有哪些条款；
5. 主要交易条件各条款的内容。

第3节 自 我 检 测

一、单项选择题

1. 下列交易条件中，不属于一般交易条件的是(　　)。

   A. 索赔　　　　B. 不可抗力　　C. 仲裁　　　　D. 支付

2. 下列交易条件中，不属于主要交易条件的是(　　)。

   A. 品质　　　　B. 价格　　　　C. 检验检疫　　D. 交货

3. 交易磋商过程中必不可少的步骤是(　　)。

   A. 发盘和接受　B. 询盘和发盘　C. 还盘和接受　D. 发盘和还盘

4. 要约邀请的对象往往不止一个，此行为对于(　　)。

   A. 询盘人有约束力　　　　　　B. 被询盘人有约束力

   C. 询盘人和被询盘人均有约束力　D. 询盘人和被询盘人均无约束力

5. 买方发盘通常也称为(　　)。

   A. 递盘　　　　B. 报价　　　　C. 发价　　　　D. 报盘

6. 有效期并非构成发盘不可缺少的条件，发盘也可以不明示有效期，根据国际惯例，此种发盘的有效期应理解为(　　)。

   A. 24 小时内　B. 三天内　　　C. 合理时间内　D. 一周内

7. 在多数情况下，询盘的内容主要是询问(　　)。

   A. 品质　　　　B. 价格　　　　C. 数量　　　　D. 交货期

8. 在实际业务中，询盘多由(　　)提出。

A. 进口商　　　　B. 出口商　　　　C. 中间商　　　　D. 生产厂商

9. 发盘既是商业行为,又是法律行为,在合同法中称为(　　)。

　A. 要约邀请　　B. 要约　　　　C. 承诺　　　　D. 发价

10. 在实际业务中,发盘多由(　　)发出。

　A. 进口商　　　　B. 出口商　　　　C. 中间商　　　　D. 生产厂商

11. 关于发盘的撤回,下列表述不正确的是(　　)。

　A. 指在发盘尚未生效之前,将该项发盘取消,使其失去作用

　B. 在实际业务中,只有使用信函或电报发盘时,发盘的撤回才具有实
　　 际意义

　C. 指在发盘已经生效之后,发盘人以某种方式解除发盘的效力

　D. 一项发盘,即使是不可撤销的,也可以撤回

12. 对于口头发盘,下列表述不正确的是(　　)。

　A. 受盘人必须当场表示是否接受

　B. 受盘人必须在 24 小时之内表示是否接受

　C. 受盘人可以拒绝或还盘

　D. 如果受盘人没有当场表示接受则发盘失效

13. 关于还盘的内容,下列表述不正确的是(　　)。

　A. 仅限于针对商品价格

　B. 不仅限于针对价格,也可以针对数量、交货期等其他交易条件

　C. 通常要比原始发盘简单

　D. 对双方已经一致同意的交易条件毋需重复列出

14. 对于接受,下列表述不正确的是(　　)。

　A. 接受是指交易的一方对于对方的发盘或还盘所作出的完全同意的
　　 表示

　B. 必须由特定的受盘人对发盘或还盘表示接受

　C. 接受必须由受盘人以声明或行为的方式向对方表示出来

　D. 如果受盘人 A 将发盘转让给 B 公司,则 B 公司可以直接向发盘人
　　 表示接受

15. 根据《公约》,下列不属于实质性变更的内容是(　　)。

　A. 单据的份数　　　　　　　　B. 货物的质量和数量

　C. 交货地点和时间　　　　　　D. 付款

16. 下列不属于用"行为"表示接受的方式是(　　)。

　A. 卖方直接发运货物

　B. 买方直接给卖方打电话表示接受

C. 买方开立以卖方为受益人的信用证

D. 买方向卖方预付部分货款

17. 关于"有条件的接受"，下列表述不正确的是(　　)。

A. 指一项接受载有对发盘的添加、限制或其他更改

B. 这种接受对发盘的添加、限制或其他更改均为实质性的

C. 有条件的接受原则上应视为拒绝该项发盘并构成还盘

D. 在满足特定条件的情况下，有条件的接受有可能构成有效接受

18. 根据《公约》，下列不属于实质性变更的是(　　)。

A. 有关货物价格、付款

B. 有关货物质量、数量、交货地点和时间

C. 有关赔偿责任范围或解决争端

D. 有关单据的种类、份数或出单人

19. 关于"逾期接受"，下列表述不正确的是(　　)。

A. 指接受通知超过发盘规定的有效期限或合理时间才传达到发盘人

B. 一项逾期接受能否成为有效的接受主要取决于发盘人的态度

C. 若有证据表明一项逾期接受在传递正常的情况下能及时送达发盘人，则该逾期接受可视为有效

D. 若发盘人毫不迟延地确认一项逾期接受，则该逾期接受可成为有效接受

20. 关于接受，下列说法正确的是(　　)。

A. 接受不可以撤回但可以撤销

B. 接受不可以撤销但可以撤回

C. 接受的撤销以撤销通知先于接受或与接受通知同到达发盘人为限

D. 接受的撤回以撤回通知先于接受到达发盘人为限

21. 国际货物销售合同适用的法律不包括(　　)。

A. 国内法 　　　　　　　　B. 国际条约或公约

C. 国际贸易惯例 　　　　　D. 国内商业习惯

22. 在国际货物买卖中，最主要的合同形式是(　　)。

A. 口头合同 　　　　　　　B. 行为合同

C. 书面合同 　　　　　　　D. 其他形式合同

23. 关于销售确认书的内容，下列说法不正确的是(　　)。

A. 只有主要交易条件 　　　B. 条款简约

C. 不具有法律效力 　　　　D. 通常用于老客户

24. 合同中的主要交易条件不包括(　　)。

A. 商品数量　　B. 仲裁地点　　　C. 货物装运时间 D. 商品质量

25. 在实际业务中,发盘是由(　　)。

    A. 卖方或买方发出　　　　　　　　B. 买方发出

    C. 卖方发出　　　　　　　　　　　D. 以上答案都不对

26. 关于合同中的品名条款,下列说法不正确的是(　　)。

    A. 只需列明成交商品名称

    B. 多数情况下仅列明成交商品名称不足以描述商品全貌

    C. 列明品名后须进一步列明该商品的具体品种、规格、型号、等级或商标

    D. 品名条款与品质条款的综合体在合同中通常称为"货描"

27. 买卖(　　)时,一般在合同的品质条款中需要加订"增减价条款"。

    A. 工业制成品　　　　　　　　　　B. 初级产品

    C. 农产品　　　　　　　　　　　　D. 劳动密集型产品

28. 合同中溢短装条款的内容不包括(　　)。

    A. 溢短装的幅度　　　　　　　　　B. 溢短装的选择权

    C. 溢短装部分的计价方法　　　　　D. 溢短装的计重方法

29. 合同中包装条款的基本内容不包括(　　)。

    A. 包装方式　　　　　　　　　　　B. 包装商品的数量/重量组成

    C. 包装费用负担　　　　　　　　　D. 包装材料

30. 关于发盘有效期,下列说法不正确的是(　　)。

    A. 发盘使用急复或立即回复等字样,一般宜在 24 小时内作出答复

    B. 在发盘中可以明确规定,也可以不作规定

    C. 有效期只约束发盘人,不约束受盘人

    D. 发盘人在有效期内不能任意撤销或修改发盘的内容

31. 某进出口公司于 2009 年 4 月 15 日用特快专递向美国 ABC 公司发盘,限 2009 年 4 月 29 日复到有效。4 月 25 日下午 3 时同时收到 ABC 公司表示接受的特快专递和撤回接受的邮件。根据《联合国国际货物销售合同公约》,对此项接受(　　)。

    A. 可以撤回

    B. 不得撤回,合同成立

    C. 在进出口公司同意的情况下,可以撤回

    D. 以上答案都不对

32. 关于合同中的价格条款,下列说法不正确的是(　　)。

    A. 基本内容一般包括商品单价和商品总值

B. 基本内容一般包括商品单价、商品总值以及佣金和折扣的相关规定

C. 单价为含佣价时,应规定佣金率、佣金计算方法和佣金支付方法

D. 商品总值的大小写要一致

33. 银行费用中不包括(　　)。

A. 信用证通知费　　　　　　B. 电报费

C. 单据认证费　　　　　　　D. 垫款利息

34. 下列公式中不正确的是(　　)。

A. 含佣价 = 净价 ÷ (1 - 佣金率)

B. 垫款利息 = 采购成本 × 贷款年利率 ÷ 12 × 垫款天数

C. 银行费用 = 出口价格 × 银行费用率

D. 出口成本 = 采购成本 - 出口退税额

35. 出口商把出口外汇收入卖给银行按(　　)计算。

A. 买入价　　　B. 卖出价　　　C. 现钞买入价　　D. 现汇买入价

【参考答案】

1~5:DCADA;6~10:CBABB;11~15:CBADA;16~20:BBDCB;

21~25:DCCBA;26~30:ABDCC;31~35:ABCBD。

二、多项选择题

1. 交易磋商的书面方式包括(　　)。

A. 信函　　　　B. 电报　　　　C. 电传

D. 传真　　　　E. 电子邮件

2. 关于一般交易条件,描述正确的是(　　)。

A. 指交易的一方为出售或购买商品而拟订的可适用于不同交易的共性
条款

B. 指买卖合同成立所不可缺少的交易条件

C. 一般交易条件也称格式条款

D. 在实际业务中买卖双方往往在磋商主要交易条件之前,先就一般交
易条件达成协议

E. 通常包括品名、品质、数量、包装、价格、装运、支付七项

3. 根据《公约》和我国《合同法》规定,构成法律上有效的发盘必须具
备(　　)要件。

A. 有一个或一个以上特定的受盘人

B. 内容十分确定

C. 表明发盘人愿意承受约束的意旨

D. 发盘于到达受盘人时生效

E. 发盘于发送给受盘人时生效

4. 根据《公约》规定,一项发盘只要列明(　　　),即可被认为其内容"十分确定"。

A. 货物 　　　B. 数量 　　　C. 价格

D. 包装 　　　E. 交货期

5. 关于发盘有效期描述正确的是(　　　)。

A. 发盘中可以不规定有效期

B. 如来盘使用急复、立即回复等字样,一般宜在24小时内作出答复

C. 发盘必须规定有效期

D. 采用口头发盘时,除发盘人另有声明外,受盘人只能当场表示接受才有效

E. 采用传真发盘时,如发盘规定限5天内复,根据《公约》应从发出时刻起算

6. 交易磋商的一般程序包括以下(　　　)环节。

A. 询盘 　　　B. 发盘 　　　C. 还盘

D. 接受 　　　E. 签约

7. 买卖双方交易磋商的主要内容包括(　　　)。

A. 品名与品质 　B. 数量 　　　C. 包装

D. 交货 　　　E. 价格与支付

8. 交易磋商中必不可少的步骤是(　　　)。

A. 询盘 　　　B. 发盘 　　　C. 还盘

D. 接受 　　　E. 签约

9. 在实际业务中,发盘内容的确定性体现在发盘所列主要交易条件是(　　　)。

A. 终局的 　　　B. 明确的 　　　C. 完整的

D. 充分的 　　　E. 及时的

10. 下列合同条款中属于一般交易条件的有(　　　)。

A. 检验检疫条款 　　　　　　　B. 索赔条款

C. 不可抗力条款 　　　　　　　D. 仲裁条款

E. 保险条款

11. 发盘效力终止的原因有( )。
    A. 过期　　　　B. 被依法撤销　　C. 被拒绝或还盘
    D. 发盘中的商品被出口国或进口国政府宣布禁止出口或进口
    E. 发盘人在发盘被接受前被依法宣告破产,并将有关书面通知送达受盘人

12. 一方对另一方的发盘表示接受可以采取的方式有( )。
    A. 书面　　　　B. 行为　　　　　C. 口头
    D. 缄默　　　　E. 声明

13. 根据《公约》,下列属于非实质性变更的有( )。
    A. 变更单据的出单人　　　　　B. 变更交货地点和时间
    C. 变更赔偿责任范围　　　　　D. 变更单据的种类或份数
    E. 要求寄送船样

14. 关于逾期接受,下列描述不正确的是( )。
    A. 如果发盘人毫不迟延地用口头或书面方式确认该逾期接受有效,则此项逾期接受可以成为有效的接受
    B. 如果有证据表明该逾期接受在传递正常的情况下能及时送达发盘人,该项逾期接受有效,除非发盘人毫不迟延地用口头或书面方式通知受盘人此项发盘已经失效
    C. 一项逾期接受能否成为有效的接受主要取决于受盘人的态度
    D. 逾期接受指在发盘有效期结束后作出的接受
    E. 在任何情况下,逾期接受都是无效的

15. CIF 价等价于( )。
    A. 出口成本 + 国内费用 + 国外运费(+ 佣金) + 出口预期利润
    B. 出口成本 + 国内费用(+ 佣金) + 出口预期利润
    C. FOB 价 + 国外运费 + 国外保费
    D. CFR 价 + 国外保费
    E. 出口成本 + 国内费用 + 国外运费 + 国外保费(+ 佣金) + 出口预期利润

16. 出口费用通常包括( )。
    A. 国内运费、国内其他费用　　B. 业务定额费
    C. 银行费用、垫款利息　　　　D. 商检费用、认证费用
    E. 国外运费、国外保费及佣金

17. 下列公式正确的是( )。
    A. 保险金额 = CIF(CIP) 价 × (1 + 投保加成率)

B. 保险费 = 保险金额 × 各种保险费率之和

C. 一般交易佣金 = FOB 价 × 佣金率

D. 出口预期销售利润 = 出口价格 × 预期销售利润率

E. 出口退税额 = ［采购成本 ÷ (1 + 增值税率)］× 出口退税率

18. 关于合同中的价格条款,下列说法正确的是( )。

    A. 一般包括商品单价和总值两部分

    B. 商品单价包括计价货币、单位价格金额、计价单位和贸易术语

    C. 商品总值包括计价货币和总价金额

    D. 商品总值大小写不一致时以大写为准

    E. 单价为含佣价(明佣)时,应规定佣金率、佣金的计算方法和支付方法

19. 根据我国《合同法》,数据电文包括( )。

    A. 电报   B. 电传

    C. 传真   D. 电子数据交换

    E. 电子邮件

20. 约首是合同的开头部分,主要包括( )。

    A. 合同名称、编号   B. 合同文字及其效力

    C. 签约日期、地点   D. 合同序言

    E. 当事人的名称、地址

【参考答案】

  1. ABCDE; 2. ACD; 3. ABCD; 4. ABC; 5. ABDE; 6. ABCD; 7. ABCDE;
8. BD; 9. ABC; 10. ABCD; 11. ABCDE; 12. ABCE; 13. ADE; 14. CDE;
15. CDE; 16. ABCDE; 17. ABDE; 18. ABCE; 19. ABCDE; 20. ACDE。

三、判断题

  1. 每笔交易的磋商过程都必须有询盘、发盘、还盘和接受四个环节。( )

  2. 发盘的有效期仅对发盘人有约束力。( )

  3. 因双方当事人特别约定或因政府法令规定,使得合同生效日期与签订日期不同的,应在约尾加以说明。( )

  4. 仲裁条款的基本内容一般包括仲裁地点、仲裁机构、仲裁程序、仲裁规则、仲裁裁决的效力和仲裁费用的负担等。( )

5. 规定不可抗力事件范围的方法中最常用的是列举式规定方法。（　　）

6. 不可抗力事件的处理方式包括解除合同或变更合同。（　　）

7. 凡是逾期送达要约人的承诺，只要要约人缄默，合同即告成立。（　　）

8. 在国际贸易中，发盘是卖方作出的行为，询盘是买方作出的行为。（　　）

9. 大多数买卖合同中只订有异议与索赔条款，没有罚金或违约金条款。

（　　）

10. 电汇支付条款的基本内容通常包括支付时间和支付金额。（　　）

11. 托收支付条款的基本内容包括汇票期限、支付时间、交单条件、买方付款/承兑责任等。（　　）

12. 信用证支付条款的基本内容包括信用证种类、支付时间、信用证有效期及到期地点等。（　　）

13. 接受通知送达发盘人时已超过发盘规定的有效期，如发盘人立即予以确认，合同仍可成立。（　　）

14. 采用 CIF/CIP 出口时，如果买方要求提高投保加成率，卖方需要征询保险公司的意见，并在合同中明确规定超额保费由买方负担以及支付的方法。

（　　）

15. 当货物使用班轮运输时，在装运条款中应规定装卸时间、装卸率和滞期费、速遣费。（　　）

16. 使用 CIF/CIP 时，买方也有可能要求卖方在货物装运后发出装运通知。

（　　）

17. 根据《联合国国际货物销售合同公约》，受盘人在对发盘表示接受时，对发盘内容所作的任何添加或变更，均是对发盘的拒绝并构成还盘。（　　）

18. 根据 UCP600，如果信用证中没有明确规定是否允许分批装运与转船，应理解为允许。（　　）

19. 如果合同中没有明确规定是否允许分批装运与转船，应理解为不允许。

（　　）

20. "出口国检验，进口国复检"是外贸实践中最常见的检验权规定方法。

（　　）

21. 根据 UCP600，如果货物在不同时间、不同装运港装上同一航次的船，只要提单注明的装运港、装运日期不同，即使目的港相同，也属于分批装运。（　　）

22. 根据 UCP600，信用证项下限时限量分批装运时，如果其中一批装运失败，则该批及以后各批均告失败。（　　）

23. 买方选港时可以规定不超过三个目的港，货物可以根据买方的要求分别卸在不同的目的港。（　　）

24. 货源不确定时,可以规定两个或两个以上装运港。(　　)

25. "shipment during May, 2010"意为卖方可在 2010 年 5 月 1 日至 5 月 31 日期间的任何时间出运货物。(　　)

26. 装运港通常由卖方提出,目的港一般由买方提出并且只能分别规定一个。(　　)

27. "增减价条款"通常与品质机动幅度同时使用。(　　)

28. 销售确认书条款完备,既包括主要交易条件,也包括一般交易条件,通常用于新客户。(　　)

29. 双方当事人如果在合同中作出与国际贸易惯例不同的规定,在解释合同当事人义务时,以合同规定为准。(　　)

30. 国际贸易惯例不是法律,对合同当事人没有普遍的强制性,即使当事人在合同中规定加以采用,也不会对合同当事人具有法律约束力。(　　)

【参考答案】

1～5:××√√×; 6～10:√××√×; 11～15:√×√√×;
16～20:√×√×√; 21～25:×√××√; 26～30:×√×√×。

四、计算题

1. 某公司出口商品的国内总成本为每箱 1 200 元人民币。外商向该公司发盘,价格为每箱 140 美元 CIF 纽约。当日中国银行外汇牌价为 100 美元 = 850 元人民币。问:该公司可否接受? 若该公司发盘,价格应该是多少? (假设海运费为每箱 10 美元,保险费率为 0.5%,保留一位小数。)

2. 某公司对美国客商出口一批商品,报价为每公斤 100 元人民币 CFR 纽约,美国客商要求改报 CIFC5 美元价(投保一切险,加一成投保,保费率为 4%,人民币兑美元比价为 1:8.3)。试确定在不影响收汇额的前提下,准确的 CIFC5 价应报多少?

3. 上海运往肯尼亚蒙巴萨港口一批门锁计 200 箱,每箱体积为 20 厘米 × 30 厘米 × 40 厘米,毛重为 25 公斤。当时燃油附加费率为 30%,蒙巴萨港口拥挤附加费为 10%。门锁属于小五金类,运费计收标准是 W/M,等级为 10 级,基本运费为每运费吨 443.00 港元。试计算应付运费多少?

4. 我国某出口公司出口一个 20 英尺集装箱的内衣,内装纸箱 50 箱,每箱 20 套。供货价为 52 元/每套(含 17% 增值税,出口退税率为 15%),出口包装费每纸箱为 15 元,商检费、仓储费、报关费、国内运杂费、业务费、港口费及其他各种税费每个集装箱为 1 950 元,20 英尺集装箱国外运费约为 1 200 美元。如果按 CIF 成交,该公司按成交金额的 110% 投保一切险,保费率为 0.5%。现假设汇率为 8.3 人民币兑换 1 美元,求:

(1) 该公司欲获得 10% 利润(按成交金额计算),试计算该货(每套)的 FOB 和 CIF 价。

(2) 如果外商欲获得 3% 的佣金,那么 CFRC3 价应为多少?

5. 某进出口公司欲出口一批保暖内衣,国内某保暖内衣的供应商报价如下:人民币 56 元/件(含税价),增值税率 17%,12 件装一个出口纸箱,纸箱尺寸为 78 厘米 × 57 厘米 × 24 厘米,每箱毛重为 15 公斤,净重 14 公斤。若美元牌价 USD1 = RMB7.544/7.574 9;业务定额费为采购成本的 5%;国内运费 RMB1000;国内其他费用为 RMB1000;预计垫款时间为 1 个月,银行存款年利率为 60.84%;出口退税率为 11%;银行手续费预计为出口报价的 0.5%;国外运费按 W/M 计费;每运费吨为 USD10;预期利润率为 15%。核算出口报价。(计算过程中,保留到小数点后四位,最后报价保留小数点后两位。)

【参考答案】

1. 我国出口商品 FOB 价应为:1 200 ÷ 850 = 141.2(美元),由于对方报价为每箱是 140 美元 CIF 纽约,再扣除运费和保险费会更低,因此不能接受。

$$CIF = \frac{国内实际总成本 + 国外运费}{1 - (1 + 投保加成率) \times 保险费率}$$

$$= \frac{141.2 + 10}{1 - (1 + 10\%) \times 0.5\%} = 152.0(美元 / 箱)$$

2. CFR 美元价 $= \frac{100(元人民币)}{8.3} = 12.05(美元)$

$$CIF = \frac{CFR}{1 - (1 + 投保加成率) \times 保险费率}$$

$$= \frac{12.05}{1 - (1 + 10\%) \times 4\%} = 12.604\ 6(美元)$$

$$CIFC5 = \frac{CIF}{1 - 佣金率} = \frac{12.604\ 6}{1 - 5\%} = 13.27(美元)$$

3. (1) W = 25 × 200 = 5 000(公斤) = 5(公吨)

M = 20 × 30 × 40 × 200 = 4 800 000(立方厘米) = 4.8(立方米)

因为 5 > 4.8,所以选择按重量计算运费。

(2) 总运费 = (基本运费 + 附加运费) × 总重量

$$= [443 + (443 \times 30\%) + (443 \times 10\%)] \times 5$$
$$= (443 + 132.9 + 44.3) \times 5$$
$$= 3\,101(港元)$$

4. (1) 出口总数 $= 50 \times 20 = 1\,000$(套)

含税采购成本 $= 52$(元／套)

出口退税额 $= [$采购成本 $\div (1 +$ 增值税率$)] \times$ 出口退税率
$$= [52 \div (1 + 17\%)] \times 15\%$$
$$= 6.67(元／套)$$

所以，

实际采购成本 $= 52 - 6.666\,7 = 45.333\,3$(元／套)
$$= 45.333\,3 \div 8.3(美元／套)$$
$$= 5.461\,8(美元／套)$$

国内费用 $= 15 \div 20 + 1\,950 \div 1\,000$
$$= 2.7(元／套)$$
$$= 2.7 \div 8.3(美元／套) = 0.325\,3(美元／套)$$

国外运费 $= 1\,200 \div 1\,000 = 1.2$(美元／套)

国外保费 $=$ CIF 报价 $\times 110\% \times 0.5\%$
$$= 0.005\,5 \text{ CIF 报价}$$

因此，FOB 报价 $=$ 实际采购成本 $+$ 国内费用 $+$ FOB 报价 $\times 10\%$
$$= 5.461\,8 + 0.325\,3 + 0.1 \text{ FOB 报价}$$
$$= 6.43(美元／套)$$

CIF 报价 $=$ 实际采购成本 $+$ 国内费用 $+$ 国外运费 $+$ 国外保费
$\qquad + $ CIF 报价 $\times 10\%$
$$= 5.461\,8 + 0.325\,3 + 1.2 + 0.005\,5 \text{ CIF 报价} + 0.1 \text{ CIF 报价}$$
$$= 7.81(美元／套)$$

(2) CFR 报价 $=$ 实际采购成本 $+$ 国内费用 $+$ 国外运费 $+$ CFR 报价 $\times 10\%$
$$= 5.461\,8 + 0.325\,3 + 1.2 + 0.1 \text{ CFR 报价}$$
$$= 7.763\,4(美元／套)$$

CFRC3 $= 7.763\,4 \div (1 - 3\%)$
$$= 8.003\,5(美元／套)$$

5. (1) 核算出口成本 $=$ 采购成本 $-$ 出口退税额
$$= 采购成本 - 采购成本 \div (1 + 增值税率)$$
$$\qquad \times 出口退税率$$
$$= [56 - 56 \div (1 + 17\%) \times 11\%] \div 7.544\,7$$

$$= 6.724\,6(美元/件)$$

（2）核算国内费用（设出口报价为 x）。

① 国内运费 $= 1\,000 \div 2\,000 \div 7.544\,7 = 0.066\,3(美元/件)$

② 业务定额费 $=$ 采购成本 $\times$ 业务定额费 $= 56 \times 5\% \div 7.544\,7$
$$= 0.371\,1(美元/件)$$

③ 银行费用 $=$ 出口价格 $\times$ 银行费用率 $= 0.5\%x$

④ 垫款利息 $=$ 采购成本 $\times$ 贷款年利率 $\times$ 贷款天数 $\div 360$
$$= 56 \times 6.84\% \times 30 \div 360 \div 7.544\,7 = 0.042\,3(美元/件)$$

⑤ 其他费用 $= 1\,000 \div 2\,000 \div 7.544\,7 = 0.066\,3(美元/件)$

⑥ 国内费用 $=$ 国内运费 $+$ 业务定额费 $+$ 银行费用 $+$ 垫款利息 $+$ 其他费用
$$= 0.066\,3 + 0.371\,1 + 0.5\%x + 0.042\,3 + 0.066\,3$$
$$= 0.546 + 0.5\%x$$

（3）计算国外运费。

$M = 0.78 \times 0.57 \times 0.24 = 0.106\,7(立方米) > W = 0.015(MT)$

所以，按体积作为运费的计量单位。

国外运费 $= 0.106\,7 \times 10 \div 12 = 0.088\,9(美元/件)$

（4）核算出口利润。

出口利润 $=$ 出口价格 $\times$ 销售利润率 $= 15\%x$

（5）出口报价 $=$ 出口成本 $+$ 国内费用 $+$ 国外运费 $+$ 出口利润

$x = 6.724\,6 + (0.546 + 0.5\%x) + 0.088\,9 + 15\%x$

$x = 8.71(美元/件)$

第4节 案 例 精 解

1. 2010 年 6 月 1 日，我国 A 公司向英国 B 公司寄去毛绒玩具订货单一份，要求对方在 6 月 20 日前将接受回复送达 A 公司。该订货单于 6 月 12 日邮至 B 公司。B 公司 6 月 19 日航空特快专递发出接受通知。A 公司 6 月 21 日收到承诺通知后，认为该承诺已逾期，便未予理睬。事后，B 公司要求 A 公司履行交货义务，A 公司以 B 公司的承诺因逾期而无效为由，否认与 B 公司有合同关系，双方为此发生争议。A 公司与 B 公司是否存在合同关系？为什么？

2. 某公司 5 月 10 日向外商发盘，限 5 月 15 日复到有效。5 月 12 日收到外商回电表示接受该公司发盘，但提出降价 3%。该公司正在研究该回电时，获悉该商品市场价格看涨。5 月 14 日又收到外商来电表示无条件接受该公司 5 月 10 日发盘。试分析该公司应如何处理？

3. 某出口公司于 8 月 2 日向外商发盘：供应东北大豆 2 000 公吨，限 8 月 8 日复到。外商的接受于 8 月 9 日上午到达该公司，当时该公司随即电话通知对方其接受有效，并着手备货。一周后，大豆价格剧烈下跌，外商于 8 月 17 日来电称："9 日接受系在你方发盘已失效时作出，属无效接受，故合同不能成立。"你认为外商这一说法合理吗？

【参考答案】

1. 根据《公约》和我国《合同法》规定：有效接受必须在有效期内送达发盘人，本案构成逾期接受。逾期接受仍有接受的效力，如果发盘人毫不延迟地用口头或书面将此意见通知被发盘人。本案例中 A 公司未对逾期接受予以确认，所以该接受无效，合同不成立。

2. 案例中外商 5 月 12 日的回电中虽表达了接受我方发盘的意思，但提出降价 3%，这一要求已实质性地变更了原发盘的条件，所以外商的回电已构成还盘，至此原发盘已失效。由此可见，外商 5 月 14 日发来的接受是无意义的。在这种情况下，我方公司可以根据当前市场行情调整价格后重新向外商发盘。

3. 外商的这一说法不合理。因为逾期接受原则上是无效的，但根据《公约》：如果发盘人收到逾期接受后毫不迟延地用口头或书面方式通知受盘人，确认该逾期接受有效，则此项逾期接受成为有效的接受。本案中，该公司及时电话通知对方该逾期接受有效，并着手备货，故合同已成立，外商的说法是不对的。

第 10 章
出口合同履行

第 1 节 学习指导

流通型贸易企业 CIF + LC 自营出口合同履行程序包括货、证、船、款四个板块,每个板块包括若干环节。每个环节彼此关联、相互影响,任何一个环节出现

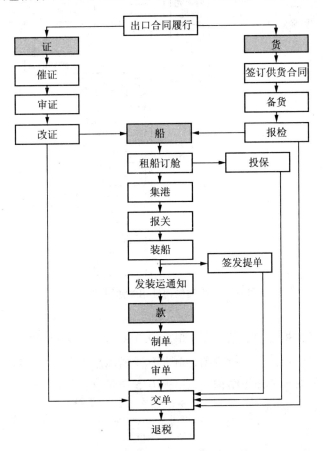

图 10.1 CIF + LC 出口合同履行程序

问题都会影响整个合同的履行。

  1. CIF + LC 出口合同履行程序，如图 10.1 所示。

  2. 落实信用证相关知识结构图，如图 10.2 所示。

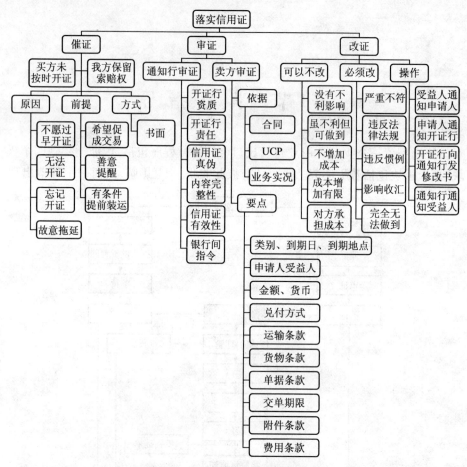

图 10.2　落实信用证相关知识结构图

  3. 落实货物相关知识结构图，如图 10.3 所示。

  4. 安排出运相关知识结构图，如图 10.4 所示。

  5. 交付单据相关知识结构图，如图 10.5 所示。

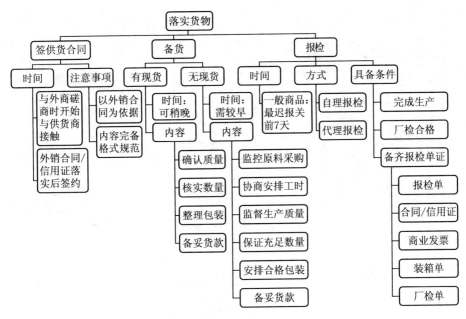

图 10.3　落实货物相关知识结构图

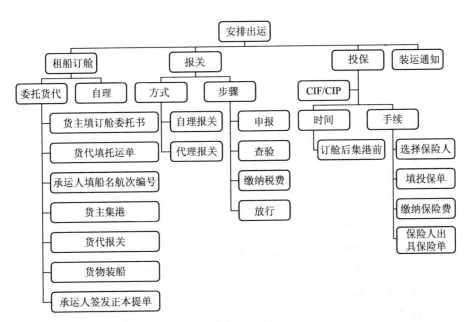

图 10.4　安排出运相关知识结构图

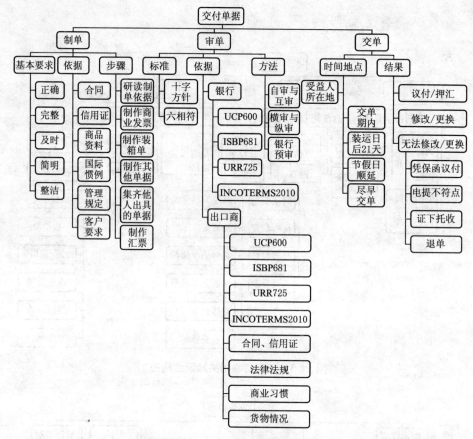

图10.5 交付单据相关知识结构图

第2节 重要知识点

本章涉及的重要知识点包括:

1. 审证的要点;

2. 改证注意事项;

3. 供货合同内容及与外销合同的协调;

4. 报检步骤及单据;

5. 委托订舱步骤及单据;

6. 报关步骤及单据;

7. 投保步骤及单据;

8. 审单主要内容;

9. 遭遇拒付后的处理方法。

第3节 自我检测

一、单项选择题

1. 出口公司收到银行转来的信用证后,侧重审核(   )。
   A. 信用证内容与合同是否一致　　B. 信用证的真实性
   C. 开证行的政治背景　　　　　　D. 开证行的资信能力

2. 信用证的基础是买卖合同,当信用证与买卖合同不一致时,受益人应要求(   )。
   A. 开证行修改　　　　　　　　　B. 开证申请人修改
   C. 通知行修改　　　　　　　　　D. 议付行修改

3. 在落实信用证的过程中(   )是必不可少的重要环节。
   A. 开证　　　　　B. 催证　　　　　C. 改证　　　　　D. 审证

4. 在出口结汇时,由出口商签发的、作为结算货款和报关纳税依据的核心单据是(   )。
   A. 海运提单　　　B. 商业汇票　　　C. 商业发票　　　D. 海关发票

5. 如果信用证没有特殊规定,商业发票的出立人和抬头分别是(   )。
   A. 受益人/开证申请人　　　　　B. 开证行/开证申请人
   C. 受益人/开证行　　　　　　　D. 开证申请人/受益人

6. 下列属于受益人审核信用证的依据是(   )。
   A. 合同　　　B. 开证申请书　　　C. 结汇单据　　　D. 商业发票

7. 信用证只有有效期而没有最迟装运期限,则根据《UCP600》的规定(   )。
   A. 装运的最迟期限和信用证的到期日相同
   B. 该信用证无效
   C. 该信用证必须要经过修改才能使用
   D. 最迟装运期是在信用证到期日前15天

8. 根据《跟单信用证统一惯例》(UCP600),对交单地点可不作规定的信用证是(   )。
   A. 即期和延期付款信用证　　　　B. 自由议付信用证
   C. 限制议付信用证　　　　　　　D. 承兑信用证

9. 托运人凭(   )向船公司或其代理人换取正式提单。
   A. 托运单　　　B. 装货单　　　C. 大副收据　　　D. 下货纸

10. 信用证的到期地点应视信用证规定而定,在我国外贸实务中,通常使用的到期地点为( )。
   A. 出口地　　　　　　　　　B. 进口地
   C. 第三地　　　　　　　　　D. 开证行所在地

11. 当贸易术语采用 FOB 时,除非信用证另有规定,海运提单对运费的表示一般为( )。
   A. Freight Prepaid　　　　　B. Freight Collect
   C. Freight Prepayable　　　　D. As Arranged

12. 根据《跟单信用证统一惯例》规定,银行有权拒收于装运日期( )后提交的单据。
   A. 21 天　　　B. 15 天　　　C. 30 天　　　D. 60 天

13. 信用证规定装运期限为 5 月份,有效期为 6 月 15 日,没有规定交单期。出口公司装船后,提单签发日为 5 月 8 日,出口人应于( )前(包括当日)去交单。若提单日期为 5 月 28 日,则应于( )日前去银行交单。
   A. 5 月 29 日/6 月 15 日　　　B. 5 月 29 日/6 月 18 日
   C. 6 月 15 日/6 月 15 日　　　D. 5 月 23 日/6 月 12 日

14. 按《UCP600》解释,若信用证条款中未明确规定是否"允许分批装运"、"允许转运",应理解为( )。
   A. 允许分批装运,但不允许转运　　B. 允许分批装运和转运
   C. 允许转运,但不允许分批装运　　D. 不允许分批装运和转运

15. 某公司收到客户开来的信用证,规定最迟装运期为"on or about Nov. 15, 2009",则该公司可以在( )发运货物。
   A. 11 月 15 日前后各 5 天内　　　B. 11 月 15 日前后各 10 日内
   C. 11 月 15 日前后各 15 天内　　　D. 只能在 11 月 15 日当天装船

16. 国外来证规定,数量为 10 000 公吨散装货物,总金额 100 万美元,未表明可否溢短装,不准分批装运。根据《跟单信用证统一惯例》(UCP600)规定,卖方发货的( )。
   A. 数量和总金额均不得增减
   B. 数量和总金额均可增减 10%
   C. 数量和总金额均可增减 5%
   D. 数量可有 5% 的增减,金额不得超过 100 万美元

17. 集装箱运输中,承运人的责任起讫期间为( )。
   A. 船至船　　　　　　　　　B. 堆场至堆场
   C. 仓至仓　　　　　　　　　D. 门到门

18. 出口货物向海关申报,申报期限为货物运抵海关监管区后,开始装货 ( )小时以前。

    A. 12   B. 24   C. 48   D. 72

19. 一般出口商品报检最迟应于报关或装运出口前( )向商检机构提出申请。

    A. 6 天   B. 10 天   C. 7 天   D. 20 天

20. 采用托收结算方式的买卖合同项下,出口商制单的首要依据是( )。

    A. 买卖合同   B. 信用证   C. URC522   D. UCP600

【参考答案】

    1 ~ 5:ABDCA;6 ~ 10:AABCA;11 ~ 15:BAABA;16 ~ 20:DBBCA。

二、多项选择题

1. 出口商在履约阶段的基本义务包括( )。

    A. 向买方发出装运通知   B. 按合同约定交付货物

    C. 移交单据   D. 转移货物所有权

    E. 收取货款

2. 买方不按时开证的原因通常包括( )。

    A. 由于需缴纳开证保证金怕造成资金占压不愿过早开证

    B. 由于工作疏忽,忘记开证

    C. 由于市场行情的不利变化故意拖延开证

    D. 由于不能满足开证行的开证条件导致无法开证

    E. 由于没有进出口权不能开证

3. 下列属于卖方审证的依据的有( )。

    A. ISBP   B.《跟单信用证统一惯例》

    C.《联合国国际货物销售合同公约》   D.《中华人民共和国合同法》

    E. 买卖合同

4. 下列属于常见的信用证软条款的有( )。

    A. 信用证规定必须由开证申请人签署有关单据,如检验证书

    B. 必须使用英文制作单据

    C. 只有获得货物清关或由主管当局批准进口的相关文件后才付款

    D. 某些具体内容需在全部或某几种单据中显示

E. 与信用证前面的条款相矛盾的一些条款

5. 下面关于信用证项下的商业发票,表述错误的是(   )。
    A. 除非信用证另有规定,商业发票必须签署
    B. 除非信用证另有规定,商业发票表面上必须由信用证指定的受益人
       出具
    C. 商业发票必须以实际买方的名称为抬头
    D. 商业发票中对货物的描述必须符合信用证中的描述
    E. 商业发票的币种必须与信用证规定的币种相同

6. 流通型出口企业在履行出口合同时,落实货物的环节包括(   )。
    A. 签订供货合同   B. 备货
    C. 报检   D. 作好租船订舱的准备
    E. 作好报关的准备

7. 采用 CIF 术语出口时,信用证项下单据至少包括(   )。
    A. 商业发票   B. 汇票   C. 海运提单
    D. 保险单   E. 装箱单

8. 出口商需对供货商原材料的采购过程进行监控,监控的主要内容有(   )。
    A. 采购的时间   B. 采购的质量   C. 采购的地点
    D. 采购的数量   E. 采购的价格

9. 通常情况下,下列属于出口报检时应提供的单证有(   )。
    A.《出境货物报检单》   B. 出口合同或订单
    C. 提单   D. 商业发票、装箱单、信用证复印件
    E. 厂检单原件

10. 通常情况下,出口货物报关所需单证包括(   )。
    A. 进出口货物代理报关委托书   B. 出口报关单
    C. 出境货物通关单   D. 商业发票、装箱单
    E. 出口收汇核销单

11. 制单的正确性从银行的角度来考虑要做到"三相符",具体指(   )。
    A. 单据与信用证相符   B. 单据与贸易合同相符
    C. 单据与单据相符   D. 单据与有关国际惯例相符
    E. 单据与实际货物相符

12. 出口地银行经审单发现不符点,且受益人无法修改或更换单据,出口地
    银行可酌情进行以下处理(   )。
    A. 退单   B. 电提不符点   C. 扣除不符点费
    D. 凭保函议付 E. 证下托收

13. 下列说法正确的是(　　)。

    A. 如果信用证明确规定交单期限,则该日期应在运输单据出单日期之后,有效期之前

    B. 提单日期不得迟于装运期限,装运通知必须在货物装运后及时发出

    C. CIF 术语出口时,出口商投保的时间应为货物集港之后

    D. 出口货物检验检疫日期一般不能迟于提单日期

    E. 保险单日期要晚于提单日期

14. 海运提单中对于货物描述说法正确的是(　　)。

    A. 和信用证对于货物的描述不抵触

    B. 必须要使用货物的全称

    C. 必须要和信用证中对于货物的描述完全一致

    D. 可以使用货物的统称

    E. 必须要和发票中对于货物的描述完全一致

15. 关于信用证项下的保险单据,下列说法正确的是(　　)。

    A. 银行可以接受由保险经纪人签发的暂保单

    B. 信用证要求提供保险单时,不得以保险凭证代替

    C. 信用证要求提供保险凭证时,不得以保险单代替

    D. 应标明目的地支付保险赔款的代理人名称、地址、联系方式、支付的货币种类

    E. 保险单据的签发日期不应迟于运输单据的签发日期

【参考答案】

  1. BCD; 2. ABCD; 3. ABE; 4. ACE; 5. AC; 6. ABCDE; 7. ACD; 8. ABCDE;
  9. ABDE; 10. ABCDE; 11. ACD; 12. ABDE; 13. ABD; 14. AD; 15. BDE。

三、判断题

  1. 通知行审证和卖方审证是审证的两个环节,其中卖方审证是必不可少的环节,可以替代通知行审证。(　　)

  2. 根据 UCP600,在表示装运期时"to"、"till"、"until"、"between"均包括所述日期在内,而"from"、"before"、"after"则不包括所述日期在内。(　　)

  3. 对流通型贸易公司而言,供货合同是出口商落实货源的基础,是顺利完成外销合同的保障。(　　)

4. 在实际业务中,出口货物大多数情况下由出口商自行向承运人办理托运。（　　）

5. 采用集装箱装运的出口货物集港时采用的产地装箱作业方式一般适用于拼箱货。（　　）

6. 信用证要求提供商业发票时,不得以其他种类的发票,如形式发票、厂商发票等替代。（　　）

7. 信用证要求提供保险单时,不得以保险凭证代替;反之亦然。（　　）

8. 信用证项下汇票的付款人是开证申请人。（　　）

9. 汇票的抬头是指汇票的付款人,发票的抬头也是指付款人,提单的抬头是指收货人。（　　）

10. 根据我国《票据法》和《日内瓦统一法》,一张没有出票日期的汇票是无效汇票。（　　）

11. 受益人对于信用证修改书,可以接受其中对己有利的内容,而拒绝接受其中对己不利的内容。（　　）

12. 我方要求国外客户改证,国外客户回电称已更改,并要求立即装船,于是我方照办。这样做是对的。（　　）

13. 法定检验检疫的货物,除活动物在出境口岸检验检疫外,原则上应在产地检验检疫。（　　）

14. 修改信用证时,可不必经开证行而直接由申请人修改后交给受益人。
（　　）

15. 受益人提出修改信用证时,应将需要修改的内容一次性提出。（　　）

16. 信用证受益人不慎遗失信用证时,可请求通知行或开证行补发。（　　）

17. 换证凭单和换证凭条都是报检地与出境地不同的情况下,凭以向出境地检验检疫机构换取正本《通关单》的凭证。（　　）

18. 已经完成生产、包装、刷唛,准备出运的整批货物就具备了报检的条件。
（　　）

19. 集装箱货物托运单(shipping note),也称订舱单(booking note,B/N)是货代接受货主委托后,根据货主的订舱委托书填制并提交给承运人的订舱申请。（　　）

20. 采用 CIF 和 CFR 贸易术语出口时,海运提单上应该显示"freight collect"字样。（　　）

【参考答案】

1～5：×√××; 6～10：√×××√; 11～15：××√×√;
16～20：√√×√×。

四、业务操作题

中国天津 ABC 贸易公司于 2007 年 11 月 15 日收到韩国 XYZ 公司通过其银行开来的信用证(如下)。根据该信用证内容,回答有关问题并完成相关的操作。

MT700		ISSUE OF A DOCUMENTARY CREDIT
SENDER		BANK OF CHINA, SEOUL, KOREA
RECEIVER		BANK OF CHINA, TIANJIN, CHINA
SEQUENCE OF TOTAL	27:	1/1
FORM OF DOC. CREDIT	40A:	IRREVOCABLE
DOC. CREDIT NUMBER	20:	ACD90875
DATE OF ISSUE	31C:	071115
APPLICABLE RULES	40E:	UCP LATEST VERSION
DATE AND PLACE OF EXPIRY.	31D:	DATE 080228 PLACE IN CHINA
APPLICANT	50:	XYZ CORPORATION
		76 SWERT STREET, SEOUL, KOREA
BENEFICIARY	59:	TIANJIN ABC TRADING CO. , LTD.
		8 JIEFANG SREET, TIANJIN, CHINA
AMOUNT	32B:	CURRENCY USD AMOUNT 180 000. 00
AVAILABLE WITH/BY	41D:	ANY BANK IN CHINA,
		BY NEGOTIATION
DRAFTS AT . . .	42C:	150 DAYS AFTER SIGHT
PORT OF LOADING	44E:	ANY CHINESE MAIN PORT
PORT OF DISCHARGE	44F:	BUSAN, KOREA
SHIPMENT PERIOD	44D:	FROM DEC. 2007 TO FEB. 2008
DESCRIPTION OF GOODS AND/OR SERVICES	45A:	30 000 PAIRS OF MEN'S SHOES AT USD6. 00/PAIR CIF BUSAN SHIPPED IN THREE LOTS. ABOUT 10000 PAIRS SHIPPED IN DEC. 2007, JAN. 2008, FEB. 2008 RESPECTIVELY. PACKED IN 20 PAIRS/CARTON AS PER S/C NO. 787878
DOCUMENTS REQUIRED	46A:	+ COMMERCIAL INVOICE SIGNED MANUALLY IN TRIPLICATE + PACKING LIST IN TRIPLICATE + CERTIFICATE OF CHINESE ORIGIN CERTIFIED BY CHAMBER OF COMMERCE + INSURANCE POLICY/CERTIFICATE IN DUPLICATE ENDORSED IN BLANK FOR 110% INVOICE VALUE, COVERING ALL RISKS AND WAR RISK OF CIC OF PICC (1/1/1981) + FULL SET OF CLEAN 'ON BOARD' OCEAN BILLS OF LADING MADE OUT TO ORDER MARKED FREIGHT PREPAID AND NOTIFY APPLICANT
ADDITIONAL CONDITION	47A:	+ ALL PRESENTATIONS CONTAINING DISCREPANCIES WILL ATTRACT A DISCREPANCY FEE OF USD50.00. THIS CHARGE WILL BE DEDUCTED FROM THE BILL AMOUNT WHETHER OR NOT WE ELECT TO CONSULT THE APPLICANT FOR A WAIVER + THE NUMBER AND THE DATE OF THIS CREDIT AND THE NAME OF ISSUING BANK MUST BE QUOTED ON ALL DOCUMENTS + BENEFICIARY'S USANCE DRAFTS MUST BE NEGOTIATED AT SIGHT BASIS AND ACCEPTANCE COMMISSION AND DISCOUNT CHARGE ARE FOR APPLICANT'S ACCOUNT.
CHARGES	71B:	ALL CHARGES AND COMMISSIONS OUT OF ISSUING BANK ARE FOR ACCOUNT OF BENEFICIARY
CONFIRMATION INSTRUCTION	49:	WITHOUT

(1) 若天津 ABC 贸易公司在 2007 年 12 月装运了 9 200 双男鞋,是否违背信用证条款? 为什么?

（2）若天津 ABC 贸易公司在 2008 年 1 月 15 日装运了 10 000 双鞋子，最迟要在什么时间向银行交单？

（3）天津 ABC 贸易公司交货后是否可以即期收回货款？

（4）假设信用证经过修改将第三批货的交货期延迟到 2008 年 3 月 15 日，有效期延迟到 2008 年 3 月 30 日。天津 ABC 贸易公司于 2008 年 3 月 8 日把第三批 10 000 双男鞋装上了一艘 TOM V.135 的船，并收到保险公司保单。请审核该保单的不符点。（保险单如下）

中国大地财产保险股份有限公司 **China Continent Property & Casualty Insurance Company Ltd.**			
货物运输保险单 CARGO TRANSPORTATION INSURANCE POLICY			
发票号（INVOICE NO.）：	XF98645	保单号次 POLICY NO.：	TM123456
合同号（CONTRACT NO.）：	787878		
信用证号（L/C NO.）：	ACD90875		
被保险人： INSURED：	TIANJIN ABC TRADING CO.，LTD.		
中国大地财产保险公司（以下简称本公司）根据被保险人的要求，由被保险人向本公司缴付约定的保险费，按照本保险单承保险别和背面所载条款与下列特款承保下述货物运输保险，特立本保险单。 THIS POLICY OF INSURANCE WITNESSES THAT CHINA CONTINENT PROPERTY & CASUALTY INSURANCE COMPANY LTD.（HEREINAFTER CALLED "THE COMPANY"）AT THE REQUEST OF THE INSURED AND IN CONSIDERATION OF THE AGREED PREMIUM PAID TO THE COMPANY BY THE INSURED，UNDERTAKES TO INSURE THE UNDERMENTIONED GOODS IN TRANSPORTATION SUBJECT TO THE CONDITIONS OF THIS POLICY AS PER THE CLAUSES PRINTED OVERLEAF AND OTHER SPECIAL CLAUSES ATTACHED HEREON.			
标 记 MARKS&NOS	包装及数量 QUANTITY	保险货物项目 DESCRIPTION OF GOODS	保险金额 AMOUNT INSURED
N/M	1 000CTNS	MEN'S SHOES	USD90 000.00
总保险金额 TOTAL AMOUNT INSURED：	SAY U.S. DOLLARS NINTY THOUSAND ONLY		

保费： PERMIUM：	AS ARRANGED	启运日期 DATE OF COMMENCEMENT：	MAR. 8, 2008	装载运输工具： PER CONVEYANCE：	TOM V.135
自 FROM：	TIANJIN, CHINA	经 VIA	***	至 TO	BUSAN, KOREA

承保险别：
CONDITIONS：

COVERING ALL RISKS AND WAR RISK OF CIC OF PICC（1/1/1981）

所保货物，如发生保险单项下可能引起索赔的损失或损坏，应立即通知本公司下述代理人查勘。如有索赔，应向本公司提交保单正本（本保险单共有 2 份正本）及有关文件。如一份正本已用于索赔，其余正本自动失效。

IN THE EVENT OF LOSS OR DAMAGE WHICH MAY RESULT IN A CLAIM UNDER THIS POLICY, IMMEDIATE NOTICE MUST BE GIVEN TO THE COMPANY'S AGENT AS MENTIONED HEREUNDER. CLAIMS, IF ANY, ONE OF THE ORIGINAL POLICIES WHICH HAS BEEN ISSUED IN TWO ORIGINAL (S) TOGETHER WITH THE RELEVANT DOCUMENTS SHALL BE SURRENDERED TO THE COMPANY. IF ONE OF THE ORIGINAL POLICIES HAS BEEN ACCOMPLISHED, THE OTHERS TO BE VOID.

赔款偿付地点 CLAIM PAYABLE AT	BUSAN IN USD	中国大地财产保险股份有限公司 China Continent Property & Casualty Insurance Company Ltd. +++++
出单日期 ISSUING DATE	MAR. 9, 2008	Authorized Signature：

【参考答案】

（1）若天津 ABC 贸易公司在 2007 年 12 月装运出口 9 200 双鞋子,不违背信用证条款。因为根据 UCP600 规定,在数量前面加"大约"字样,则允许数量有不超过 10% 的增减。该信用证中规定 2007 年 12 月出运大约 10 000 双鞋子,实际出运 9 200 双鞋子是在允许增减的数量范围内。

（2）若天津 ABC 贸易公司在 2008 年 1 月 15 日装运了 10 000 双鞋子,最迟在 2008 年 2 月 5 日要向银行交单。因为信用证没有明确规定交单期时,根据 UCP600 规定,交单期为装运日期后 21 天内,但不迟于信用证效期。

（3）天津 ABC 贸易公司可以即期收回货款,因为该信用证属于假远期信用证。虽然天津 ABC 贸易公司开具的是见票后 150 天付款的远期汇票,但信用证规定该远期汇票可以即期议付,相关费用和利息由开证申请人负担。

（4）保单的不符点如下:

① 外包装数量错误,准确的是"500CTNS"。

② 保险金额大小写均错误,准确的是"USD66000；SAY U. S. DOLLARS SIXTY SIX THOUSAND ONLY"。

③ 保险单的出单日期晚于装运日期。

④ 漏填信用证的开证日期。

⑤ 漏填信用证的开证行名称。

第 4 节　案 例 精 解

1. A 公司出口干蛤蜊肉 20 000 公斤,合同规定:"以纸盒包装,每盒 1 公斤,即期信用证结算,进口方必须在装运日期前 1 个月将信用证开到出口方。15 000 公斤不得迟于 6 月 10 日发运;5 000 公斤不得迟于 6 月 30 日发运。"A 公司于 5 月 28 日收到信用证,经审核发现货物的包装误为每盒 1.5 公斤。A 公司当天电洽进口方要求改证。因为 5 月 28 日为星期五,所以进口方 5 月 31 日才致电 A 公司同意改证,同时要求 A 公司放心发货。A 公司于是依原计划订了 6 月 7 日的船发货。试分析 A 公司这样做是否妥当？为什么？

2. 某出口公司委托 A 货代订舱,A 货代转给 B 做,B 又转给 C 做,最终 C 向实际承运人订舱。如果没有意外的话,实际承运人出提单后将交给 C,C 交给 B,B 交给 A,A 再给出口公司。但受经济危机影响,在出口公司拿到提单之前,B 倒闭逃走了,B 欠 C 几十万元的债,C 扣押提单不给 A,出口公司更是拿不到。

试分析出口公司委托货代订舱时应如何防范风险?

3. 某出口公司收到国外开来的不可撤销自由议付信用证,证中规定最迟装船日期为5月9号,有效期为6月1号,到期地点为中国,信用证对交单期限没有任何规定。该出口公司于4月28号将货物装船并取得清洁的已装船提单,于5月25日将全套单据向议付行交单,议付行以单据不符(迟交)为由拒绝议付。你认为议付行指出的不符点成立吗?为什么?

4. 一份信用证规定5月20日前装运,卖方装船后向银行交单,其中提单的出单日期为5月15日,保险单的出单日期为5月16日。银行拒绝接受单据,拒付货款。试分析银行是否有理由这样做?为什么?

【参考答案】

1. A公司这样做不妥当。信用证必须修改的情况包括:信用证内容与合同严重不符;违反相关法律法规或惯例严重影响出口方安全收汇;出口方完全无法做到。在本案例中,信用证内容与合同条款不符,所以必须修改。A公司应于收到书面信用证修改书并经审核无误后再装出货物,即使装期紧迫,也绝不能在收到书面修改前就轻率发货,以免被动,造成损失。另外,本案中进口方开来信用证的时间晚于合同规定的时间,A公司应在提出改证要求时,同时要求进口方延展信用证的装运日期及有效期。

2. (1)出口公司在出货时尽可能减少中间环节,避免多家货代介入。(2)在订舱时,不要贪图小利,尽可能找大船公司订舱。(3)在与货代的委托协议中明确禁止货代再转委托。(4)尽可能在订舱委托书中明确规定不接受货代提单。(5)尽可能要求提单发货人是自己公司或自己能够控制的人。(6)尽可能找国内船公司、大船公司,出了问题发货人与承运人之间的诉讼可以在国内解决,不至于到国外。

3. 议付行指出的不符点成立。因为根据《UCP600》的规定,银行不接受晚于运输单据日期21天提交的单据。本案中提单日期为4月28日,所以受益人交单的最迟时限应为5月19日。

4. 银行拒付有理。根据《UCP600》的规定,保险单的出单日期不得迟于提单的出单日期。受益人所交单据与此不符,银行有权拒付。

第 11 章
出口善后工作

第 1 节　学习指导

为大力推进贸易便利化,进一步改进货物贸易外汇服务和管理,国家外汇管理局、海关总署、国家税务总局决定,自 2012 年 8 月 1 日起在全国取消出口收汇核销单,企业不再办理出口收汇核销手续;企业办理出口报关时不再提供核销单;出口企业申报出口退税时,不再提供核销单。所以,出口善后工作环节简化为退税、善后函和存档三部分。

1. 出口善后工作知识结构图,如图 11.1 所示。

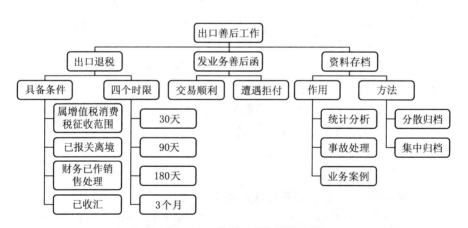

图 11.1　出口善后工作知识结构图

第 2 节　重要知识点

本章涉及的重要知识点包括:

1. 出口货物享受退税的条件；
2. 业务善后函的内容。

第3节 自我检测

一、单项选择题

1. 我国自2012年8月1日起在全国取消(　　)。
   A. 进口付汇核销单　　　　　　　B. 出口收汇核销单
   C. 出口报关单　　　　　　　　　D. 进口报关单

2. 我国自2012年8月1日起,企业不再办理(　　)。
   A. 出口收汇核销手续　　　　　　B. 进口付汇核销手续
   C. 出口报关手续　　　　　　　　D. 进口报关手续

3. 我国自2012年8月1日起,企业办理出口报关时不再提供(　　)。
   A. 出口报关单　　　　　　　　　B. 进口报关单
   C. 出口收汇核销单　　　　　　　D. 进口付汇核销单

4. 我国自2012年8月1日起,出口企业申报出口退税时不再提供(　　)。
   A. 出口报关单　　　　　　　　　B. 进口报关单
   C. 进口付汇核销单　　　　　　　D. 出口收汇核销单

5. 下列不符合出口退税货物基本条件的是(　　)。
   A. 属于增值税、消费税征税范围的货物
   B. 已在财务上作销售处理的货物
   C. 出口收汇并已核销的货物
   D. 尚未报关离境的货物

6. "出口免、抵、退"的退税办法适用于(　　)。
   A. 生产企业自营出口　　　　　　B. 生产企业代理出口
   C. 流通型外贸企业自营出口　　　D. 流通型外贸企业代理出口

7. 外贸企业购进出口货物后,应及时向国内供货企业索取增值税专用发票,必须在开票之日起(　　)内办理认证手续。
   A. 30天　　　　B. 90天　　　　C. 180天　　　　D. 3个月

8. 外贸企业必须在货物报关出口之日起(　　)内办理出口退税申报手续。
   A. 30天　　　　B. 90天　　　　C. 180天　　　　D. 3个月

9. 生产企业必须在货物报关出口之日起（　　）后免抵退税申报期内办理免抵税申报手续。
   A. 30 天　　　　B. 90 天　　　　C. 180 天　　　　D. 3 个月

10. 生产型出口企业申报退税应提供的单据不包括（　　）。
   A. 出口货物报关单　　　　　　B. 进口货物报关单
   C. 增值税专用发票　　　　　　D. 出口货物外销发票

【参考答案】
   1~5：BACDD；6~10：AABDC。

二、多项选择题

1. 出口业务善后阶段的任务主要有（　　）。
   A. 办理出口收汇核销手续　　　B. 办理出口退税手续
   C. 发出业务善后函　　　　　　D. 单证资料存档
   E. 退回空白出口收汇核销单

2. 我国自 2012 年 8 月 1 日起在全国取消出口收汇核销单,此举可以（　　）。
   A. 推进贸易便利化　　　　　　B. 简化出口报关手续
   C. 改进货物贸易外汇服务　　　D. 简化进口报关手续
   E. 改进货物贸易外汇管理

3. 关于出口退税,下列说法正确的是（　　）。
   A. 可以避免双重征税　　　　　B. 可以保证国际竞争的公平性
   C. 是国际通行做法　　　　　　D. 是 WTO 允许的鼓励出口政策
   E. 使本国商品以不含税成本进入国际市场

4. 享有出口退税权的企业包括（　　）。
   A. 外商投资企业　　　　　　　B. 免税品公司
   C. 外轮供应公司　　　　　　　D. 有进出口权的生产企业
   E. 流通型外贸企业

5. 享受出口退税政策的出口货物一般应同时具备（　　）条件。
   A. 必须是尚未报关离境的货物
   B. 必须是报关离境的货物
   C. 必须是在财务上作销售处理的货物
   D. 必须是出口收汇并已核销的货物
   E. 必须是属于增值税、消费税征税范围的货物

6. 流通型出口企业申报退税应提供(　　)。

    A. 出口货物报关单　　　　　　B. 出口收汇核销单

    C. 出口合同　　　　　　　　　　D. 增值税专用发票

    E. 出口专用发票

7. 生产型出口企业申报退税应提供(　　)。

    A. 出口货物报关单

    B. 申报系统中列印的申报报表(明细表与汇总表)

    C. 所属期增值税纳税申报表

    D. 增值税专用发票

    E. 出口专用发票

8. 关于业务善后函,下列说法正确的是(　　)。

    A. 只在开证行接受单据时发出　　B. 只在遭到开证行拒付时发出

    C. 是出口业务流程的重要组成部分　D. 是对整笔业务的回顾与总结

    E. 对于确立买卖双方之间长期的业务关系具有承上启下的作用

【参考答案】

1. BCD;2. ABCE;3. ABCDE;4. ABCDE;5. BCDE;6. ADE;7. ABCE;

8. CDE。

三、判断题

1. 出口退税的主管部门是外汇管理局。(　　)

2. 国内供货企业所开增值税发票的商品名称、数量和单位与报关单上不一致的话,很可能导致无法退税。(　　)

3. 出口退税涉及的当事人不包括海关。(　　)

4. 生产企业应在货物报关出口之日起 90 日内,向退税部门申报办理出口货物退(免)税手续。(　　)

5. 在信用证或托收项下,出口单位拿到银行提供的结汇水单,表明出口单位已经完成收汇。(　　)

6. 收账通知单是信用证方式下银行提供的结汇证明。(　　)

7. "出口货物报关单"出口退税专用联,必须是盖有海关验讫章的原件,复印件无效。(　　)

8. 属于来料加工复出口的产品也可以申请退税。(　　)

9. 出口业务档案保存期自报关日期起一般不少于 3 年。（　　）

10. 出口单证归档只是为统计分析提供原始数据。（　　）

【参考答案】
1~5：×✓×✓✓；6~10：×✓×✓×

第 4 节　案 例 精 解

1. A 公司出口近 50 万美元的货物,根据当时该商品的退税率,预计可得 50 万元人民币的出口退税。但由于 A 公司在国内采购时是以"盒"为单位,所以供货商所开的增值税发票显示"506 000 盒"。A 公司提供给货代的报关单上也注明"506 000BOXES",但货代在录入报关单时却将"BOXES"漏打,只标明"6 000KGS",因此海关计算机上显示该出口商品数量为"6 000 千克",由于报关单与发票上显示的数量和单位不同,导致 A 公司不能正常退税。A 公司要求货代办理改单(修改报关单据),在品名下注明"506 000BOXES",但货代一再拖延,A 公司要求货代必须在 3 个月内完成修改,否则要其承担由于不能正常退税造成的相关经济损失。请结合案例谈谈你的看法。

【参考答案】
1. 本案导致 A 公司无法正常退税的原因是报关单与增值税发票中商品数量及计量单位不一致,责任应由货代承担。

报关单录入信息必须准确无误,录入错误可能会造成不能正常放行、出运、退单、退税等。

报关单显示的品名与数量及计量单位必须和供货商开具的增值税发票一致,为避免本案类似情况的发生,在实际业务操作过程中,外贸业务员可事先跟国内供货企业约定,先不急于开出增值税发票,等外贸业务员要求货代公司或代理报关行把"报关预录单"传真过来,然后把报关的商品名称、数量和单位等内容通知国内供货企业后再开增值税发票。

第 12 章
出口贸易融资

第 1 节　学习指导

就进出口企业而言,获得融资主要有两个渠道:一是来自银行的贸易融资,二是买卖双方之间相互提供的贸易信贷。贸易融资既包括银行在贸易结算过程中向进出口商提供的资金融通,也包括信用融通。系统掌握出口业务中各种短期贸易融资方式的特点、适用范围和操作流程,对于提高出口商资金使用效率,有效扩大出口业务规模具有重要意义。

1. 出口贸易融资方式,如图 12.1 所示。

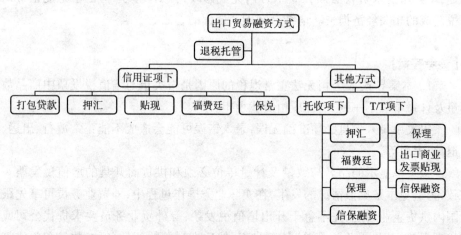

图 12.1　出口贸易融资方式

2. 出口贸易融资方式的特点,如图 12.2 所示。

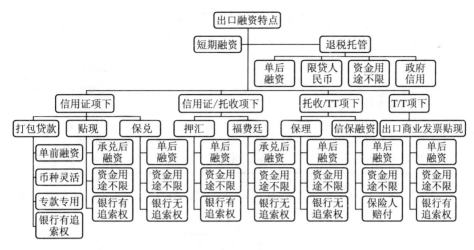

图 12.2　出口融资方式特点

3. 不同出口贸易融资方式的区别。

（1）出口信用证项下押汇与打包贷款的区别，如表 12.1 所示。

表 12.1　出口信用证项下押汇与打包贷款的区别

区　别	出口信用证押汇	打包贷款
担保机制	信用证项下单据质押	正本信用证质押
贷款额度	不超过汇票/发票金额 100%	不超过信用证金额 90%
贷款用途	没有限制	专款专用
出口商资金压力	较大	较小
与议付的联系	紧密	松散

（2）出口信用证项下贴现与押汇的区别，如表 12.2 所示。

表 12.2　出口信用证项下贴现与押汇的区别

区　别	贴　现	押　汇
信用证期限	远期	即期、远期
融资时间	承兑后融资	单后融资
银行融资风险	较小	较大

（3）福费廷与贴现的区别，如表 12.3 所示。

表 12.3　福费廷与贴现的区别

区　别	福费廷	贴　现
融资期限	可长可短	一般不超过一年
追索权	无追索权	有追索权
资产负债表	反映正常收汇	反映负债
退税时间	可提前	不可提前
利息及费用	较高	较低
银行买断后	可以转卖	不可转卖

（4）沉默保兑与福费廷的区别，如表 12.4 所示。

表 12.4　沉默保兑与福费廷的区别

区　别	沉默保兑	福费廷
融资期限	一般不超过一年	可长可短
融资时间	交单后	付款人承兑/承付后
退税时间	一般不可提前	可提前
利息及费用	较低	较高
银行买断后	不可转卖	可以转卖

（5）出口托收押汇与出口信用证押汇的区别，如表 12.5 所示。

表 12.5　出口托收押汇与出口信用证押汇的区别

区　别	出口托收押汇	出口信用证押汇
依托信用	商业信用	银行信用
融资额度	一般不超过80%	最高可达100%
银行融资风险	较大	较小

4. 出口贸易融资业务流程图。

（1）打包贷款流程图，如图 12.3 所示。

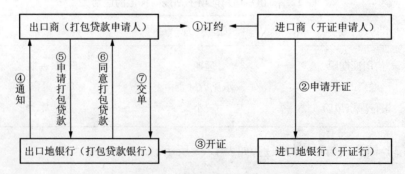

图 12.3　打包贷款流程图

（2）信用证项下押汇流程图，如图12.4所示。

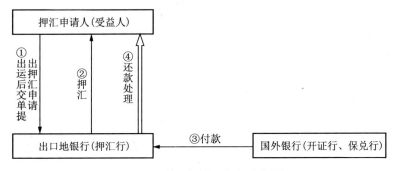

图12.4　信用证项下押汇流程图

（3）信用证项下贴现流程图，如图12.5所示。

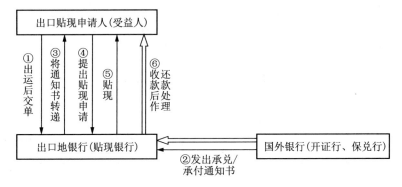

图12.5　信用证项下贴现流程图

（4）福费廷流程图，如图12.6所示。

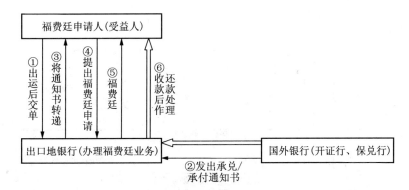

图12.6　福费廷流程图

（5）沉默保兑流程图,如图 12.7 所示。

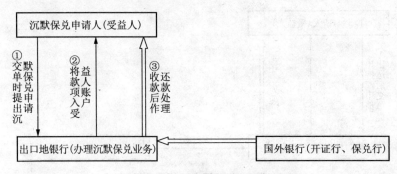

图 12.7　沉默保兑流程图

（6）托收押汇流程图,如图 12.8 所示。

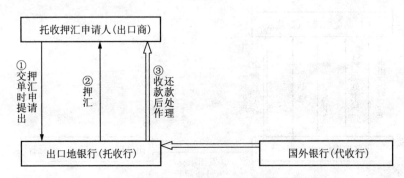

图 12.8　托收押汇流程图

（7）国际双保理融资流程图,如图 12.9 所示。

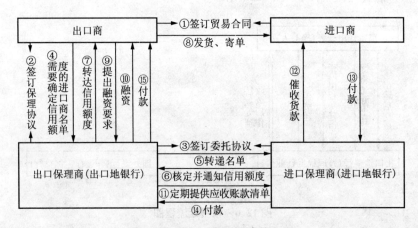

图 12.9　国际双保理融资流程图

（8）出口商业发票贴现流程图，如图 12.10 所示。

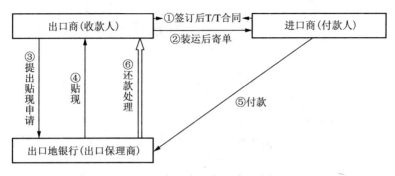

图 12.10　出口商业发票贴现流程图

（9）短期出口信用保险项下融资流程图，如图 12.11 所示。

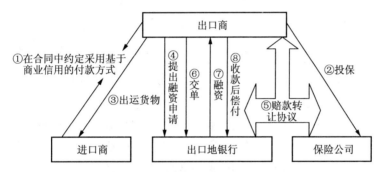

图 12.11　短期出口信用保险项下融资流程图

（10）出口退税账户托管贷款流程图，如图 12.12 所示。

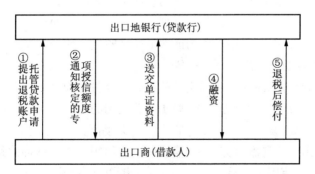

图 12.12　出口退税账户托管贷款流程图

第2节 重要知识点

本章涉及的重要知识点包括：

1. 出口贸易融资方式特点；
2. 不同出口贸易融资方式的区别；
3. 出口贸易融资方式业务流程。

第3节 自 我 检 测

一、单项选择题

1. 以下出口贸易融资方式中,融资款项必须专款专用的是(　　)。

   A. 打包贷款　　　　　　　　　B. 出口信用证押汇

   C. 福费廷　　　　　　　　　　D. 贴现

2. 以下出口贸易融资方式中,银行对融资企业无追索权的是(　　)。

   A. 保兑　　　B. 打包贷款　　　C. 福费廷　　　D. 贴现

3. 以下出口贸易融资方式中,属于单前融资的是(　　)。

   A. 出口信用证保兑　　　　　　B. 出口托收押汇

   C. 出口商业发票贴现　　　　　D. 打包贷款

4. 关于出口信用证项下押汇,下列说法不正确的是(　　)。

   A. 受益人以出口单据作为抵押

   B. 融资款项必须用于信用证项下商品的生产或采购

   C. 融资期限一般不超过一年

   D. 融资时间段为出口商交单后收到国外付款前

5. 下列出口贸易融资方式中,属于商业信用的是(　　)。

   A. 打包贷款　　B. 出口押汇　　C. 贴现　　　　D. 预付货款

6. 下列出口贸易融资方式中,需要用正本信用证作为抵押的是(　　)。

   A. 出口信用证保兑　　　　　　B. 打包贷款

   C. 出口信用证押汇　　　　　　D. 福费廷

7. 出口信用证项下最容易获得的一种贸易融资方式是(　　)。

   A. 出口信用证项下贴现　　　　B. 出口信用证保兑

C. 出口信用证押汇　　　　　D. 打包贷款

8. (　　)是 WTO《补贴与反补贴协议》原则上允许的鼓励出口的政策措施。

    A. 出口信用保险　　　　　B. 福费廷

    C. 出口保理　　　　　　　D. 出口托收押汇

9. 关于出口信用证项下贴现,下列说法不正确的是(　　)。

    A. 融资时间段为贴现银行收到承付通知书后,收到国外银行付款前

    B. 资金用途没有限制

    C. 出口企业不能正常收回货款时,贴现银行没有追索权

    D. 贴现银行一般与信用证通知行、议付行为同一银行

10. 出口退税账户托管贷款依托的是(　　)。

    A. 银行信用　　B. 商业信用　　C. 政府信用　　D. 个人信用

11. 下列出口贸易融资方式中,不属于信用证项下融资方式的是(　　)。

    A. 福费廷　　　　　　　　B. 打包贷款

    C. 出口保理　　　　　　　D. 出口信用证保兑

12. 出口商业发票贴现一般适用于(　　)。

    A. 信用证结算方式　　　　B. 货到付款结算方式

    C. 付款交单结算方式　　　D. 承兑交单结算方式

13. 国际保付代理一般适用于(　　)。

    A. 赊销或承兑交单结算方式　　B. 货到付款结算方式

    C. 信用证结算方式　　　　　　D. 付款交单结算方式

14. 关于出口信用证项下贴现与押汇,下列说法不正确的是(　　)。

    A. 银行对融资申请人均有追索权

    B. 均只适用于远期信用证

    C. 融资时间均在出口信用证被执行后

    D. 均属于短期贸易融资

15. 关于福费廷业务,下列说法不正确的是(　　)。

    A. 银行利息及费用较高　　　B. 出口商可提前核销、退税

    C. 不占用银行对企业的授信额度　D. 融资期限一般不超过一年

16. 公开保兑是指(　　)。

    A. 保兑行既承担开证行及其所在国家的信用风险,也承担信用证项下的单据风险

    B. 保兑行不仅在其承诺的付款到期日对受益人履行付款义务,而且对受益人提供融资

C. 出口地银行应受益人请求单方面对信用证加具保兑

D. 出口地银行接受开证行邀请对其开立的信用证加具保兑

17. 沉默保兑是指( )。

    A. 保兑行既承担开证行及其所在国家的信用风险,也承担信用证项下的单据风险

    B. 保兑行不仅在其承诺的付款到期日对受益人履行付款义务,而且对受益人提供融资

    C. 出口地银行应受益人请求单方面对信用证加具保兑

    D. 出口地银行接受开证行邀请对其开立的信用证加具保兑

18. 绝对沉默保兑是指( )。

    A. 保兑行既承担开证行及其所在国家的信用风险,也承担信用证项下的单据风险

    B. 保兑行只承担开证行及其所在国家的信用风险,不承担信用证项下的单据风险

    C. 出口地银行应受益人请求单方面对信用证加具保兑

    D. 出口地银行接受开证行邀请对其开立的信用证加具保兑

19. 相对沉默保兑是指( )。

    A. 保兑行既承担开证行及其所在国家的信用风险,也承担信用证项下的单据风险

    B. 保兑行只承担开证行及其所在国家的信用风险,不承担信用证项下的单据风险

    C. 出口地银行应受益人请求单方面对信用证加具保兑

    D. 出口地银行接受开证行邀请对其开立的信用证加具保兑

20. 保兑行根据受益人申请,不仅在其承诺的付款到期日对受益人履行付款义务,而且对受益人提供融资,该保兑属于( )。

    A. 融资性沉默保兑   B. 非融资性沉默保兑

    C. 融资性公开保兑   D. 非融资性公开保兑

【参考答案】

    1~5:ACDBD;6~10:BAACC;11~15:CBABD;16~20:DCABA。

二、多项选择题

1. 关于贸易融资,下列说法正确的是( )。

A. 既包括资金融通也包括信用融通

B. 商业性银行以提供短期贸易融资为主

C. 短期贸易融资一般适用于消费性货物

D. 政策性银行以提供中长期贸易融资为主

E. 中长期贸易融资一般适用于大宗或资本性货物

2. 出口信用证项下押汇与打包贷款的区别包括(   )。

    A. 担保机制不同   B. 贷款额度不同

    C. 贷款用途不同   D. 出口商资金压力大小不同

    E. 与议付的关联度不同

3. 福费廷与信用证项下贴现的相同点有(   )。

    A. 均依托远期信用证   B. 银行对融资申请人均无追索权

    C. 出口商均可提前办理核销、退税 D. 融资期限均为短期

    E. 均不占用银行对企业的授信额度

4. 出口信用证项下贴现与押汇的相同点有(   )。

    A. 均只适用于远期出口信用证项下

    B. 融资用途均没有限制

    C. 融资时间均在出口信用证被执行后

    D. 银行对融资申请人均有追索权

    E. 均属于承兑后融资

5. 沉默保兑与福费廷业务的区别有(   )。

    A. 融资时间早晚不同   B. 融资期限长短不同

    C. 融资用途是否有限制不同   D. 依托的信用不同

    E. 是否有追索权不同

6. 对于出口商来说,使用福费廷业务的好处包括(   )。

    A. 融资期限可长可短   B. 可提前核销、退税

    C. 融资用途没有限制   D. 不占用银行对企业的授信额度

    E. 融资银行无追索权

7. 国际保理的业务内容主要包括(   )。

    A. 销售分户账管理   B. 债款回收

    C. 信用销售控制   D. 坏账担保

    E. 贸易融资

8. 关于出口保理融资,下列说法正确的是(   )。

    A. 常用于 L/C 条件下

    B. 通常为中长期贸易融资

C. 是指保理商从出口商手中购进通常以发票表示的对债务人的应收账款,以预付款方式付给出口商不超过80%的发票金额

D. 保理商可以向出口商提供无追索权或有追索权的贸易融资

E. 常用于 O/A 或 D/A 条件下

9. 国际保理对出口商的好处有(　　)。

A. 得以利用优惠的付款条件

B. 减少开证保证金等资金占压和利息损失

C. 减少了出口商欺诈的可能性

D. 有利于避免风险,保障收汇

E. 有利于增加出口额

10. 关于出口商业发票贴现,下列说法不正确的是(　　)。

A. 适用于所有基于商业信用的付款方式

B. 只适用于后 T/T 结算方式

C. 属于单边保理

D. 贴现银行对出口商有追索权

E. 贴现银行对出口商没有追索权

11. 短期出口信用保险适用的范围包括(　　)。

A. 信用证支付方式　　　　　　　B. 托收、电汇支付方式

C. 消费性货物出口

D. 放账期限在 180 天之内,最长不超过一年

E. 放账期限在一年以上

12. 短期出口信用保险保障的商业风险包括(　　)。

A. 买方破产或无力偿还债务

B. 买方拖欠货款逾期 4 个月以上

C. 买方国家撤销或拒绝展期已经颁发的进口许可证

D. 买方国家实行进口管制

E. 买方拒收货物并拒付货款,但原因并非被保险人违约,且被保险人已经采取了措施

13. 基于出口退税的融资方式包括(　　)。

A. 出口退税账户托管贷款　　　　B. 出口退税委托贷款

C. 出口退税担保贷款　　　　　　D. 出口退税转让贷款

E. 出口退税信托贷款

14. 关于出口退税质押贷款,下列说法正确的是(　　)。

A. 属于政府信用　　　　　　　　B. 属于长期融资

C. 既可以使用人民币贷款,也可以使用外币贷款

D. 贷款金额一般为出口企业应退税额的70%

E. 以出口企业有效的欠退税单据作为抵押

15. 就进出口企业而言,获得融资的渠道主要有( )。

A. 商业性银行　　B. 政策性银行　　C. 交易对象

D. 外汇管理局　　E. 以上都对

16. 短期出口信用保险保障的政治风险包括( )。

A. 买方所在国或任何相关第三国发生战争、暴乱或革命

B. 买方所在国或货款经过的第三国颁布延期付款令

C. 买方国家撤销或拒绝展期已经颁发的进口许可证

D. 买方国家实行进口管制

E. 买方国家实行外汇管制,禁止或限制汇兑

17. 关于短期出口信用保险项下融资,下列说法正确的是( )。

A. 由出口地银行向已经投保短期出口信用险的企业直接提供贷款

B. 由出口信用保险公司向已经投保短期出口信用险的企业提供融资

C. 由出口地银行向已经投保短期出口信用险的企业提供融资授信额度,并在额度内办理押汇和人民币贷款

D. 是出口地银行将短期出口信用保险作为融资担保手段进行的融资

E. 是出口信用保险公司将短期出口信用保险作为融资担保手段进行的融资

18. 出口商在短期出口信用保险项下融资时( )。

A. 可以仅凭已经投保的短期出口信用保险办理

B. 可将短期出口信用保险作为出口托收押汇的额外担保手段

C. 可将短期出口信用保险作为出口信用证押汇的额外担保手段

D. 可将短期出口信用保险作为出口商业发票贴现的额外担保手段

E. 融资金额一般不超过出口商业发票金额的80%

19. 出口托收押汇与出口信用证押汇的区别有( )。

A. 使用的币种不同　　　　　B. 依托的信用不同

C. 融资时间不同　　　　　　D. 融资额度不同

E. 融资银行的风险大小不同

20. 在实际业务中,托收行较多采用的是( )。

A. 远期 D/P 押汇　　　　　B. 即期 D/P 押汇

C. D/A 押汇　　　　　　　　D. 净额押汇

E. 部分押汇

1. ABCDE；2. ABCDE；3. AE；4. BCD；5. AB；6. ABCDE；7. ABCDE；
8. CDE；9. DE；10. AE；11. BCD；12. ABE；13. ACE；14. ADE；15. ABC；
16. ABCDE；17. CD；18. ABDE；19. BDE；20. BE。

三、判断题

1. 出口商向银行申请打包贷款的抵押对象是尚在生产或采购过程中,还没有达到可以装运出口程度的货物。（　　）

2. 就进出口企业而言,获得贸易融资的唯一渠道是银行。（　　）

3. 在出口信用证保兑中,保兑行在开证行之外独立地对信用证受益人承担第一性付款责任。（　　）

4. 在出口托收押汇的实际业务中,托收行较多采用"部分押汇"。（　　）

5. 出口托收押汇和出口信用证押汇都依托的是银行信用。（　　）

6. 出口商业发票贴现是指在 D/P 结算方式下,出口商以出口商业发票作为抵押向出口地银行进行融资。（　　）

7. 短期出口信用保险主要承保放账期限在 180 天之内,最长不超过一年的出口贸易,适用于资本性货物出口。（　　）

8. 国际保理业务对于出口商和进口商均有降低经营成本的作用。（　　）

9. 在交付货物时已经或通常能够由货物运输险或其他保险承保的损失不属于短期出口信用保险的承保责任。（　　）

10. 基于出口退税的融资方式依托的是政府信用,因而贷款银行的风险较小。（　　）

11. 出口商在叙做出口托收押汇时,可以将已经办理的短期出口信用保险作为额外的融资担保。（　　）

12. 在短期出口信用保险项下提供融资的人是出口信用保险公司。（　　）

13. 银行向进出口商提供的贸易融资既包括资金融通也包括信用融通。
（　　）

14. 短期出口信用保险既适用于基于商业信用的付款方式,也适用于基于银行信用的付款方式。（　　）

15. 出口退税质押贷款是银行向出口企业提供的以出口退税应收款作为还款保证的短期流动资金贷款。（　　）

16. 出口企业可以仅凭已经投保的短期出口信用保险向银行办理融资。
（　　）

17. 出口商业发票贴现只涉及出口保理商,不涉及进口保理商,因此也可称之为"单边保理"。(　　)

18. 国际保理是在 O/A 或 D/A 条件下常用的,基于出口商应收账款的融资方式,目前我国银行叙做的保理业务大部分为无追索权。(　　)

19. 预支保理指不提供融资的国际保理,即保理商根据出口商给予进口商的付款期限计算出平均到期日,于该日将应收账款付给出口商。(　　)

20. 有利于提前核销、退税的出口贸易融资方式是沉默保兑。(　　)

【参考答案】

1 ~ 5:√×√√×;6 ~ 10:××√√;11 ~ 15:√×√×;
16 ~ 20:√√×××。

第4节　案例精解

1. 某外贸公司与箱包加工厂签订了一份出口代理协议,规定该工厂生产箱包后,由外贸公司向其指定的外商出口。出口合同签订后,外商如期开来了即期不可撤销信用证。当外贸公司通知工厂备货履约时,工厂称因资金周转困难,需外贸公司协助解决购买原材料的流动资金。工厂提出希望外贸公司用信用证申请打包贷款,将贷款的资金供工厂生产之用。经协商,外贸公司同意以信用证向银行申请打包贷款。可工厂收到款项后并未及时安排生产,虽经外贸公司再三催促,但直至交货期工厂也未能将货物备齐。最终外贸公司因无法履行出口合同而遭外商索赔,而工厂此时已关门歇业。试分析外贸公司同意打包贷款的风险以及外贸公司代理出口时应该注意的事项。

2. 出口商 A 是银行 B 的客户,A 收到了以其为受益人的信用证,在备货过程中资金不足,向 B 申请信用证下的打包贷款。B 同意发放打包贷款,贷款金额为信用证金额的 80%,贷款期 30 天。双方约定,当 A 发运货物后,即以全套单据向 B 议付,B 从 A 应得的议付款中扣除打包贷款本息。在贷款期内,A 因经营不善倒闭,不再发运货物,因而无法提交单据。A 也无力以另外途径向 B 偿还打包贷款。试分析在打包贷款业务中,银行承担的信用风险与银行在出口押汇业务中承担的信用风险哪个更大?为什么?

3. 2004 年 12 月 1 日,上海某公司与荷兰某公司签订了一份出口地毯的合同,合同总价值为 USD31 346.86,装运港为中国上海,目的港为荷兰鹿特丹,收货人为荷兰公司,付款条件为 D/A 见票后 30 天。12 月 20 日,上海公司按照合同要求装运货物,在取得海运提单和原产地证明后,上海公司连同已缮制好的汇票、发票等单据一起交到该市 C 银行。

因上海公司近期资金紧张,随即凭单向 C 银行申请办理押汇。C 银行考虑虽然托收风险大,但上海公司资信状况良好,无不良记录,于是为上海公司办理了出口押汇,押汇金额为 USD25 077.49,押汇期限为 50 天,到期日为 2005 年 2 月 9 日,并按押汇利率扣除了相应利息。同日 C 银行将此笔款项转到上海公司账户,随后上海公司便支用了该笔款项。

2005 年 1 月 12 日,C 银行收到国外提示行电讯,声称客户已经承兑远期汇票并取走了全套单据,付款到期日为 2005 年 2 月 8 日。但在汇票到期后,迟迟未见该笔款项划转过来。上海公司与荷兰公司联系,荷兰公司声称已宣布破产,无偿还能力。C 银行随即向上海公司追讨,但上海公司认为自己没有清偿该笔款项的义务,理由是已将全套单据卖给了银行,既然银行买入了全套单据,就应该负责向荷兰公司追偿,自己可以协助银行追讨欠款,但没有代荷兰公司付款的义务。试分析本案中 C 银行能否要求上海公司清偿?为什么?

4. 7 月 10 日,N 银行收到 B 公司提交的信用证项下金额为 USD50 000.00 的议付单据,经审核单证一致后邮寄国外 I 银行(开证行)。7 月 18 日,N 银行收到 I 银行承兑电文,承兑金额为 USD50 000.00,到期日为 10 月 11 日。7 月 18 日~8 月 3 日,N 银行应 B 公司要求,为其应收款项寻找包买银行,并将相关客户信息提供给包买银行。经比较后,确定由 F 银行对该汇票作无追索权融资,利率为 LIBOR +0.9% P. A. F 银行在买断汇票前,要求 N 银行提供以下资料:①经 N 银行确认、证实的有效信用证及修改书复印件;②经 N 银行确认、证实的有效提单、发票复印件;③经 I 银行承兑、N 银行转让的已承兑汇票正本;④受益人致 N 银行的款项让渡通知书(NOTIFICATION OF ASSIGNMENT)、款项让渡书(ASSIGNMENT),表明该收款权利受益人已让渡给 N 银行;⑤N 银行按 F 银行提供格式、致 F 银行的 NOTIFICATION OF ASSIGNMENT、ASSIGNMENT,表明该收款权利 N 银行已让渡给 F 银行。8 月 7 日,N 银行在规定期限内快递全套款项让渡资料至 F 银行。8 月 28 日,N 银行收到 F 银行买断出口项下应收款项。10 月 4 日,F 银行向 I 银行提示汇票。10 月 11 日,I 银行如期偿付款项至 F 银行。试分析本案例是哪种融资方式?有哪些关键点?

【参考答案】

1. 外贸公司同意打包贷款的做法意味着外贸公司必须承担偿还贷款的责任。因为外贸公司是国际货物买卖合同的卖方,是信用证的受益人,而打包贷款实质上是用信用证进行质押的借贷,所以外贸公司必须向银行承担到期还款的责任,且此责任的履行与出口合同能否切实执行无任何关系。在正常情况下,打包贷款的还款来源为信用证项下的收汇款,但在代理出口业务中,如果被代理方不能正常提供出口货源或出口后不能正常结汇,外贸公司必须偿还打包贷款的本金及利息,或允许银行主动从其账户扣划打包贷款的本金及利息。

本案中,外贸公司是代理方,工厂是委托人,因为工厂关闭无法履行合同,外贸公司必须向外商承担赔偿责任。因为作为出口合同的卖方,外贸公司必须履行出口合同中规定的义务,如有违反(即使是委托人的原因),也必须由外贸公司向外商承担赔偿责任。从法律角度分析,外贸公司因此获得了向委托人追偿的权利,但此权利的实现依赖于委托人(工厂)的经济状况。如案例中所述的那样,因委托人关门歇业,外贸公司的双重损失无法从委托人处得到补偿。

在接受代理出口委托时,外贸公司必须严格审查委托人和外商的资信情况,不要轻易为委托人向银行申请打包贷款,即使经调查认可了委托人的资信,也要在其提供切实可行的经济保证后,才可申请打包贷款。另外,外贸公司必须严格审查信用证的内容,特别是那些受益人难以执行的陷阱条款,避免出口收汇风险。

2. 银行在发放打包贷款时,依据的仅是出口商收到的信用证。如果出口商在提取打包贷款后经营情况发生变化,无法正常备货出运,那么贷款银行手上没有任何单据。也就是说,贷款银行既没有凭证可以向开证行要求付款,也没有物权可以作价变卖。在托收出口押汇和打包贷款中,银行都承担出口商的信用风险,但押汇的风险程度比打包贷款大为降低。因为银行在押汇融资时,掌握了货运单据和物权,而打包贷款是单前融资,银行不掌握货运单据和物权。

3. 可以要求上海公司清偿。因为上海公司在 C 银行办理的是出口押汇,而不是包买票据。出口押汇是指出口商以出口单据作为抵押,要求出口地银行在收到国外支付的货款之前向其融通资金。押汇的基本特点之一是出口企业不能正常从国外收回货款时,押汇银行有追索权,所以 C 银行可以要求上海公司偿付。

4. 本案例中使用的融资方式是福费廷业务。关键点有以下几个:

(1)受益人必须在国外银行(开证行、保兑行)收到单据,确认单证相符并向出口地银行发出承兑或承付通知书后提出叙做福费廷业务的申请。

(2)本案属于国内银行作为中介,经由外资银行叙做福费廷业务。两行之间必须谈妥如下内容:贴现利率和期限、买断金额、起息日、到款日、承诺费、违约费、相关单据等。

(3)所有买断条件均须分别与包买银行和受益人书面确认后方可操作。

（4）所有买断报价均为实盘，一经书面确认接受报价，不得做任何更改，否则需承担承诺费用。本案 N 银行确定买断报价的操作程序：①联系代理行，寻找合适价位的包买银行；②包买银行传真 OFFER（报盘）；③将 OFFER 提示受益人，受益人书面确认接受报盘条件；传真包买银行接受 OFFER。

第13章
进口准备工作

第1节 学习指导

　　流通型贸易企业自营进口业务准备工作对外包括国际市场调研、选择国外供货商并与之建立联系。对内包括确定进口商品的管理类型、核准相关海关信息、国内市场需求预测、进口成本估算以及寻找国内潜在买主等,对于代理进口业务还需要签订委托代理进口合同。

　　1. 国际市场准备工作知识结构图,如图13.1所示。

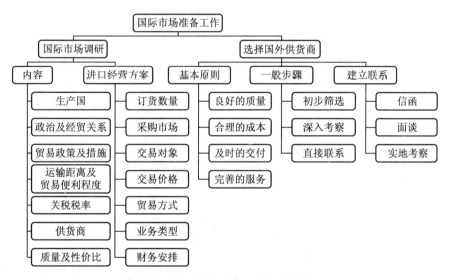

图13.1　国际市场准备工作知识结构图

　　2. 国内市场准备工作知识结构图,如图13.2所示。

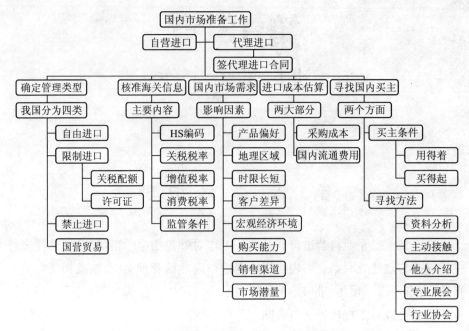

图 13.2　国内市场准备工作知识结构图

第 2 节　重 要 知 识 点

本章涉及的重要知识点包括：

1. 进口商品经营方案的内容；
2. 考察国外供货商的步骤与方法；
3. 我国进口商品的管理类型；
4. 进口商品的相关海关信息；
5. 进口成本估算方法；
6. 委托代理进口合同的主要内容。

第 3 节　自 我 检 测

一、单选题

1. 对进口商品生产国的调研不包括下列哪项内容(　　)。

　A. 地理位置分布　　　　　　　　B. 生产历史

C. 出口现状   D. 进口关税税率

2. 国际市场调研不包括下列哪项内容( )。

A. 政治和经贸关系及对外贸易政策措施

B. 制定进口商品经营方案

C. 运输距离及贸易便利程度

D. 供货商及其产品质量、性价比

3. 进口商在进口贸易准备工作中面临的首要任务是( )。

A. 国际市场调研   B. 选择合适的供货商

C. 国内市场需求预测   D. 确定进口商品管理类型

4. 关于选择进口商品交易对象,下列说法不正确的是( )。

A. 要选择资信好的客户   B. 要选择价格便宜的客户

C. 要选择经营能力强的客户   D. 要选择对我们友好的客户

5. 进口商对外洽商交易,采购商品和安排进出口业务的主要依据是( )。

A. 进口商品采购方案   B. 进口商品销售方案

C. 进口商品经营方案   D. 进口合同

6. 生产型企业的进口业务类型为( )。

A. 进料加工   B. 代理进口   C. 自营进口   D. 转口

7. 我国进口贸易管理的最主要形式是( )。

A. 进口许可证   B. 关税配额   C. 外汇管制   D. 国家垄断

8. 选择进口贸易方式时,不需要考虑的因素是( )。

A. 采购的数量   B. 采购的品种

C. 业务类型   D. 贸易习惯做法

9. 通过发放统一格式的供货商情况登记表,收集供货商相关信息,这一做法属于对国外供货商的( )。

A. 深入考察   B. 直接联系   C. 售后服务   D. 初步筛选

10. 与国外供货商建立联系最常用的方式是( )。

A. 面谈   B. 发出业务联系函

C. 实地考察   D. 打电话

11. 货物进口的总成本除进口商品采购成本外,还有( )。

A. 进口关税   B. 银行费用

C. 报关费用   D. 国内流通费用

12. 对于有数量限制的限制进口货物,我国实行的管理措施是( )。

A. 许可证管理   B. 关税配额管理

C. 自动进口许可证管理   D. 国营贸易

13. 大米、玉米、小麦、食糖、烟草、原油、成品油、化肥和棉花的进口属于进口商品( )管理类型。
    A. 自由进口　　B. 限制进口　　C. 禁止进口　　D. 国营贸易

14. 关于进口商品的国内买主,下列说法不正确的是( )。
    A. 国内买主的开发比维护更重要
    B. 进口商必须重视并有计划地拓展新客户
    C. 进口商必须定期做好现有客户的维护
    D. 在市场竞争法则下,贸易商每年都会丧失若干旧客户

15. 最常用的进口贸易经济效益分析指标为( )。
    A. 进口销售总收入　　　　　　B. 进口总成本
    C. 进口预期利润　　　　　　　D. 进口商品盈亏率

16. 进口代理商与进口委托人之间的合同称为( )。
    A. 委托代理出口合同　　　　　B. 委托代理进口合同
    C. 委托代理合同　　　　　　　D. 委托代理销售合同

17. 流通型企业在自营进口业务时,需要将进口的货物转卖给国内买主,才能最终实现交易利润。关于国内买主下列说法不正确的是( )。
    A. 潜在买主必须对商品有需求且有购买能力
    B. 寻找潜在客户可以采用资料分析法和一般性方法
    C. 一般性方法是指查看各种统计资料、专业报纸或杂志等
    D. 对于进口商来说,国内买主的开发与维护同样重要

18. 签订委托代理进口合同对于委托人的好处不包括( )。
    A. 可以赚取代理费
    B. 可以降低进口业务风险
    C. 解决缺乏专业人员和业务渠道的问题
    D. 解决自身没有进出口权的问题

19. 下列进口商品不属于国营贸易管理的是( )。
    A. 大米　　　　B. 玉米　　　　C. 酒精　　　　D. 烟草

20. 关于代理费的形式,下列说法不正确的是( )。
    A. 代理费分为手续费和包干费两种形式
    B. 如果委托人自己没有国外客户,需要全权委托代理人进口指定商品,则手续费比例通常较高
    C. 采用包干费形式时,通常进口代理商预期利润更高,但承担的风险也更大
    D. 采用手续费形式时,通常进口代理商预期利润更高,但承担的风险也更大

二、多选题

1. 一般来说,进口业务流程包含( )。
   - A. 进口准备阶段
   - B. 进口交易磋商签约阶段
   - C. 进口商品国内销售阶段
   - D. 进口履约阶段
   - E. 进口善后阶段

2. 首次办理进口业务的企业,需要首先完成( )。
   - A. 领取工商营业执照或办理经营范围增项
   - B. 办理对外贸易经营者备案登记
   - C. 办理海关登记和检验检疫备案登记
   - D. 办理列入"对外付汇进口单位名录"登记
   - E. 办理税务登记

3. 在国际市场调研中,对生产国的调研包括( )。
   - A. 地理位置
   - B. 生产历史
   - C. 出口状况
   - D. 进口状况
   - E. 主生产国分布

4. 国际市场调研的渠道有( )。
   - A. 互联网
   - B. 专业展会
   - C. 国内外商业机构
   - D. 国内外行业协会
   - E. 专业期刊及广告

5. 进口商品经营方案的主要内容包括( )。
   - A. 采购市场
   - B. 交易对象
   - C. 订货数量、交易价格
   - D. 财务安排
   - E. 贸易方式、业务类型

6. 选择国外供货商的基本原则是( )。
   - A. 完善的销售网络
   - B. 合理的成本
   - C. 良好的质量
   - D. 完善的服务
   - E. 及时的交付

7. 我国对进口货物的管理类型有( )。
   - A. 自由进口
   - B. 一般进口
   - C. 限制进口
   - D. 禁止进口
   - E. 国营贸易

8. 在初步确定进口交易价格时,除考虑国际市场近期价格和采购意图外,还要充分考虑(　　)。

　　A. 融资成本　　　B. 交易对象类型　　C. 汇率变动趋势

　　D. 贸易方式　　　E. 业务类型

9. 进口商品的相关海关信息包括(　　)。

　　A. 海关 HS 编码　B. 关税税率　　　C. 增值税率

　　D. 消费税率　　　E. 监管条件

10. 影响国内市场进口需求的主要因素有(　　)。

　　A. 产品偏好　　　B. 地理区域　　　C. 客户差异

　　D. 购买能力　　　E. 销售渠道

11. 下列哪些属于国内流通费用(　　)。

　　A. 采购成本　　　　　　　　　B. 进口关税

　　C. 银行费用　　　　　　　　　D. 报关提货费

　　E. 目的港口费用

12. 进口货物时海关代征的税费有(　　)。

　　A. 进口关税　　　B. 进口增值税　　C. 进口消费税

　　D. 进口报关费　　E. 进口企业营业税

13. 委托代理进口合同的主要内容有(　　)。

　　A. 授权范围　　　　　　　　　B. 委托内容

　　C. 费用计算　　　　　　　　　D. 解决争议方法

　　E. 委托人和代理人各自责任义务

14. 对于限制进口商品的管理措施有(　　)。

　　A. 自动进口许可证　　　　　　B. 关税配额

　　C. 进口许可证　　　　　　　　D. 提高关税税率

　　E. 国营贸易

15. 流通型贸易企业的进口业务类型有(　　)。

　　A. 自营进口　　　B. 代理进口　　　C. 只有自营进口

　　D. 国营贸易　　　E. 自由进口

【参考答案】

　1. ABDE; 2. ABCDE; 3. ABCE; 4. ABCDE; 5. ABCDE; 6. BCDE;

　7. ACDE; 8. AC; 9. ABCDE; 10. ABCDE; 11. BCDE; 12. BC; 13. ABCDE;

14. BC; 15. AB。

三、判断题

1. 在绝大多数情况下,进口商不仅承担着在国际市场上采购进口商品所面临的一系列风险,还承担着在国内市场上销售该产品的风险。( )

2. 国际市场准备工作主要包括国际市场调研和选择合适的国外供货商,二者密切相关。( )

3. 对于中小商品或成交额不大的商品,我们仍需制定全面、细致的进口商品经营方案。( )

4. 凡属自由进口的货物,在进口报关前均无需办理任何申报。( )

5. 我国对有数量限制的进口货物,实行许可证管理,其他限制进口货物,实行关税配额管理。( )

6. 进口许可证的签发机构只有商务部配额许可证事务局。( )

7. 禁止进口的货物,可以通过办理海关特别手续,由海关指定企业进口。

( )

8. 进口成本估算是将估算的进口总成本与预计的销售收入进行比较,其结果不会影响是否进口的决策。( )

9. 原油、成品油、化肥及食糖等商品只能由国营贸易企业进口。( )

10. 在人民币对美元大幅度升值的情况下,如果进口货物采用美元计价结算,对于我国进口商将是较为有利的。( )

11. 除单边进口方式外,进口还可以采用招标采购、补偿贸易等方式。

( )

12. 关税配额管理是国家对限制进口商品采取的一种管理措施。( )

13. 进口许可证管理是我国进口贸易管理的一种数量控制办法,主要包括进出口许可证、濒危物种进口、可利用废物进口、药品进口、音像制品进口等。

( )

14. 如果委托人自己有国外客户并且已经与国外出口商完成磋商谈判,只是单纯利用代理人的进出口权,则手续费通常较低。( )

15. 采用包干费形式支付进口代理费时,进口代理商需要自负盈亏。

( )

16. 生产型贸易企业有自营进口和代理进口两种进口业务类型。( )

17. 委托代理进口合同通常规定代理人协助委托人办理相关批文。

( )

18. 手续费作为代理所需的直接费用,包括运费、保险费、进口关税及相关税费、银行费用、商检费、报关费等,所以手续费比例一般比包干费比例高,且承担的风险更大。( )

19. 采用包干费形式支付进口代理费时,通常进口代理商预期利润更高。

( )

20. 委托代理合同中的费用可以沿用传统惯例,像仲裁或诉讼等费用一般不会发生,所以也没有必要明确规定。( )

【参考答案】
1~5：√√×××;6~10：××××√;11~15：√××√√;
16~20：×√×√×。

第4节 案例精解

1. 我国某公司拟进口一套立体电影放映设备,经过调研发现德国、美国和日本是主要生产国,通过分别与三国供货商的直接接触,发现反映其设备质量的主要技术指标没有太大差异,均能够满足公司的实际使用需要,只是设备品牌不同。德国和美国的设备是世界知名品牌,价格高昂;日本的设备价格适中,但不是世界知名品牌。试分析该公司应如何制定进口经营方案。

2. 我国一家贸易公司发现,最近由于国外葡萄高产,国际市场上某种大品牌的葡萄酒价格偏低,便从国外进口了大量该品牌葡萄酒,准备投放国内市场盈利。但葡萄酒运到后发现国内消费者根本不熟悉这个品牌且对此口味的葡萄酒喝不习惯,如果展开宣传需要投入大笔广告费用,而且如果不能尽快将葡萄酒脱手,公司会因资金占压过久而影响其他业务的正常进行。最终该贸易公司不得不以低于成本的价格将葡萄酒处理给葡萄酒厂商。试分析该贸易公司应该吸取的教训。

【参考答案】
1. 进口经营方案主要内容如下:
订货数量:一套。
采购市场:日本(因为日本设备在质量方面与德国、美国设备不相上下,且价格适中,虽然不是世界知名品牌,但公司进口设备的主要目的是满足使用需要,而不是单纯追求世界名牌;而且日本与我国相邻,运输距离短,不仅节省运费,而且可以早日到货)。

交易对象:选择生产厂商,而不是贸易商。可选择几家资信好、实力强、售后优的生产厂商进行进一步筛选比较。

交易价格:低于德国、美国同类设备。考虑到近期人民币对美元和日元均有升值预期,可采用美元或日元计价。

贸易方式:单边进口。

业务类型:若为流通型贸易企业自营进口,需要与设备用户(电影院)磋商并签订销售合同。若为流通型贸易企业代理进口,需要与设备用户(电影院)磋商并签订委托代理进口合同。

财务安排:注意在与设备用户的合同中作出相应规定。资金来源可考虑公司流动资金、开证额度、银行贷款、要求设备用户支付定金或保证金等。

2. 该贸易公司的进口决策过于草率。在作出进口决策前,只注意到葡萄酒是知名品牌,且价格比正常年份偏低,就想当然地认为进口后一定有利可图,却忽略了对国内销售市场的调研。没有考虑到国内消费者对产品的需求偏好、对该品牌是否了解、是否能在短期内接受一种新口味等因素,而且对国内市场的销售方案准备不足,事先没有对可能的销售渠道,如进口酒类专卖店、大型连锁超市或酒吧等进行必要的调研与沟通。一旦销售受阻,流通型贸易企业的资金问题就凸显出来,为避免更大损失不得不低价转卖货物。

第 14 章
进口交易磋商与签约

第 1 节 学 习 指 导

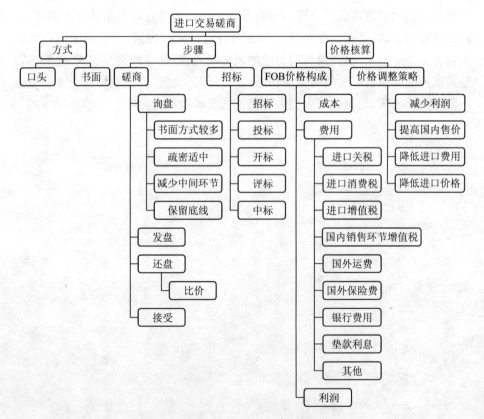

进口交易磋商的方式、步骤、内容与出口交易磋商基本相同，但进口商更注意询盘对象的选择和分布、发盘的使用前提及还盘的比价技巧。进口价格核算则需注意各种进口税费的计算。

图 14.1 进口交易磋商相关知识结构图

进口合同的结构和内容也与出口合同基本相同,但对于重要机电产品、仪器设备的进口合同,还要注意附加条款,预验、初验和终验条款,货款支付期限与利息考虑,交货条件与风险规避,仲裁条款以及进口合同与内销合同的匹配问题。

1. 进口交易磋商相关知识结构图,如图 14.1 所示。

2. 签订进口合同相关知识结构图,如图 14.2 所示。

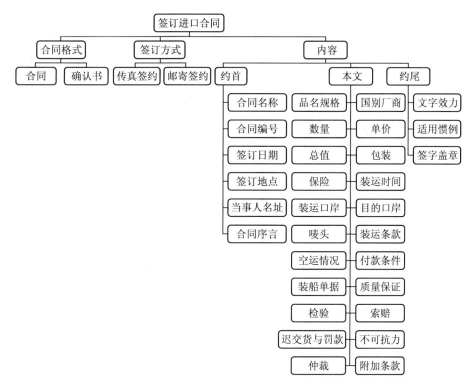

图 14.2 签订进口合同相关知识结构图

第 2 节 重 要 知 识 点

本章涉及的重要知识点包括:

1. 进口交易磋商与出口交易磋商的不同之处;

2. 询盘和还盘注意事项;

3. 进口价格核算方法;

4. 进口价格调整策略;

5. 进口合同主要内容;

6. 机电产品或大型成套设备进口合同注意事项。

第3节 自我检测

一、单选题

1. 采用面谈方式磋商交易时,对进口商较为有利的地点是(　　)。
   - A. 出口商所在地
   - B. 进口商所在地
   - C. 第三国
   - D. 国外展会
2. 比价过程中最重要的内容是(　　)。
   - A. 进口价格核算
   - B. 确定成交数量
   - C. 选择贸易术语
   - D. 比较付款条件
3. 在实际业务中,还盘较多围绕以下哪个交易条件(　　)。
   - A. 商品质量
   - B. 商品数量
   - C. 商品价格
   - D. 付款条件
4. 政府机构、公共事业部门和企业的设备采购多采用(　　)。
   - A. 补偿贸易
   - B. 寄售
   - C. 易货贸易
   - D. 国际招标
5. 对于机电产品或成套设备进口合同、大金额的进口合同或是与新客户初次达成的进口合同,双方当事人都会较为慎重,通常采用格式规范的(　　)。
   - A. 购货确认书
   - B. 购货合同
   - C. 购货协议
   - D. 购货备忘录
6. 下列关于发盘说法不正确的是(　　)。
   - A. 在日益快捷的通信方式下,一项发盘是很难被撤回的
   - B. 一项发盘一旦被受盘人作出有效的接受,双方当事人之间具有法律约束力的合同即告成立
   - C. 只要对方尚未作出有效的接受,我方随时可以撤销发盘
   - D. 我方在对外直接发盘前,必须谨慎核实发盘全部内容,确保准确无误
7. 下列关于接受说法不正确的是(　　)。
   - A. 在交易磋商过程中,接受既可以由卖方表示,也可以由买方作出
   - B. 接受只能撤销,不能撤回
   - C. 如果对方发盘(或还盘)中的交易条件比较合理或对我方有利,就要抓紧时间,在发盘(或还盘)的有效期内向对方表示接受
   - D. 如果撤回接受的通知在接受到达对方之前或与接受同时到达对方,

接受可以撤回

8. 在进口业务中,一般由(　　)。
    A. 进口商向国外供应商发出询盘　　B. 出口商向进口商发出询盘
    C. 进口商向中间商发出询盘　　　　D. 出口商向生产厂商发出询盘

9. 关于进口询盘,下列说法不正确的是(　　)。
    A. 询盘对象的分布不宜过于集中
    B. 询盘的内容应列明购买的数量和价格
    C. 不宜只对单个客户询盘
    D. 询盘的内容应列明所需商品的名称和所要求的交货期

10. 关于进口发盘,下列说法不正确的是(　　)。
    A. 进口那些质量、价格稳定的商品时或对那些长期专门为我方生产配套产品的厂家,买方可以不必询盘,采用直接发盘
    B. 一项发盘如果载明有效期,在该期限内不可撤销
    C. 一项发盘如未载明有效期,在对方作出有效接受前均可撤销
    D. 一项发盘即使未载明有效期,如果受盘人已经本着对发盘的信赖采取了行动,则发盘不可撤销

11. 同期横向价格比较是指(　　)。
    A. 将现行发盘中的价格与过去进口同样商品的成交价格或过去供应商对同样商品的报价进行比较
    B. 对影响价格的各种因素进行逐项比较,结合购买意图进行综合分析
    C. 在同一时期,将来自不同供应商的报价,在其他交易条件完全相同的情况下进行价格比较
    D. 在同一时期,将来自不同供应商的报价,进行交易条件的逐项比较

12. 进口价格费用部分中,比例相对较大的费用是(　　)。
    A. 银行费用　　B. 税款　　　　C. 办公费用　　D. 佣金

13. 下列各类进口商品中需要缴纳消费税的是(　　)。
    A. 食品　　　　B. 纺织品　　　C. 化工产品　　D. 奢侈品

14. 如果同一种进口产品或设备采用了不同工艺制造,下列说法不正确的是(　　)。
    A. 先进的工艺技术意味着更高的制造成本
    B. 处于生命周期不同阶段的产品或设备其价格会明显不同
    C. 受到严格保护的专利和已经扩散的专有技术价格不同
    D. 不同制造工艺会产生制造成本差异

15. 进口重要的机电产品或大型成套设备时,在交货前由买方派人到卖方

工厂进行验收称为( )。

    A. 初验   B. 终验   C. 装船前检验   D. 预验收

16. 进口机电产品或大型成套设备时,关于货款支付,下列说法不正确的是( )。

    A. 首款在设备投产前支付,比例一般不超过合同金额的15%

    B. 75%~80%的合同金额在货物装船后凭单支付

    C. 5%~10%的合同金额在完成安装调试及(或)试运行后支付

    D. 应尽量采用货到付款

17. 进口机电产品或大型成套设备时,关于货款支付,下列说法不正确的是( )。

    A. 首款支付的部分要与合同中的履约保证条款相结合

    B. 凭单支付的部分应与合同中的罚金条款相结合

    C. 尾款支付的部分应与我方签字的安装调试合格证书或设备试运行合格证书相结合

    D. 货款应尽量一次付清

18. 进口机电产品或大型成套设备时,下列说法不正确的是( )。

    A. 通常采用海运方式

    B. 合同中一般不允许分批装运和转船

    C. 应尽量采用 CIF 贸易术语

    D. 应尽量采用 FOB 贸易术语

19. 进口关税的完税价格是( )。

    A. FOB 价格   B. CIF 价格

    C. CFR 价格   D. 视不同情况而定

20. 对于流通型外贸企业的自营进口业务而言,签订国内销售合同的时间( )。

    A. 越接近到货时间越好   B. 在到货前越早签订越好

    C. 必须在到货前签订   D. 必须在到货后签订

【参考答案】

    1~5:BACDB;6~10:CBABC;11~15:CBDAD;16~20:DDCBB。

二、多选题

1. 进口交易磋商中必不可少的步骤是( )。

A. 询盘　　　　B. 发盘　　　　C. 还盘

D. 接受　　　　E. 以上都对

2. 磋商方式的选择主要根据(　　)。

A. 进口合同金额大小　　　　B. 进口商品技术复杂程度

C. 进口合同份数多少　　　　D. 进口商品数量和种类

E. 进口商品原产地

3. 国际招标基本程序包括(　　)。

A. 招标、投标　　B. 开标　　　　C. 评标

D. 决标　　　　E. 中标

4. 进口商品获准免税时,进口费用中不包括(　　)。

A. 进口关税　　B. 进口消费税　　C. 进口报关费

D. 进口增值税　　E. 国内销售环节增值税

5. 比价的方法有(　　)。

A. 同期横向价格比较　　　　B. 同期纵向价格比较

C. 异期横向价格比较　　　　D. 异期纵向价格比较

E. 交叉综合比较

6. 选择在进口商所在地面谈,对于进口商的好处是(　　)。

A. 可以安排与多家供货商同期进行磋商

B. 可以组织强大的谈判小组而不受时间、费用等条件的制约

C. 可以方便地获得政策、业务、技术各个方面及时、准确的信息支持

D. 可以防止供货商与其他买主见面

E. 可以限制供货商的活动范围

7. 进口还价策略有(　　)。

A. 要求国外供货商降低报价　　B. 选择其他供货商

C. 减少预期利润　　　　D. 提高国内销售价格

E. 降低进口费用

8. 比价过程中进口价格核算是最重要的内容,准确核算的前提是充分考虑

(　　)。

A. 国内市场容量　　　　B. 实际进口数量

C. 国内销售价格　　　　D. 预期进口利润

E. 各项进口费用

9. 进口合同的签订方式通常有(　　)。

A. 电子邮件　　B. 电话　　　　C. 传真

D. 电报　　　　E. 快递

10. 进口机电产品或大型成套设备时,下列说法正确的是(　　　)。

    A. 合同中不应缺少仲裁条款

    B. 最好在确实发生争议后再订立仲裁协议

    C. 应首选我国的仲裁机构和仲裁规则

    D. 在订立价格条款时,要尽可能了解产品的工艺原理

    E. 合同中的预验收、初验和终验条款应与监装、初验尾款和终验尾款挂钩

【参考答案】

1. BD; 2. AB; 3. ABCDE; 4. ABDE; 5. ADE; 6. ABC; 7. ACDE; 8. CDE; 9. CE; 10. ACDE。

三、判断题

1. 进口商品的技术规格指标通常较为复杂,询盘较多采用书面方式。
(　　　)

2. 对进口那些质量、价格稳定的商品时或对那些长期专门为我方生产配套产品的厂家可以不经过询盘而直接对外发盘。(　　　)

3. 询盘的内容除表明购买意愿外,还应列明所需商品名称、需要的数量、能接受的价格和所要求的交货期。(　　　)

4. 对方尚未在有效期内对发盘作出有效的接受前,发盘是可以撤销的。
(　　　)

5. 还盘的操作仅围绕价格开展,其他交易条件不可作为还盘的内容。
(　　　)

6. 在进口交易磋商过程中,接受只能由买方作出,卖方无此权利。(　　　)

7. 根据《联合国国际货物销售合同公约》和我国《合同法》的规定,如果撤回接受的通知在接受到达对方之前或与接受同时到达对方,接受可以撤回。
(　　　)

8. 根据国家法律规定,进口增值税和进口消费税应由税务机关征收,海关无权代征。(　　　)

9. 与出口不同,进口价格的费用部分中进口关税、进口增值税、消费税等税款所占的比例相对较大。(　　　)

10. 进口免税是指进口时免除进口关税。(　　　)

11. 比价和还盘是进口交易磋商过程中必不可少的步骤。（　　）

12. 简略格式的购货确认书适用于一般商品进口、小金额进口或与老客户之间的进口交易。（　　）

13. 在订立机电产品或大型成套设备进口合同的价格条款时,尽可能了解产品的工艺原理,虽然先进的工艺技术意味着更高的制造成本,也应尽量选择那些先进的工艺技术。（　　）

14. 如果国外供货商的报价高于进口商的成本核算,只能另外寻找其他报价低的供货商。（　　）

15. 进口机电产品或大型成套设备时应在合同中订立仲裁条款并尽量选择我国的仲裁机构和仲裁规则。（　　）

16. 机电产品或大型成套设备进口合同中的预验收、初验和终验条款是关系到提高交货质量和保证到货后安装调试顺利的重要条款,其内容应注意与监装、初验尾款和终验尾款挂钩。（　　）

17. 进口机电产品或大型成套设备时,尾款支付一般在全部设备安装完成并调试合格后支付。（　　）

18. 进口机电产品或大型成套设备时,我方首款支付的比例在符合国际惯例的前提下越小越好,必要时要与合同中的履约保证条款相结合。（　　）

19. 进口交货通常采用海运方式,为了选择合格资质承运人、方便监控货物交运进程、防止卖方伪造货物单据议付货款,应尽量采用 CIF 贸易术语。（　　）

20. 对于流通型外贸企业的自营进口业务,应该在对外签订进口合同之前签订国内销售合同,同时注意两个合同在条款内容上的衔接配套。（　　）

【参考答案】

1~5：√√×××；6~10：×√×√×；11~15：×√××√；

16~20：√√√××。

四、计算题

1. 某公司欲进口一批杯式吸尘器,每台 CIF 价为 200 美元。根据海关税则该吸尘器进口关税税率是 12%,进口增值税税率是 17%,1 美元 = 6.80 元人民币。计算进口每台吸尘器需要缴纳多少税款?

2. 某公司从意大利米兰进口名牌真皮时尚箱包 20 件,每件 FOB 价格 700 美元,分为两个纸箱包装。海运费为 USD60/箱,海运保险费率为 2%,投保加成率为10%。进口关税税率为10%,增值税税率为17%,消费税税率为30%,1美元 = 6.80元人民币。计算进口每件箱包需要缴纳多少税款?

3. 某贸易公司进口骨架车10辆,国内卖价为9 000元人民币/辆,希望至少有10%的预期收益。10辆骨架车可装入一个集装箱,自装运港运至目的港的运费为1 200美元。按CIF金额的110%投保一切险,费率为0.8%,银行贷款年利率为10%,预计垫款时间为3个月,银行费用为进口成交金额的0.5%,进口关税税率为15%,增值税税率为17%,进口其他费用还包括报关费100元人民币,货物检验费300元人民币,业务定额费2 000元人民币,国内运杂费2 000元人民币,1美元 = 6.80元人民币。试计算供货商的FOB价格最高是多少美元?

4. 如第3题已知条件,如果国外供货商的FOB价格为750美元,我国进口企业盈利情况如何?

5. 如第3题已知条件,如果国外供货商的FOB价格为750美元,我国需将国内市场销售价格调高至多少才能保证10%的预期收益?

【参考答案】

1. 解:因为1美元 = 6.80元人民币,所以200美元 = 1 360元人民币。

进口关税 = CIF价 × 关税税率 = 1 360 × 12% = 163.2(元人民币)

进口增值税 = (CIF价 + 进口关税) × 进口增值税税率

= (1360 + 163.2) × 17% = 258.94(元人民币)

进口每台吸尘器需交纳的税款 = 163.2 + 258.94 = 422.14(元人民币)

2. 解:因为20件箱包分为两个纸箱包装,所以每箱10件。

因为海运费为USD60/箱,所以平均每件运费为USD6.0。

CIF价 = (FOB + 国外运费) ÷ [1 - (1 + 保险加成率) × 保险费率]

= (700 + 6) ÷ [1 - (1 + 10%) × 2%]

= 706 ÷ 0.978

= 721.88(元人民币)

进口关税 = CIF价 × 关税税率 = 721.88 × 10% = 72.19(元人民币)

进口消费税的完税价格 = (CIF价 + 进口关税) ÷ (1 - 进口消费税率)

= (721.88 + 72.19) ÷ (1 - 30%)

= 794.07 ÷ 0.7

= 1 134.39(元人民币)

进口消费税 = 进口消费税的完税价格 × 进口消费税率

= 1 134.39 × 30%

$$= 340.32(元人民币)$$

进口增值税 =（CIF 价 + 进口关税 + 进口消费税）× 进口增值税税率

$$= 721.88 + 72.19 + 340.32）× 17\%$$

$$= 192.85(元人民币)$$

进口每件箱包需要缴税总额 = 72.19 + 340.32 + 192.85 = 605.36(元人民币)

3. 解：国外运费 = 1 200 ÷ 10 = 120(美元)

因为 1 美元 = 6.80 元人民币，所以 120 美元 = 816 元人民币。

$$CIF 价 = \frac{FOB 价 + 国外运费}{1 - (1 + 保险加成率) × 保险费率} = \frac{FOB + 816}{1 - (1 + 10\%) × 0.8\%}$$

$$= 1.008\ 9FOB + 823.244\ 5(元人民币 / 台)$$

国外保费 = CIF 价 × 保险加成 × 保险费率

$$= (1.008\ 9FOB + 823.244\ 5) × 110\% × 0.8\%$$

$$= 0.008\ 9FOB + 7.244\ 6(元人民币 / 台)$$

进口关税 = CIF 价 × 关税税率

$$= (1.008\ 9FOB + 823.244\ 5) × 15\%$$

$$= 0.151\ 3FOB + 123.486\ 7(元人民币 / 台)$$

因为：

$$国内销售环节增值税 = \frac{国内销售价格}{1 + 进口增值税率} × 进口增值税率 - 进口增值税$$

所以：

$$进口增值税 + 国内销售环节增值税 = \frac{国内销售价格}{1 + 进口增值税率} × 进口增值税率$$

$$= \frac{9\ 000}{1 + 17\%} × 17\%$$

$$= 1\ 307.692\ 3(元人民币 / 台)$$

银行费用 = 进口价格 × 银行费率

$$= FOB 价格 × 0.5\% = 0.005FOB(元人民币 / 台)$$

垫款利息 = FOB 价格 × 垫款时间 × 垫款利率

$$= FOB × 3 × 10\% ÷ 12 = 0.025FOB(元人民币 / 台)$$

其他费用 =（100 + 300 + 2 000 + 2 000）÷ 10 = 440(元人民币 / 台)

进口预期利润 = 进口价格 × 10\% = 0.1FOB(元人民币 / 台)

FOB 价 = 国内销售价格 - 进口费用 - 进口预期收益

$$= 9\ 000 - (816 + 0.008\ 9FOB + 7.244\ 6 + 0.151\ 3FOB$$

$$+ 123.486\ 7 + 1\ 307.692\ 3$$

$$+ 0.005FOB + 0.025FOB + 440) - 0.1FOB$$

$$= 6\,305.576\,4 - 0.290\,2\text{FOB}$$

整理得：

$$\text{FOB 价} = 4\,887.29(\text{元人民币}) = 718.72(\text{美元})$$

因此,要达到 10% 的预期收益,供货商的最高价格为 718.72 美元。

4. 解:因为 1 美元 = 6.80 元人民币,所以 FOB 价格 750 美元 = 5 100 元人民币。

国外运费 = 1 200 ÷ 10 = 120(美元) = 816(元人民币)

CIF 价 = (FOB + 国外运费) ÷ [1 - (1 + 保险加成率) × 保险费率]

$$= (5\,100 + 816) ÷ [1 - (1 + 10\%) × 0.8\%]$$

$$= 5\,968.523\,0(\text{元人民币})$$

国外保费 = 5 968.523 0 × 110% × 0.8% = 52.523 0(元人民币)

进口关税 = 5 968.523 0 × 15% = 895.278 5(元人民币/台)

进口增值税 + 国内销售环节增值税 = 9 000 ÷ (1 + 17%) × 17%

$$= 1\,307.692\,3(\text{元人民币})$$

银行费用 = 5 100 × 0.5% = 25.5(元人民币/台)

垫款利息 = 5 100 × 3 × 10% ÷ 12 = 127.5(元人民币/台)

其他费用 = (100 + 300 + 2 000 + 2 000) ÷ 10 = 440(元人民币/台)

进口利润 = 国内销售价格 - 进口成本 - 进口费用

$$= 9\,000 - 5\,100 - (816 + 52.523\,0 + 895.278\,5 + 1\,307.692\,3$$

$$+ 25.5 + 127.5 + 440)$$

$$= 235.506\,2(\text{元人民币})$$

因为:

进口预期利润 = 进口价格 × 预期利润率

所以:

预期利润率 = 进口预期利润 ÷ 进口价格

$$= 235.506\,2 ÷ 5\,100 = 4.6\%$$

即如果国外供货商的 FOB 价格为 750 美元,我方只能盈利 4.6%。

5. 解:因为 1 美元 = 6.80 元人民币,所以 FOB 价格 750 美元 = 5 100 元人民币。

国外运费 = 1 200 ÷ 10 = 120(美元) = 816(元人民币)

国外保费 = 5 968.523 0 × 110% × 0.8% = 52.523 0(元人民币)

进口关税 = 5 968.523 0 × 15% = 895.278 5(元人民币)

进口增值税 + 国内销售环节增值税 = 9 000 ÷ (1 + 17%) × 17%

$$= 1\,307.692\,3(\text{元人民币})$$

银行费用 = 5 100 × 0.5% = 25.5(元人民币)

垫款利息 = 5 100 × 3 × 10% ÷ 12 = 127.5(元人民币)

其他费用 = (100 + 300 + 2 000 + 2 000) ÷ 10 = 440(元人民币)

进口预期利润 = 5 100 × 10% = 510(元人民币)

国内销售价格 = 进口成本 + 进口费用 + 进口预期利润

          = 5 100 + (816 + 52.523 0 + 895.278 5 + 1 307.692 3

          + 25.5 + 127.5 + 440) + 510

          = 9 274.49(元人民币)

即国内销售价格调整为 9 274.49 元人民币可以保证 10% 的预期利润。

第 4 节　案 例 精 解

1. 某贸易公司受某工厂委托从日本进口成套设备,该公司从网上看到日本 A 公司能提供该设备,遂与之签约,合同金额为 3 亿日元。签约后,中方派专人前往日本对设备的主机、电源、热交换器等进行预验收。在预验收过程中,中方认为该套设备整体具有一定先进性,在关键部位采取了一些较好的设计,但进料操作装置存在明显设计缺陷,要求日方作出改进。设备运抵工厂后,日方派出专业人员开始安装调试,在此期间 A 公司多次变更工程日程,直至合同规定完成试运转的日期,设备还未能安装完毕。最终共延迟 9 个月才勉强安装完毕,进料操作装置也未按要求改进设计,使工厂蒙受了直接经济损失。试分析中方的处理方法及应吸取的教训。

2. 河北某公司从德国进口一台大型设备,设备到货后支付了全款。根据合同,德方应在设备运抵工厂后 30 天内派来专业人员指导安装调试。由于该公司在厂址选择上与当地政府未能有效协调,设备到货时新厂房尚未完工,故无法按合同约定时间进行安装调试。半年后新厂房才盖好,但德方以时间过去太久,此设备相关技术人员已派往其他岗位为由,拒绝派人指导安装调试。该公司只好自己根据技术资料边研究边安装。而且在安装过程中发现设备由于长期露天存放,已有生锈现象。试分析该公司应吸取的教训?

3. 2 月 5 日,加拿大休顿公司向我国 H 公司发盘,出售集成电路板 20 万块,每块 FOB 维多利亚港 25 美元。H 公司于 2 月 7 日还盘,请求将集成电路板的数量减少到 10 万块,价格降为 20 美元/块,并要求对方即期装运。2 月 10日,休顿公司告知 H 公司,同意把集成电路板的数量减少到 10 万块,保证能即期装运,但集成电路板的价格每块只能降到 22 美元,同时规定新发盘的有效期为 10 天。H 公司接到新发盘后经多次研究,决定同意该新发盘,并于 2 月 15 日向休顿公司发电表示接受新的发盘。2 月 18 日,休顿公司来电声称货已与其他公司签约售出,现已无货可供,要求撤销 2 月 10 日的发盘。2 月 19 日,H 公司复电:"我公司已按 10 万块集成电路板制定生产计划,不同意撤销 2 月 10 日的发盘,请贵公司执行合同。"休顿公司则称:"无法执行合同"。试分析 H 公司要求休顿公司履行合同的做法是否正确? 为什么?

【参考答案】

1. 中方应根据合同向日方提出索赔:针对设计缺陷可以要求限期改进或减少价款,并停止支付尾款。针对延期完成安装调试,可以要求损害赔偿,包括延期造成的预期利润损失、贷款利息损失等。

供货商选择过于草率,只限于网上的了解,没有深入调查核实,很显然日方 A 公司的经营能力和技术水平都有欠缺。

2. 设备款不应一次性支付全款,按照设备进口的国际惯例,至少应有合同金额 5% ~ 10% 作为尾款。设备的到货时间未考虑周全,应事先落实厂址并正确估计新厂房的落成时间。合同中的技术指导条款规定过于死板,致使该公司失去德方技术指导的机会,应规定为德方在接到该公司通知后 30 天内派技术人员指导安装调试。设备存放场地不适当,即使由于设备体积过大无法存入室内,也应考虑到防锈等保护措施。

3. H 公司要求休顿公司履行合同的做法是正确的,如果休顿公司确实无法履行合同,应该赔偿 H 公司的损失。

根据《联合国国际货物销售合同公约》,在下列情况下,发盘不得撤销:(1)发盘写明接受发盘的期限或以其他方式表明发盘是不可撤销的。(2)受盘人有理由信赖该发盘是不可撤销的,而且受盘人已本着对该项发盘的信赖行事。

休顿公司 2 月 5 日向我国 H 公司发盘,H 公司 2 月 7 日作出还盘,此时休顿公司 2 月 5 日发盘失效。2 月 10 日休顿公司再次向 H 公司发盘,并且这项新的发盘明确规定了有效期,H 公司在该有效期内(2 月 15 日)作出了有效的接受,至此合同即告成立。休顿公司 2 月 18 日要求撤销 2 月 10 日的新发盘,但此时 H 公司不仅已经作出有效接受,而且已经按照进口 10 万块集成电路板制定了生产计划,所以休顿公司已经无法撤销 2 月 10 日的新发盘。H 公司要求休顿公司履行合同的做法是完全正确的。

第 15 章
进口合同履行

第 1 节　学习指导

流通型贸易企业 FOB + LC 自营进口合同履行程序包括收取货物和对外付款两条线,每条线包括若干环节。每个环节彼此关联,相互影响,任何一个环节出现问题都会影响整个合同的履行。

1. FOB + LC 进口合同履行程序,如图 15.1 所示。

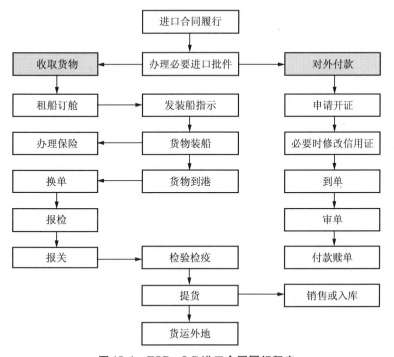

图 15.1　FOB + LC 进口合同履行程序

2. 办理进口批件相关知识结构图,如图 15.2 所示。

3. FOB 进口货物运输相关知识结构图,如图 15.3 所示。

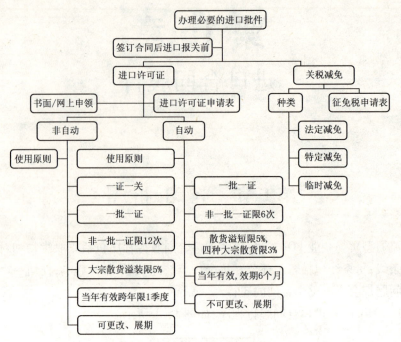

图 15.2　办理进口批件相关知识结构图

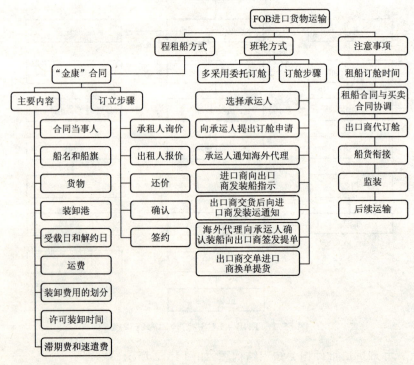

图 15.3　FOB 进口货物运输相关知识结构图

4. CFR/CIF 进口货物运输相关知识结构图,如图 15.4 所示。

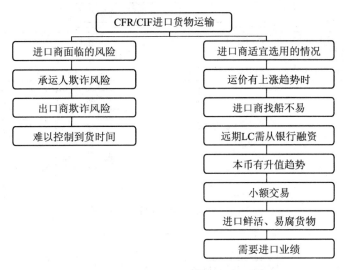

图 15.4 CFR/CIF 进口货物运输相关知识结构图

5. 进口货物运输保险相关知识结构图,如图 15.5 所示。

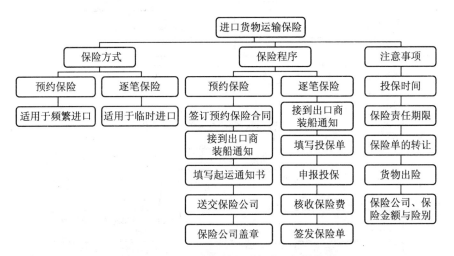

图 15.5 进口货物运输保险相关知识结构图

6. 进口换单相关知识结构图,如图 15.6 所示。

7. 进口报检报关相关知识结构图,如图 15.7 所示。

8. 集装箱进口提货相关知识结构图,如图 15.8 所示。

9. 信用证开立与修改相关知识结构图,如图 15.9 所示。

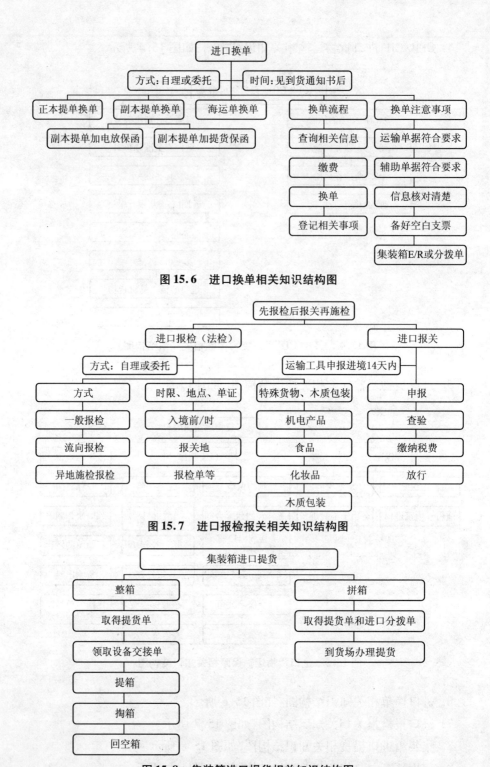

图 15.6　进口换单相关知识结构图

图 15.7　进口报检报关相关知识结构图

图 15.8　集装箱进口提货相关知识结构图

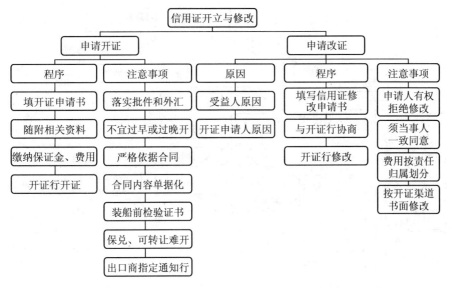

图15.9　信用证开立与修改相关知识结构图

10. 信用证审单付款相关知识结构图，如图15.10所示。

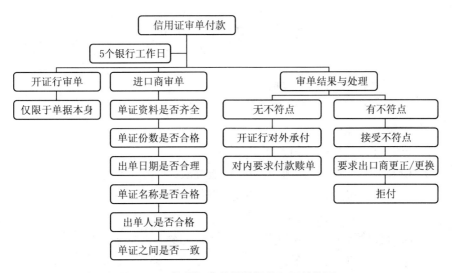

图15.10　信用证审单付款相关知识结构图

11. 其他支付方式的付款，如图15.11所示。

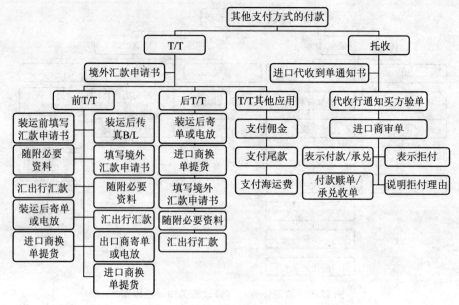

图 15.11　其他支付方式的付款

第 2 节　重 要 知 识 点

本章涉及的重要知识点包括:

1. FOB + LC 进口合同履行程序;

2. 确定并办理相关进口批件;

3. FOB 进口货物运输相关知识;

4. CFR/CIF 进口货物运输风险及规避方法;

5. 进口货运保险方式、程序及注意事项;

6. 进口换单方式、流程及注意事项;

7. 进口报检报关相关知识点;

8. 集装箱进口提货程序;

9. 信用证申请开立及修改相关知识;

10. 各种支付方式下的审单付款。

第3节 自 我 检 测

一、单项选择题

1. 如需申领进口许可证,一般应在(　　)办理。
   A. 签订合同之后,办理海关报关手续之前
   B. 签订合同之后,办理开证申请手续之前
   C. 签订合同之前,确定国外供货商之后
   D. 签订合同之前,确定国内买主之后

2. 关于进口许可证的使用,下列说法不正确的是(　　)。
   A. 同一份进口许可证只能在一个海关报关
   B. 溢装数量一般不得超过进口许可证所列数量的5%
   C. 进口许可证只能在有效期内一次报关使用
   D. 进口许可证一般当年有效

3. 进出口货物属(　　)的,进出口人或其代理人无须事先向海关提出申请,海关征税人员可凭有关证明文件和报关单证按规定予以减免税。
   A. 特定减免　　　B. 临时减免　　　C. 一般减免　　　D. 法定减免

4. 下列货物、物品中属于法定减免的是(　　)。
   A. 保税区、出口加工区进口物资
   B. 外国政府、国际组织无偿赠送的物资
   C. 科教用品
   D. 救灾捐赠物资

5. 下列货物、物品中属于特定减免的是(　　)。
   A. 国内投资项目进口设备
   B. 无商业价值的广告品和货样
   C. 在海关放行前遭受损坏或者损失的货物
   D. 缔结或参加的国际条约规定减免征关税的货物、物品

6. 大宗货物进口多采用(　　)运输。
   A. 班轮　　　　B. 程租船　　　　C. 航空　　　　D. 铁路

7. 联合国世界卫生组织向我国提供数台德国制造的医疗设备,德国受联合国委托直接将该设备运送我国。以下进口报关单上填报正确是(　　)。
   A. 起运国:德国/原产地:联合国　　　B. 起运国:联合国/原产地:德国

C. 起运国:德国/原产地:德国　　　　D. 起运国:联合国/原产地:联合国

8. 一般货物进口多采用(　　)运输。

  A. 班轮　　　　B. 程租船　　　　C. 航空　　　　D. 铁路

9. 不需要由海关进行后续监管的减免税货物属于(　　)。

  A. 特定减免　　B. 临时减免　　C. 一般减免　　D. 法定减免

10. 进口货物通常按(　　)的110%确定保险金额。

  A. FOB 价格　　B. CIF 价格　　C. CFR 价格　　D. 合同金额

11. 根据程租船合同,实际装卸时间超过约定期限,由承租人向出租人支付(　　)。

  A. 包干运费　　B. 速遣费　　C. 滞期费　　D. 装卸费

12. 进口货物采用海运方式时,下列说法不正确的是(　　)。

  A. 采用程租船运输时,进口商需要与承运人订立程租船合同

  B. 买卖合同与程租船合同的内容没有关联

  C. 采用班轮运输时,进口商不需要与承运人订立独立的运输合同

  D. 进口商必须注意买卖合同与程租船合同的协调

13. 关于出租人运输货物责任,大多数租船合同采用目前国际通行的(　　)。

  A. 《海牙—维斯比规则》　　　　　B. 汉堡规则

  C. 鹿特丹规则　　　　　　　　　　D. 《约克安特卫普规则》

14. 下列合同中,属于标准租船合同格式的是(　　)。

  A. 海运提单　　　　　　　　　　　B. 代理进口合同

  C. 国际货物销售合同　　　　　　　D. "金康"合同

15. 采用信用证支付方式时,由于银行是凭单付款,所以进口商为使货物质量符合合同规定,应(　　)。

  A. 要求出口商在交单时附带样品

  B. 要求出口商填写一份质量声明

  C. 在合同中及信用证中明确规定货物的规格品质,要求出口商提供指定检验机构出具的装船前检验证明

  D. 委托议付行进行实地考察

16. 信用证条款"Latest date of shipment"表示的意思是(　　)。

  A. 信用证的到期日

  B. 信用证的最晚交单日

  C. 信用证的最早装运日

  D. 最迟装运日,表明该证项下的货物不能迟于此日期出运

17. 进口货物采用班轮运输时,下列说法不正确的是(　　)。

   A. 进口商可以委托货代办理订舱

   B. 进口商不需要与承运人订立独立的运输合同

   C. 承运人运输货物责任依照提单背面条款的规定

   D. 进口商需要与承运人订立"金康"合同

18. 采用 FOB 进口时,关于出口商代为租船订舱,下列说法不正确的是(　　)。

   A. 采用程租船运输时,进口商一般不会要求出口商协助办理租船

   B. 采用班轮运输时,进口商往往会请求出口商协助办理订舱

   C. 出口商一旦接受进口商提出的请求,就必须承担办理不成或错误的后果

   D. 出口商可以拒绝进口商提出的代为租船订舱的请求

19. 进口货物单据的审核,是进口合同履行过程中的一个重要环节。如采用信用证支付方式,一般审核单据的单位是(　　)。

   A. 只由开证行审核即可

   B. 只由进口企业审核即可

   C. 只由议付行审核即可

   D. 由开证银行和进口企业共同对货物单据进行审核

20. 进口货物收货人或其代理人应自载货运输工具申报进境之日起(　　)天内向海关办理申报手续。如未在规定期限内向海关办理申报手续,海关将自运输工具申报进境之日起第(　　)天征收滞报金。

   A. 12,13　　　B. 13,14　　　C. 14,15　　　D. 15,16

21. 就进口商而言,下列情形下不适宜选用 CIF/CFR 术语的是(　　)。

   A. 运价有下降趋势时

   B. 本币有升值趋势时

   C. 进口鲜活、易腐货物时

   D. 进口商找船不容易或不熟悉租船业务时

22. 关于进口预约保险,下列说法不正确的是(　　)。

   A. 进口商与保险公司需要签订进口预约保险合同

   B. 在买方履行约定通知手续后,保险公司即负有自动承保的责任

   C. 适用于进口业务频繁的企业

   D. 适用于临时办理进口业务的企业

23. 在预约保险方式下,下列说法不正确的是(　　)。

   A. 可以避免逐笔保险可能发生的延迟或遗漏

B. 保险公司定期向进口商核收保险费

C. 进口商可以免除投保手续

D. 进口商需要逐笔通知保险公司

24. 合同中要求货物装运前必须经由买方指定的代表检验合格,如果开证申请人希望在信用证中体现这一要求,则开证申请书恰当的填写的方式是(　　)。

A. DOCUMENTS REQUIRED：APPLICANT MUST INSPECT THE GOODS BEFORE SHIPMENT

B. DOCUMENTS REQUIRED：THE APPOINTED REPRESENTATIVE OF THE BUYER SHALL INSPECTION

C. DOCUMENTS REQUIRED：GOODS MUST BE INSPECTED BY THE APPOINTED REPRESENTATIVE OF THE APPLICANT

D. DOCUMENTS REQUIRED：INSPECTION REPORT SIGNED BY THE APPOINTED REPRESENTATIVE OF THE APPLICANT EVIDENCING THAT GOODS HAVE BEEN INSPECIED BEFORE SHIPMENT AND HAVE PASSED INSPECTION

25. 关于进口货物海运保险责任期限,下列说法不正确的是(　　)。

A. 保险公司的责任期限一般是"船至仓"

B. 保险公司的责任期限一般是"仓至仓"

C. 散装货、活牲畜和新鲜果蔬等的保险责任,在目的港卸离海轮时终止

D. 被保险货物未进入收货人仓库的,保险责任以最终卸离海轮后60天为止

26. 在以 CIF 术语成交的进口合同中,关于保险,下列说法不正确的是(　　)。

A. 保险索赔通常由进口商向保险公司提出

B. 保险索赔通常由出口商向保险公司提出

C. 出口商在交货后须对保险单进行背书

D. 出口商负责办理保险

27. 进口商用于提货的单据是(　　)。

A. 正本海运提单　　　　　　B. 副本海运提单

C. 小提单(提货单)　　　　　D. 到货通知书

28. 法定检验进口货物检验检疫工作的一般程序是(　　)。

A. 报关、报检、通关、施检　　B. 报检、施检、报关、通关

C. 报关、通关、报检、施检　　　　D. 报检、报关、通关、施检

29. 下列不需要检验检疫的进境货物木质包装是(　　　)。

    A. 胶合板、纤维板　　　　　　　B. 木箱、木板条箱

    C. 垫木、衬木　　　　　　　　　D. 木托盘

30. 提取海运集装箱整箱进口货物,下列说法不正确的是(　　　)。

    A. 需要先办理设备交接单

    B. 需要先办理进口分拨单

    C. 提箱后将重箱拉到收货人指定地点掏箱或申请在港区掏箱

    D. 提箱前如有动卫检验,收货人需提前半个工作日向商检机构预约

【参考答案】

    1~5：ACDBA；6~10：BCADB；11~15：CBADC；16~20：DDCDC；
    21~25：ADCDB；26~30：BCDAB。

二、多项选择题

1. 在国际货物买卖中,买方的基本义务是(　　　)。

    A. 收取货物　　　　　　　　　　B. 审核单据

    C. 支付价款　　　　　　　　　　D. 申请开立信用证

    E. 租船订舱

2. 买方收取货物的义务包括(　　　)。

    A. 支付价款

    B. 采取一切理应采取的行动,以便卖方能交付货物

    C. 申请开立信用证

    D. 接收货物

    E. 申请开立银行付款保函

3. 买方支付价款的义务包括(　　　)。

    A. 租船订舱　　　　　　　　　　B. 申领进口许可证

    C. 接收货物

    D. 申请开立信用证或银行付款保函

    E. 付款

4. 进口合同如采用 CIF 条件,下面说法正确的是(　　　)。

    A. 一般由进口商办理保险事宜

B. 出口商提供的单据中应有保险单

C. 保险单中的保险金额和保险险别应与买卖合同或信用证规定相符

D. 提单中应有"Freight Prepaid"字样

E. 提单中应有"Freight Collect"字样

5. 在 FOB 条件下,买方收取货物包括哪些工作(　　)。

A. 安排进口货物运输　　　　　　　B. 办理进口货物保险

C. 办理进口货物接货、报关　　　　D. 完成进口报检

E. 提货

6. 进口商采用 CIF 或 CFR 签订进口合同面临的问题和风险包括(　　)。

A. 承运人欺诈风险　　　　　　　　B. 出口商欺诈风险

C. 进口商难以控制到货时间　　　　D. 付款金额加大

E. 占压开证额度过多

7. 进口商选用 CIF/CFR 时应(　　)。

A. 避免采用信用证支付方式

B. 在合同中明确规定装船通知发出的时间、方式、内容以及迟发或漏发时出口商应承担的责任

C. 必要时进行监装

D. 在合同中规定承运人资质须经买卖双方认可

E. 重视出口商资信调查

8. 使用副本提单换单包括哪几种形式(　　)。

A. 副本提单加电放保函换单

B. 提货单换单

C. 副本提单加无正本提单提货保函换单

D. 海运单换单

E. 副本提单加提货单换单

9. 进口商选用 CIF/CFR 术语的好处是(　　)。

A. 有利于减少工作内容

B. 有利于避免因船货衔接不好而导致货物损失

C. 有利于进口商扩大进口业绩

D. 有利于选择国外承运人

E. 有利于进口商获得较多融资

10. 进口报关所需单证主要包括(　　)。

A. 进口报关单　　　　　　　　　　B. 发票、装箱单

C. 提货单　　　　　　　　　　　　D. 入境货物通关单

E. 进口合同

11. 进口换单的方式包括( )。
    A. 正本提单换单　　　　　　　B. 副本提单加提货单换单
    C. 副本提单加电放保函换单
    D. 副本提单加无正本提单提货保函换单
    E. 海运单换单

12. 进口报检应提供的单证通常有( )。
    A. 入境货物报检单　　　　　　B. 商业发票、装箱单
    C. 运输单据　　　　　　　　　D. 进口许可证
    E. 进口付汇核销单

13. 海运集装箱整箱货物的提取需要办理( )。
    A. 设备交接单　B. 提箱　　　　C. 拆箱
    D. 掏箱　　　　E. 回箱

14. 进口商申请开立信用证时需要向开证行( )。
    A. 提交出口商工商营业执照　　B. 提交开证申请书
    C. 支付保证金　　　　　　　　D. 缴纳开证手续费
    E. 提出信用证项下融资申请

15. 进口商申请开立信用证应注意的问题包括( )。
    A. 申请开证前一定要落实必要的进口批件及外汇来源
    B. 开证时间不宜过早或过晚
    C. 不能使用"参照××号合同规定"等类似的表达方式
    D. 应将合同的有关规定转化成单据
    E. 可利用装船前检验证明控制货物质量

16. 关于修改信用证,下列说法正确的是( )。
    A. 开证申请人有权拒绝接受受益人的改证要求
    B. 由受益人提出的修改,应由受益人承担修改费用
    C. 信用证修改通知书必须由开证行通过原通知行书面通知受益人
    D. 一般情况下开证申请人应尽量避免修改信用证
    E. 只要受益人同意承担费用,开证申请人就可以同意修改信用证

17. 关于信用证项下进口审单,下列说法正确的是( )。
    A. 开证行审单的时限是自收到单据次日起 5 个银行工作日内
    B. 进口商一般应在 3 个工作日内完成审单并将处理意见反馈给开
       证行
    C. 进口商如果保持沉默,开证行将于付款到期日对外履行付款或承兑

义务

    D. 进口商如果保持沉默,开证行将于付款到期日对外拒付

    E. 进口商审核的通常是副本单据

18. 关于信用证项下单据,进口商审核的主要内容包括(　　)。

    A. 信用证规定的单证种类是否齐全

    B. 每种单证所要求的正副本份数是否已按要求提供

    C. 各种单证的出单日期顺序是否合理

    D. 各种单证的名称及出单人是否符合信用证或惯例要求

    E. 各种单证之间重复的内容是否表述一致

19. 关于信用证项下各种单证的出单日期,下列说法正确的是(　　)。

    A. 汇票的出票日期通常最晚,但不得晚于信用证有效期

    B. 商业发票的签发日期一般最早

    C. 保险单的签发日期一般不得晚于提单日期

    D. 保险单的签发日期可以晚于提单日期,如果保险公司在保险单上注明:"保险责任最迟至货物装船或发运和接受监督之日生效"

    E. 单据的出单日期可以早于信用证的开立日期,但不得晚于该单据的提交日期

20. 关于开证行及开证申请人的拒付,下列说法正确的是(　　)。

    A. 在规定的时间以合理的方式作出拒付通知

    B. 拒付通知必须一次性列明拒收单据的所有不符点

    C. 拒付通知必须说明是留存单据听候处理还是将单据退回

    D. 拒付被驳回后可以提出新的不符点再次拒付

    E. 只要单据存在不符点就应该提出拒付

【参考答案】

    1. AC；2. BD；3. DE；4. BCD；5. ABCDE；6. ABC；7. BCDE；8. AC；9. BCE；10. ABCDE；11. ACDE；12. ABC；13. ABDE；14. BCD；15. ABCDE；16. ABCD；17. ABCE；18. ABCDE；19. ABCDE；20. ABC。

三、判断题

    1. 除前 T/T 付款方式外,进口商拿到单据后的工作包括审单以及根据审单结果付款或拒付。(　　)

2. 实施强制性产品认证的进口机电产品,收货人或其代理人在报检时除通常的报检单证外,还应提供认证证书复印件并在产品上加施认证标志。(　　)

3. 进口食品包括进口的食品、食品添加剂、食品容器、食品包装容器、食品包装材料和食品用工具及设备等。(　　)

4. 进口化妆品报检时除提供通常报检单证外,还需国外生产厂商出具《进口化妆品卫生许可证》。(　　)

5. 进口货物收货人或其代理人在接到到货通知书后即可向货物进境地海关办理申报。(　　)

6. 进口商付款后可凭正本提单直接提货,没有正本提单时,可凭副本提单加保函向承运人提货。(　　)

7. 一般进口许可证的有效期只能延展一次,延期最长不超过 6 个月。

(　　)

8. 自动进口许可证的有效期不能延展。(　　)

9. 凡属法定减免税进口货物,申请单位必须在货物进口前,按规定的程序到海关申请办理减免税手续,取得《进出口货物征免税证明》。(　　)

10. 监装是进口海运业务中的必要环节,尤其是在信用证支付方式下。

(　　)

11. 无正本提单提货保函与电放保函一样,由收货人出具并盖章即可。

(　　)

12. 收货人应在收到正本提单后及时将正本提单归还船公司以换回无正本提单提货保函。(　　)

13. 电放通常由收货人在目的港向承运人提出申请并出具保函。(　　)

14. 凭正本提单换单时,空白指示提单上必须有发货人的背书并加盖收货人的公章。(　　)

15. 开证申请书依合同开立,因此其内容应与合同完全相同。(　　)

16. 若信用证修改涉及信用证金额增加且数额较大时,开证申请人需要相应增加保证金金额或与开证行协商修改其他担保文件。(　　)

17. 开证申请人或受益人都可以向开证行提出修改信用证。(　　)

18. 国外通知行通常由开证行指定,也可由出口商提出,进口商在开证申请书中注明,供开证行在选择通知行时参考。(　　)

19. 采用信用证方式时,进口商必须在签订进口合同前办理开证申请手续。

(　　)

20. 进境流向报检亦称口岸清关转异地进行检验检疫的报检。(　　)

21. T/T 方式除可用于支付货款,通常还用于支付佣金、运费、尾款等。(　　)

22. 装运后见提单传真件 T/T 货款属于前 T/T。（　　）

23. 进口商审单仅限于单证表面内容，不包括判断单据的可靠性。（　　）

24. 进口旧机电产品的收货人在签订合同前，应向国家质检总局或出入境检验检疫机构办理备案手续。（　　）

25. 只要出口商更正了信用证项下单据的不符点，进口商就应该付款赎单。
（　　）

26. 修改信用证时不必经过开证行，可由开证申请人修改后直接交给受益人。（　　）

27. 在远期 D/P 方式下，进口商确认承兑后，即可从代收行取得全套进口单据办理换单提货。（　　）

28. 进口采用托收方式时，代收行只负责转递单据，不负责审核单据。
（　　）

29. 即期 D/P 方式下，进口商付款通常包括审单、承兑、付款赎单三个环节。（　　）

30. 采用 T/T 方式对外支付款项，进口商需要填写境外汇款申请书，加盖预留在银行的印鉴。（　　）

【参考答案】

1～5：√√√××；6～10：××√××；11～15：×√×√×；

16～20：√×√×√；21～25：√√×√×；26～30：××√×√。

第 4 节　案 例 精 解

1. A 公司与英商 B 公司签订木材进口合同，采用信用证方式结算。信用证规定 90% 的发票金额凭信用证项下全套单据付款，10PCT OF INVOICE VALUE SHALL BE PAYABLE AGAINST THE PERFORMANCE GUARANTEE BY FIRST CLASS BANK（10% 的发票金额凭一流银行开立的履约保函支付）。B 公司交单后，开证行经审核确定单证相符，于是在规定期限内对外付款。但 A 公司提出两个不符点：一是履约保函未按照合同规定的格式开立；二是保函由 BANK C 开立，而 BANK C 不是第一流的银行。因此 A 公司认为开证行不应付款，要求开证行退回从其账上扣除的款项。试分析 A 公司所指出的不符点成立吗？为什么？

2. 某公司进口机器,货到目的港卸离海轮后,因办理进口海关手续不顺利,直至第 59 天才提货。开箱后发现机器生锈无法使用。该公司是否可向保险公司索赔?

3. A 公司与外商签订了钢材进口合同,货物价值为 504 万美元,合同规定以信用证方式结算。A 公司依约对外开出信用证后,在信用证装期内,外商发来传真称货物已如期装运。不久开证行即收到议付行转来的全套单据,提单表明货物于某东欧港口装运,在西欧某港口转运至国内港口。单据经审核无不符点,开证行对外承付。A 公司坐等一个多月,货物依然未到,深感蹊跷,遂向伦敦海事局进行查询,反馈回来的消息是:在所述的装船日未有属名船只在装运港装运钢材。此时信用证项下单据已经开证行承付,且据议付行反馈信息,该行已买断票据,将融资款支付给了受益人。开证行被迫在到期日对外付款,A 公司损失惨重。请结合案例分析 A 公司的教训。

4. A 公司从德国 B 公司进口一套大型生产设备,合同规定分三批交货。第一批交付的货物符合合同的要求,第二批交付的货物为该设备的主要部件,其型号、性能与合同不符,无法安装投产。A 公司因此提出撤销整个合同,而 B 公司提出异议。请依照《联合国国际货物销售合同公约》的有关规定分析哪方有理? 为什么?

5. 中国 A 公司与美国 B 公司签订进口 1 000 公吨小麦合同。事后 A 公司与中国其他两家公司分别签订转售 500 公吨小麦合同。合同履行期内,B 公司因故明确表示无法履行合同。A 公司多次交涉未果,遂向 B 公司提出如下赔偿要求:(1)B 公司无法履行合同造成的利润损失;(2)支付国内两家公司的违约金;(3)催促 B 公司履行合同等文电、办公费用;(4)其他因 B 公司违反合同造成的损失。试分析 A 公司的要求是否合理? 为什么?

6. 我国某外贸公司受国内用户委托,以外贸公司自己的名义与国外一家公司签订了一项进口合同,支付条件为即期付款交单。在履行合同时,国外卖方未经买方同意直接将货物连同全套单据交给了国内用户,而该国内用户在收到货物后由于遇到财务困难,无力支付货款。在这种情况下,国外卖方认为我国外贸公司的身份是合同买方而不是国内用户的代理人,因此根据买卖合同的支付条款,要求我国外贸公司支付货款。我国外贸公司是否有义务支付货款? 理由是什么?

【参考答案】

1. A 公司指出的两个不符点均不成立。首先关于保函的格式,信用证中并没有作出明确规定。根据 UCP600,信用证是独立于销售合同的文件,即使信用证中提及其可能依据的销售合同或其他合同,银行也与该合同无关且不受其约束。其次关于"保函不是由第一流的银行开立",根据 UCP600,诸如"第一流"、"著名"、"合格"、"独立"、"正式"、"有资格"、"当地"等用语用于描述单据出单人的身份时,单据的出单人可以是除受益人以外的任何人。所以,如果 A 公司的意图是保函必须按照某种格式由某家银行开立,应在信用证中明确保函的格式,并且列出开立保函的银行名称。

2. 通常情况下保险公司承保责任起讫的规定是,如果卸货后货物没有立即进入保险单载明的目的港收货人仓库,则保险责任最长延续至货物卸离海轮后60 天;如果在此期间货物被运进收货人仓库,则自进入仓库时保险责任结束。本案如果可以排除机器在装船前已经生锈;排除机器在运输途中由于承运人处置不当而生锈,且延迟提货纯粹是由于通关不顺;排除货主的故意行为,机器生锈是意外原因所致,属于保险单承保风险的范围,则货主可以向保险公司提出索赔。

3. 这是一起典型的以伪造单据进行的信用证诈骗。

(1) A 公司没有核实提单的真实性。对于大宗商品进口,应该在合同及信用证中均要求卖方提供装船通知,并明确规定装船通知发出的时间、方式、内容(如列明提单号、装运港、装船日期、货名、装运数量等)以及卖方对迟发或漏发装船通知应承担的责任,以便通过相应机构查询船踪,确定提单内容的真实性。一旦查得提单有诈,即可认真审单以合理拒付。即使单据不存在不符点,也可寻求司法救济。

(2) A 公司没有规范好商品检验条款。对于大宗商品进口,应该在合同及信用证中均要求卖方提交具有资质的独立机构出具的品质及数量检验证书。如此可避免货物未装船或装船货物的质量、数量问题。

4. A 公司有理。

根据《联合国国际货物销售合同公约》,对分批交货合同违约的救济方式有三种情况:(1)一方不履行其中任何一批义务时,对方可宣布该批合同无效,但不能宣布全部合同无效。(2)一方不履行其中任何一批义务时,使对方有充分理由相信今后各批也将发生根本违反合同的情形,另一方可宣布今后合同也无效,但已履行的合同有效。(3)如果合同项下的货物互相依存、不可分割,一方违约,另一方可以宣告撤销整个合同。

本案显然属于第三种情况。三批货物属于同一套大型生产设备,彼此是互相依存、不可分割的,不能将其中的任何一批货物单独用于双方当事人在订立合同时所设想的目的。当德国 B 公司所交第二批货物不符合合同规定时,买方可以同时宣告合同对已经交付或今后将交付的各批货物均为无效,即可以宣告撤销整个合同。

5. A公司提出的第(1)、(3)、(4)项赔偿要求是合理的,第(2)项不合理。

因为中美两国均为《联合国国际货物销售合同公约》(简称《公约》)缔约国,故本案可适用《公约》。根据《公约》规定,一方违约应承担的损害赔偿的范围,应与对方因其违约而遭受的包括利润在内的损失额相等,但不得超过违约方在订立合同时预料到或理应预料到的可能损失。据此,本案中A公司与国内另外两公司签订的转售合同是在A、B公司合同签订之后,B公司不知情且无法预料,所以要求B公司承担违约金是不合理的。

6. 我国外贸公司无付款义务。

因为根据合同支付条款的规定,即期付款交单的托收方式要求卖方应通过托收行、代收行向买方交单,买方付款后取得包括物权凭证在内的全套单据。而本案中卖方没有按合同规定向买方交单,而是直接向国内用户交付了单据,致使国内用户在没有付款的情况下已经取得了货物所有权。此时即使外贸公司支付汇款,也无法取得单据。所以外贸公司作为买方没有义务付款。

第 16 章
进口善后工作

第1节　学习指导

根据国家外汇管理局自 2010 年 12 月 1 日起施行的《货物贸易进口付汇管理暂行办法》及其实施细则,我国进口付汇核销制度进行了重大改革,企业进口付汇核销操作流程也相应发生变化。

除进口付汇核销外,进口善后工作还包括进口索赔与退运、进口货物国内销售和进口资料归档。

1. 进口善后工作相关知识结构图,如图 16.1 所示。

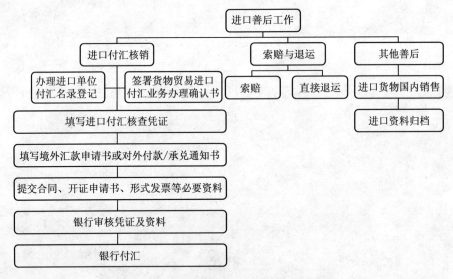

图 16.1　进口善后工作相关知识结构图

2. 进口索赔相关知识结构图,如图 16.2 所示。

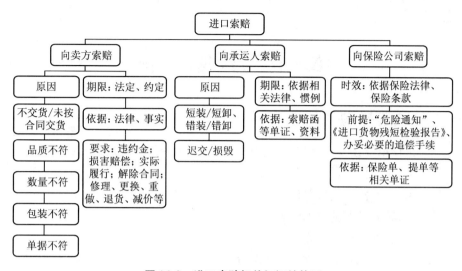

图 16.2   进口索赔相关知识结构图

3. 进口货物直接退运相关知识结构图,如图 16.3 所示。

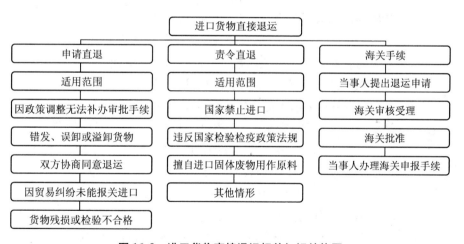

图 16.3   进口货物直接退运相关知识结构图

第 2 节   重 要 知 识 点

本章涉及的重要知识点包括:

1. 进口索赔相关知识点;

2. 进口货物直接退运相关知识点。

第3节 自我检测

一、单项选择题

1. 进口单位在办理进口付汇之前必须被国家外汇管理局列入(　　)。
   A. 对外付汇进口单位名录
   B. 对外核销进口单位名录
   C. 异地付汇进口单位名录
   D. 由外管局审核真实性的进口企业名录

2. (　　)指因合同一方当事人的违约行为而给对方当事人造成财产损失时,违约方向对方当事人所作的经济补偿。
   A. 违约金　　　　B. 定金　　　　C. 保险赔偿　　　D. 损害赔偿

3. 买方向承运人提出索赔的原因不包括(　　)。
   A. 货物因承运人过失发生短装、短卸、错装、错卸
   B. 载货船舶因不适航、不适货导致延迟交货或货物损毁
   C. 包装与合同规定不符或因包装不良导致货物受损
   D. 承运人无端变更航线或航期导致延迟交货或货物损毁

4. (　　)指船东和承运人提供能够对抗海上危险的船舶和船员的义务。
   A. 适航　　　　B. 配载　　　　C. 积载　　　　D. 适货

5. "危险通知"包括保险事故发生前的危险增加通知与保险事故发生后的出险通知,是(　　)应当履行的义务。
   A. 出口商　　　B. 保险公司　　C. 承运人　　　D. 被保险人

6. 根据《联合国国际货物销售合同公约》,买方就货物不符合同通知卖方的最长期限是(　　),否则就丧失声称货物不符合同的权利。
   A. 发现或理应发现不符情形后一段合理时间内
   B. 发现或理应发现不符情形后一年内
   C. 实际收到货物之日起一年内
   D. 实际收到货物之日起两年内

7. (　　)指由合同约定或法律规定,由违约方支付一笔金钱作为对其违约行为的惩戒,违约方支付后仍需继续履行合同或赔偿损失。
   A. 违约金　　　　　　　　　　B. 惩罚性违约金
   C. 赔偿性违约金　　　　　　　D. 损害赔偿

8. ( )是实际业务中最重要、最常见的违约救济措施。

    A. 违约金   B. 实际履行   C. 损害赔偿   D. 解除合同

9. 根据《联合国国际货物销售合同公约》,当卖方违约时( )。

    A. 买方只可选择一种救济方法

    B. 买方可以同时享有几种救济方法

    C. 买方如果宣布解除合同就无权要求卖方作出损害赔偿

    D. 买方只能要求卖方继续履行合同义务

10. 不能与解除合同并用的救济方式是( )。

    A. 实际履行   B. 违约金   C. 损害赔偿   D. 定金

11. 关于解除合同,下列说法不正确的是( )。

    A. 合同生效后,当事人一方不得擅自解除合同

    B. 合同中规定了一方解除合同的条件,达到此条件,即可通知对方解除

    C. 如果合同中没有约定一方解除合同的条件,则需要达到法律规定的条件方可解除

    D. 合同生效后,除非双方当事人协商一致,否则不能解除

12. 根据我国《海商法》的规定,承运人对集装箱装运货物的责任期间是( )。

    A. 从装货港接收货物时起至卸货港交付货物时止

    B. 从货物装上船时起至卸下船时止

    C. 从货物离开发货人仓库时起至进入收货人仓库时止

    D. 从货物装入集装箱时起至掏出集装箱时止

【参考答案】

    1~5:ADCAD;6~10:DBCBA;11~12:DA。

二、多项选择题

1. 向卖方索赔的原因包括( )。

    A. 卖方不交货或未按合同规定的时间、地点交货

    B. 卖方交货品质与合同规定不符

    C. 卖方交货数量与合同规定不符

    D. 卖方交货包装与合同规定不符或因包装不良导致货物受损

E. 卖方未按合同规定提交单据,或所提交单据的种类、份数与合同规定不符

2. 关于买卖双方在合同中约定的索赔期限,下列说法合理的是(   )。

   A. 易变质的物品一般规定为商品到达目的港后 24 小时之内

   B. 普通商品一般规定为 30~45 天

   C. 进口机械设备一般规定为 60 天~6 个月

   D. 在合同中订有质保期的机械设备一般规定为一年或以上

   E. 各种新鲜海产品一般规定为 7 天

3. 损害赔偿与违约金的主要区别有(   )。

   A. 发生条件不同   B. 表现形式不同

   C. 数额不同

   D. 是否可与其他补救方式同时使用的规定不同

   E. 适用的规则不同

4. 实际履行的构成条件包括(   )。

   A. 必须与违约金、损害赔偿和定金责任并用

   B. 必须依据法律和合同的性质是适宜的

   C. 必须在经济上是合理的

   D. 必须在事实上是可能的

   E. 必须有受损害方的请求

5. 解除合同的法律条件包括(   )。

   A. 因不可抗力致使不能实现合同目的

   B. 在履行期限届满之时,当事人一方明确表示或以自己的行为表明不履行主要债务

   C. 当事人一方迟延履行主要债务,经催告在合理期限内仍未履行

   D. 当事人一方迟延履行债务或有其他违约行为导致不能实现合同目的

   E. 合同双方协商一致同意解除合同

6. 关于向承运人索赔的期限,下列哪项有所规定(   )。

   A.《中华人民共和国海商法》   B.《海牙规则》

   C.《约克安特卫普规则》   D.《维斯比规则》

   E.《汉堡规则》

7. 国家外汇管理局自 2010 年 12 月 1 日起在全国范围内全面实施进口付汇核销制度改革,由(   )转变是这次改革方案的总体思路。

   A. 总量核查向逐笔核销   B. 逐笔核销向总量核查

   C. 行为审核向主体监管   D. 现场核销向非现场核查

E. 非现场核销向现场核销

8. 进口付汇核销制度改革给企业带来的便利主要有(　　)。

    A. 企业正常进口付汇业务无需再办理现场核销手续

    B. 取消银行为企业办理进口付汇业务的联网核查手续

    C. 企业异地付汇无需再到外汇局办理事前备案手续

    D. 外汇局主要对企业进行非现场核查和监测预警

    E. 企业正常进口付汇业务无需再办理核销手续

9. 根据造成损失的原因不同,进口索赔分为(　　)。

    A. 向中间商索赔　　　　　　B. 向卖方索赔

    C. 向银行索赔　　　　　　　D. 向承运人索赔

    E. 向保险公司索赔

10. 买方向卖方提出的索赔要求主要有(　　)。

    A. 要求卖方支付违约金　　　B. 要求卖方作出损害赔偿

    C. 要求卖方实际履行合同　　D. 要求解除合同

    E. 要求卖方修理、更换、重做、退货、减少价款等

11. 买方向卖方索赔时提供的事实依据包括(　　)等。

    A. 往来函电　　B. 公证报告　　C. 检验证书

    D. 提单　　　　E. 装箱单

12. 向承运人索赔的原因包括(　　)。

    A. 货物由于本身自然性质或合理损耗造成的损失

    B. 货物因承运人过失发生短装、短卸、错装、错卸

    C. 承运人无端变更航线或航期导致延迟交货或货物损毁

    D. 货物因配载不当或积载不良发生损毁

    E. 载货船舶因不适航、不适货导致延迟交货或货物损毁

13. 责令直退的适用范围(　　)。

    A. 进口货物属于国家禁止进口的

    B. 未经许可擅自进口属于限制进口的固体废物用作原料的

    C. 违反国家有关法律、行政法规,应当责令直接退运的其他情形

    D. 违反国家检验检疫政策法规,经国家检验检疫部门处理并且出具《检验检疫处理通知书》或其他证明文书的

    E. 收发货人双方协商一致同意退运,并能提供双方同意退运的书面证明的

14. 申请直退的适用范围(　　)。

    A. 发货后国家贸易管理政策进行了调整,收货人无法补办相关审批手

续,并能提供有关证明的

  B. 属于错发、误卸或溢卸货物,并能提供发货人或承运人书面证明的

  C. 收发货人双方协商一致同意退运,并能提供双方同意退运的书面证明的

  D. 发生贸易纠纷,未能办理报关进口手续,并能提供法院判决书、仲裁机构裁决书或无争议的有效货权凭证的

  E. 货物残损或国家检验检疫不合格,并能提供国家检验检疫部门根据收货人申请而出具的相关检验证明文书的

15. 直接退运的海关手续包括(   )。

  A. 当事人提出退运申请   B. 海关审核受理

  C. 海关批准   D. 当事人办理海关申报手续

  E. 海关将退运货物列入海关统计

【参考答案】

1. ABCDE;2. BCD;3. ABC;4. BCDE;5. ABCD;6. ABDE;7. BCD;
8. ABCD;9. BDE;10. ABCDE;11. ABCDE;12. BCDE;13. ABCD;
14. ABCDE;15. ABCD。

三、判断题

1. 实际履行可以与违约金和损害赔偿并用,但不能与定金并用。(   )

2. 当买方要求卖方履行合同义务时,他仍可以对卖方延迟履约或履约不完全为其造成的损失要求损害赔偿。(   )

3. 当买方因卖方根本违反合同宣布解除合同时,他仍有权要求卖方作出损害赔偿。(   )

4. 损害赔偿的数额在法律许可范围内由当事人自由协商,也可向法院或仲裁机构申请变更。(   )

5. 损害赔偿的表现形式只能是金钱。(   )

6. 承运人对非集装箱装运货物的责任期间,是指从装货港接收货物时起至卸货港交付货物时止,货物处于承运人掌管之下的全部期间。(   )

7. "危险通知"包括保险事故发生前的危险增加通知与保险事故发生后的出险通知,是保险人应当履行的义务,如果违反此义务,保险人有权解除合同,或者相应地减少赔偿金额。(   )

8. 进口货物直接退运指进口货物在办结海关放行手续前退运出境。（　　）

9. 配载指根据货物特点和船舶承受能力,将已装上船的货物谨慎而适当地堆放的作业行为。（　　）

10. 损害赔偿是指因合同一方当事人的违约行为而给对方当事人造成财产损失时,违约方向对方当事人所作的经济补偿。（　　）

11. 经海关批准或者责令直接退运的货物不列入海关统计。（　　）

12. 经海关批准或者责令直接退运的货物仍需征收滞报金。（　　）

13. 因进口货物收发货人或承运人责任造成货物错发、误卸或溢卸的货物,经海关批准直接退运的,当事人不需要填制报关单。（　　）

14. 凡属于承运人的过失造成的货损、货差,而承运人不予以赔偿或赔偿金额不足抵补损失的,应向保险公司提出索赔。（　　）

15. 除因进口货物收发货人或承运人责任造成货物错发、误卸或溢卸的货物外,当事人在办理直接退运时不需要填制报关单。（　　）

【参考答案】
1～5：×√√××；6～10：××√×√；11～15：√×√√×。

第4节　案　例　精　解

1. 某公司进口大豆 3 万公吨,载货船舶 9 月 13 日自巴西起运,于 10 月 26 日到达青岛港。船在锚地进行"三检"时,发现由于舱汗而使大豆上层发生霉变。经了解,船一直航行于赤道附近,并曾遇到过大雨。该合同采用 CIF 条件,付款方式为托收,但合同中没有索赔条款。试分析买方对受损货物应如何操作,并分别找出买方向卖方、承运人、保险公司索赔的可能性。

2. 某货代公司接受货主委托,安排一批茶叶海运出口。货代公司在提取了船公司提供的集装箱并装箱后,将整箱货交给船公司。同时,货主自行办理了货物运输保险。收货人在目的港拆箱提货时发现集装箱内异味浓重,经查明,该集装箱前一航次所载货物为香料,致使茶叶受香料污染。请问:

(1) 收货人可以向谁索赔? 为什么?

(2) 最终应由谁对茶叶受污染事故承担赔偿责任?

3. 某公司以 CIF 鹿特丹出口食品 1 000 箱,即期信用证付款。货物装运后,凭已装船清洁提单和已投保一切险和战争险的保险单,向银行收妥货款。

货到目的港后经进口人复验,发现下列情况:

(1) 该批货物共有 10 个批号,抽查 20 箱,发现其中 2 个批号涉及 200 箱内含沙门氏细菌超过进口国标准。

(2) 收货人共收 998 箱,短少 2 箱。

(3) 有 15 箱货物外表状况良好,但箱内共短少货物 60 公斤。试分析以上情况,进口商应分别向谁索赔,并说明理由。

【参考答案】

1. (1) 买方在得知大豆上层发生霉变的情况后,应要求承运人签字出具货损货差证明,承认到港货物存在霉变情况。如果提单是清洁的,可以确认大豆是在运输途中发生的霉变。同时买方应要求合同约定的商检机构出具质量检验鉴定证书,证明货损的事实及货损的原因,据此保留向承运人索赔的权利。

(2) 要求卖方提供其交货品质、包装(如有)符合合同约定的证明。如无法提供或无法证明,则不能排除向卖方索赔的可能。

(3) 要求卖方提供经过背书的保险单,查看卖方是否按合同约定投保了相应险别,如果大豆的货损属于该险别(如一切险)的承保责任范围,则买方可向保险公司提出索赔。

(4) 买方应反思合同条款是否存在漏洞或不规范,在今后的业务中吸取经验教训。

2. (1) 可向保险人索赔。根据保险合同,对于在保险人承保责任期间和责任范围内的货损,保险人应承担赔付责任;可向承运人索赔。根据运输合同,承运人应提供"适货"的 COC(carriers own container 船公司箱),但承运人提供了有异味的、不适宜装运茶叶的集装箱,所以承运人应承担相应责任。

(2) 除了承运人要对没有提供"适货"的集装箱承担责任外,货代也要承担一定责任。因为货代在提空箱时明显没有履行检查箱子的义务,该集装箱在目的港拆箱时异味还很浓重,说明货代如果检查该集装箱的话,应很容易发现异味。因此,承运人和货代应按各自失比例承担赔偿责任,如承运人承担 60%,货代承担 40% 的责任。

3. 第(1)种情况应向卖方索赔,属于原装货物有品质内在缺陷。

第(2)种情况应向承运人索赔,因承运人签发清洁提单,货到目的港后应如数交货。

第(3)种情况可以向保险公司索赔,属一切险承保范围以内的损失;但如进口商能举证原装数量不足,也可向卖方索赔。

第17章

进口贸易融资

第1节 学习指导

进口业务中的短期贸易融资方式有信用证、托收和 T/T 项下等多种方式，既有资金融通，也有信用融通。其中仓单质押是近年来发展迅速的一种新型融资方式，除银行和贸易企业外，还有物流企业的参与。

1. 进口贸易融资方式，如图 17.1 所示。

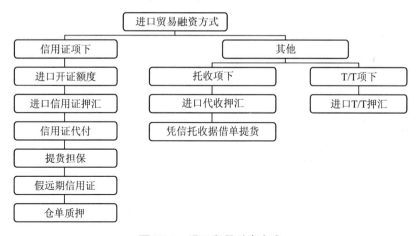

图 17.1 进口贸易融资方式

2. 进口贸易融资方式的特点，如图 17.2 所示。

3. 进口贸易融资业务流程图。

（1）进口信用证押汇流程图，如图 17.3 所示。

（2）信用证代付业务流程图，如图 17.4 所示。

（3）提货担保业务流程图，如图 17.5 所示。

（4）仓单质押融资业务流程图，如图 17.6 所示。

（5）进口代收押汇流程图，如图 17.7 所示。

（6）进口 T/T 押汇流程图，如图 17.8 所示。

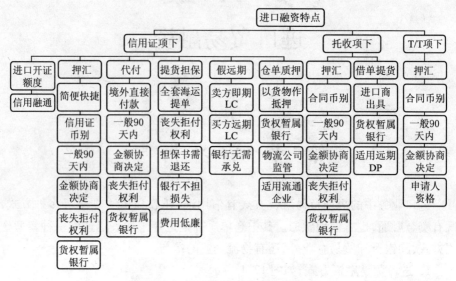

图 17.2　进口贸易融资方式的特点

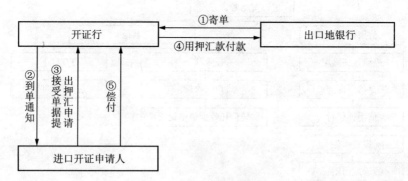

图 17.3　进口信用证押汇流程图

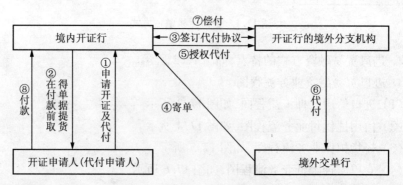

图 17.4　信用证代付业务流程图

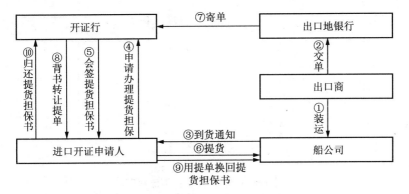

图 17.5　提货担保业务流程图

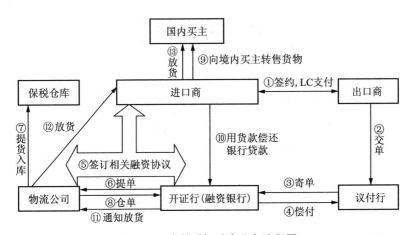

图 17.6　仓单质押融资业务流程图

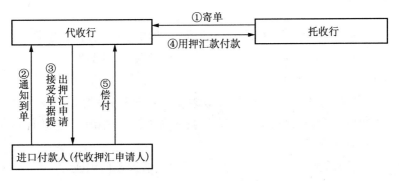

图 17.7　进口代收押汇流程图

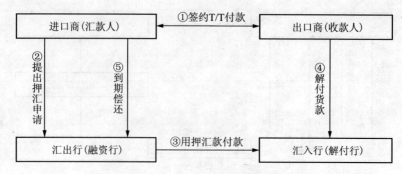

图 17.8　进口 T/T 押汇流程图

第 2 节　重要知识点

本章涉及的重要知识点包括：

1. 进口贸易融资方式；
2. 进口贸易融资方式的特点；
3. 进口贸易融资方式业务流程。

第 3 节　自我检测

一、单项选择题

1. 进口商在一定期限内可以无限次循环使用的进口开证额度是(　　)。

   A. 普通开证额度　　　　　　　　B. 特殊开证额度

   C. 一次性开证额度　　　　　　　D. 循环性开证额度

2. 当流动资金不足,无法按时付款赎单,且进口商品处于上升行情或有其他投资机会,且该投资的预期收益率高于押汇利率时,进口商适宜采用的融资方式是(　　)。

   A. 仓单质押　　　　　　　　　　B. 假远期信用证

   C. 提货担保　　　　　　　　　　D. 进口信用证押汇

3. 下列融资方式选项中,(　　)多用于近洋运输中常见的货物先于单据到达目的港的情况。

   A. 仓单质押　　　　　　　　　　B. 假远期信用证

C. 提货担保　　　　　　　　　　D. 进口信用证押汇

4. 下列融资方式选项中,(　　)可以兼顾出口商希望即期收回货款,进口商希望远期支付货款的需要。
　　A. 仓单质押　　　　　　　　　B. 假远期信用证
　　C. 提货担保　　　　　　　　　D. 进口信用证押汇

5. 下列融资方式选项中,(　　)的当事人涉及物流公司。
　　A. 进口信用证押汇　　　　　　B. 假远期信用证
　　C. 提货担保　　　　　　　　　D. 仓单质押

6. 下列融资方式选项中,(　　)是指在进口信用证业务中,由境内开证行根据进口商资信状况,在其出具信托收据并承担融资费用的前提下,委托其境外代理行或签约行代进口商垫付进口货款的短期融资方式。
　　A. 进口信用证押汇　　　　　　B. 假远期信用证
　　C. 信用证代付　　　　　　　　D. 仓单质押

7. 仓单质押的融资额度一般最高不超过所质押仓单项下货物总价值的(　　)。
　　A. 60%　　　　B. 70%　　　　C. 80%　　　　D. 90%

8. 属于信用证项下的进口贸易融资方式是(　　)。
　　A. 进口代收押汇　B. 信托收据　　C. 仓单质押　　D. 打包贷款

9. 进口商可以从银行获得的信用融通方式是(　　)。
　　A. 信用证押汇　　　　　　　　B. 进口开证额度
　　C. 海外代付　　　　　　　　　D. 假远期信用证

10. 关于进口信用证押汇,下列说法正确的是(　　)。
　　A. 办理进口信用证押汇后,进口商就丧失了拒付的权利
　　B. 办理进口信用证押汇后,进口商在没有支付货款的情况下得到了货物的所有权
　　C. 进口信用证押汇属于长期融资
　　D. 进口信用证押汇融资期限一般不超过一年

11. 关于进口信用证押汇,下列说法正确的是(　　)。
　　A. 进口信用证押汇是出口地银行向进口商提供的融资
　　B. 进口信用证押汇是开证行向进口商提供的融资
　　C. 进口信用证押汇是物流公司向进口商提供的融资
　　D. 进口信用证押汇是出口商向进口商提供的融资

12. 关于进口信用证押汇,下列说法正确的是(　　)。
　　A. 进口开证申请人在押汇后取得信用证项下单据

B. 进口开证申请人在押汇到期还款后取得信用证项下单据

C. 进口开证申请人确认接收单据后取得信用证项下单据

D. 进口开证申请人确认单证相符后取得信用证项下单据

13. 海外代付中开证申请人的直接融资银行是(　　)。

  A. 境内开证行   B. 开证行的境外分支机构

  C. 境外交单行   D. 境内付款行

14. 关于海外代付,下列说法正确的是(　　)。

  A. 海外代付属于长期融资

  B. 办理海外代付后,进口商在没有支付货款的情况下得到了货物的所有权

  C. 办理海外代付后,即使单据存在不符点,进口代付申请人也不能拒付

  D. 海外代付融资期限一般不超过一年

15. 关于担保提货,下列说法不正确的是(　　)。

  A. 仅限于开证行自身开立的信用证

  B. 仅限于信用证规定提交全套海运提单

  C. 仅限于海运方式

  D. 仅限于非海运方式

16. 代付式假远期信用证项下,向开证申请人提供融资的银行是(　　)。

  A. 开证行   B. 开证行指定的代付行

  C. 境内付款行   D. 开证行和/或其指定的代付行

17. 仓单质押融资的业务对象是(　　)。

  A. 仓储企业   B. 生产型贸易企业

  C. 流通型贸易企业   D. 物流企业

18. 进口发票融资适用于(　　)。

  A. 进口 L/C 项下的对外付款   B. 进口 T/T 项下的对外付款

  C. 进口 D/A 项下的对外付款   D. 进口 D/P 项下的对外付款

19. 凭信托收据借单提货主要用于(　　)。

  A. 远期 D/P 项下的对外付款   B. 远期 T/T 项下的对外付款

  C. 远期 D/A 项下的对外付款   D. 远期 L/C 项下的对外付款

20. 关于凭信托收据借单提货,下列说法不正确的是(　　)。

  A. 承担融资风险的是托收行

  B. 适用于货物已抵达目的港而进口商由于付款日期未到或资金困难无法付款赎单的情况

C. 向进口商提供融资的是出口商或代收行

D. 信托收据由进口商出具

【参考答案】

1~5：ADCBD；6~10：CBCBA；11~15：BABCD；16~20：DCBAA。

二、多项选择题

1. 为了控制风险和支持进口商的业务发展,银行把开证额度分为(　　)。

   A. 普通开证额度　　　　　　　　B. 特殊开证额度

   C. 一次性开证额度　　　　　　　D. 循环性开证额度

   E. 无限次开证额度

2. 进口商具备下列哪些资格可以申请核定开证额度(　　)。

   A. 持有国家工商行政管理部门核发的公司法人营业执照并经工商行政管理部门年检合格

   B. 商务部或其授权单位批准的经营进口业务的各类企业和外商投资企业

   C. 资信状况和经营效益良好,无违法、违规和违约等不良记录

   D. 有齐全的生产销售计划和健全的财务管理制度

   E. 在开证行开立有人民币或外币基本存款账户或一般结算账户,具有一定规模的结算量

3. 进口信用证押汇的特点包括(　　)。

   A. 一般使用信用证币别,不能兑换成人民币使用

   B. 融资金额一般由进口开证申请人与开证行协商决定

   C. 进口商丧失了对外拒付的权利

   D. 进口商在没有支付货款的情况下得到了货物所有权

   E. 融资期限一般不超过一年

4. 下列属于进口贸易融资方式的是(　　)。

   A. 提货担保　　B. 假远期信用证　C. 福费廷

   D. 进口开证额度　E. 打包贷款

5. 仓单生效的必备条件(　　)。

   A. 仓单必须一式三份

   B. 仓单上必须有保管人签字或者盖章

C. 仓单必须是纸质的

D. 仓单必须是电子的

E. 仓单必须包括一定的法定必要记载事项

6. 进口发票融资适用于(　　)。

A. T/T 结算方式下　　　　　　B. 前 T/T 结算方式下

C. 后 T/T 结算方式下　　　　　D. L/C 结算方式下

E. D/P 结算方式下

7. 在实际业务中,适宜采用仓单质押融资方式的货物包括(　　)。

A. 有色金属　　B. 粮食谷物　　C. 钢材

D. 建材　　　　E. 石油化工产品

8. 仓单的作用包括(　　)。

A. 仓单是保管人向存货人出具的货物收据

B. 仓单是仓储合同存在的证明

C. 仓单是货物所有权的凭证

D. 仓单是提取仓储物的凭证

E. 仓单是货物储存期间的保险凭证

9. 根据我国《合同法》,仓单的绝对必要记载事项包括(　　)。

A. 存货人的名称或者姓名和住所

B. 仓储物的品种、数量、质量、包装、件数和标记

C. 储存场所

D. 储存期间

E. 填发人、填发地点和填发时间

10. 进口代收押汇的特点包括(　　)。

A. 仅限于履行进口代收项下的对外付款

B. 融资期限一般不超过一年

C. 办理进口代收押汇后,进口商在没有支付货款的情况下得到了货物的使用权,但货物的所有权属于开证行

D. 主要用于托收远期付款交单业务

E. 办理进口代收押汇后,进口商就丧失了对外拒付的权利

【参考答案】

1. AC; 2. ABCDE; 3. ABC; 4. ABD; 5. BE; 6. AC; 7. ACDE;

8. ABCD; 9. ABCE; 10. ACE。

三、判断题

1. 银行为进口商核定开证额度,并在额度内减免保证金开证,实质上是银行给予进口商的一种融资。( )

2. 在信用证项下单据存在重大不符点时,进口开证申请人不宜向开证行提出办理进口信用证押汇。( )

3. 普通开证额度是不可循环使用的额度。( )

4. 信用证代付业务实质上是信用证项下进口押汇的另一种形式。( )

5. 代付式假远期信用证与普通假远期信用证是没有区别的。( )

6. 仓单是记名证券,因此应当记载存货人的名称或姓名和住所。( )

7. 代付式假远期信用证的代付银行存在垫款风险。( )

8. 进口 T/T 押汇可以用于 CWO、装运前 T/T、装运后见提单传真件 T/T。
( )

9. 进口 T/T 押汇可以用于 COD、Consignment 等。( )

10. 信托收据是进口商在付款之前向进口地银行借取商业单据时开立的,表明进口商以银行受托人身份代为提货、报关、存仓、保险、出售,货物所有权及所得销售款均归银行所有,并保证到期付款的书面保证文件。( )

11. 进口开证申请人在确认信用证项下单据存在重大不符点时,应先向开证行办理押汇,再提出拒付。( )

12. 凭信托收据借单提货主要用于远期托收业务。( )

13. 进口商采用押汇、海外代付、提货担保等融资方式时均丧失了对外拒付的权利。( )

14. 代收行自行向进口商提供凭信托收据借单提货业务时,相应的风险由出口商承担。( )

15. 出口商授权代收行向进口商提供凭信托收据借单提货业务时,通常要在托收指示中明确记载"远期 D/P,可凭信托收据借单"字样。( )

【参考答案】

1~5:√√×√×;6~10:√××√√;11~15:××√×√。

第4节 案例精解

1. 我国某公司急需从日本进口一批货物,对方坚持采用不可撤销即期信用证支付方式,但我方近期因流动资金不足,无法即期付款。请给出可行的解决方案。

2. 天津 M 公司出售一批货物给香港 G 商,价格条件为 CIF 香港,付款条件为 D/P 见票 30 天付款。M 公司同意 G 商指定香港汇丰银行为代收行。M 公司在合同规定的期限内将货物装船并取得清洁提单,随即出具汇票,连同提单和商业发票等委托中国银行通过香港汇丰银行向 G 商收取货款。5 天后所装货物安全运抵香港,因当时该商品的行市看好,G 商凭信托收据向汇丰银行借取提单,提取货物并将部分货物出售。不料因到货过于集中,货物价格迅速下跌,G 商以缺少保险单为由在汇票到期时拒绝付款。你认为 M 公司应如何处理此事? 请说明理由。

3. 某进口企业于 3 月 15 日需对外付汇 100 万欧元,进口合同签订时欧元兑人民币汇率为 993.8/100,付汇当日汇率为 1 007.6/100,是近期最高点。查看近 1 个月以来的汇率走势,发现欧元兑人民币汇率波动区间为 983.2/100 ~ 1 007.6/100,日波动幅度最大达到 2.42%,波动幅度超过 1% 的天数超过 8 天。如果银行当期欧元流动资金贷款年利率为 3.2%,欧元汇率下跌预期强烈。试分析该进口企业是否应该办理进口押汇融资业务。

【参考答案】

1. 方案一:该公司可向银行申请开立假远期信用证,规定远期汇票按即期议付,由开证银行负责贴现,贴现及承兑费由进口商承担。(Usance Drafts to be negotiated at sight basis and discounted by Issuing Bank, discount charges and acceptance commission are for Importers account.)

方案二:该公司收到信用证项下单据后,如能确认单证相符或基本相符,可向开证行申请押汇、海外代付或提货担保等融资方式。

2. M 公司应通过中国银行要求香港汇丰银行付款。理由是:香港汇丰银行在未经委托人授权的情况下,自行允许 G 商凭信托收据借单先行提货,因而不能收回货款的责任应由汇丰银行(代收行)负责。

3. 该进口企业可以选择办理进口押汇融资业务。因为付汇当日汇率为

1 007.6/100,是近期最高点,如果直接购汇需要 1 007.6 万元人民币。如果办理进口押汇融资,待欧元汇率下跌时再买入欧元归还银行贷款,具有相当的可行性。因为一方面银行当期欧元流动资金贷款利率为 3.2% ,则月利率为2.67‰,若办理一个月期限的全额进口押汇,利息仅为 2 666.67 欧元;另一方面近期欧元汇率下跌预期强烈,在未来一个月内只要出现一次欧元汇率下调超过2.67‰的情况,融资就有收益。如果到 4 月 10 日欧元汇率下调至 990.8/100,该进口企业立即买进 1 002 666.67 欧元,共支付 993.44 万元人民币,较在付款日直接购汇付汇节省 14.16 万元人民币。当然,如果欧元汇率变动与预期相反,该进口企业可能蒙受损失。

下 篇

综 合 实 训

实训一

CFR + TT 集装箱整箱海运出口业务

一、实训目的

1. 掌握流通型贸易公司自营出口业务的一般流程。实训内容包括：制作并与国外客户签订外销合同、审核并与国内供货商签订供货合同。

2. 掌握与老客户之间的常规联系方式。实训内容包括：定期发送产品目录。

3. 掌握与老客户进行出口交易磋商的一般步骤。实训内容包括：集装箱整箱数量计算、发盘前的价格核算、拟写发盘、针对降低采购成本的还盘价格核算、针对减少预期利润的还盘价格核算、拟写还盘等。

二、背景资料

出口商名称：云轩进出口贸易公司
　　　　　　Yunxuan Import & Export Company
出口商地址：中国天津解放路256号
　　　　　　Jiefang Road 256，Tianjin，China
主管业务员：季云轩
联系电话：022-13579000
传真：022-24680000

进口商名称：威图进出口贸易有限公司
　　　　　　Rittal Import & Export Trade Co.，Ltd.
进口商地址：美国纽约国际路33号
　　　　　　International Road 33，New York，America
主管业务员：Wendy

国内供货商名称:天津奥塔箱包公司

Tianjin Auta Luggage Company

国内供货商地址:中国天津友谊路 100 号

Youyi Road 100, Tianjin, China

主管业务员:王勇

联系电话:022-12345678

传真:022-87654321

三、实训任务

任务一: 发送产品目录

云轩进出口贸易公司主营各类箱包,在过去几年中曾多次与美国威图进出口贸易有限公司成功完成箱包出口业务且合作愉快。新的一年来临之际,为进一步拓展业务规模,巩固合作关系,我方业务员季云轩准备照例定期将最新产品目录发送给对方业务员 Wendy。

请在下面方框内拟写一份电子邮件,内容包括对过去一年合作的回顾、对未来扩大业务规模的希望、寄送最新产品目录的目的、并表示期待对方的及时回复。发出时间:2012 年 1 月 5 日。

Jan. 5, 2012

Rittal Import & Export Trade Co., Ltd.

International Road 33, New York, America

Dear Wendy,

　　Our companies have set up good relationship for a long time. We received your regular orders before, but we found we haven't business transaction recently. So in order to strengthen our business relationship and give you a general idea of our new products, we are sending you, under separate cover, our latest catalogue together with a range of pamphlets for your reference.

　　As you know, we have been in this line for many years, and our competitive prices, superior quality and efficiency have won confidence and goodwill among our business clients. We can sure our products can satisfied you.

　　We look forward to receiving your favorable reply.

Yours faithfully

Yunxuan Ji

Yunxuan Import & Export Company

Jiefang Road 256, Tianjin, China

任务二：计算集装箱的装箱量

　　一周之后，我方业务员季云轩收到 Wendy 的询盘，对方表示对产品目录中型号为 LXB066 的新款旅行包感兴趣，打算购买一个 40′ 集装箱的数量，希望我方报 CFR New York 价格。

　　季云轩决定按客户要求尽快给出报价。为此，季云轩首先联系了国内箱包供应商天津奥塔箱包公司，询问 LXB066 款旅行包的人民币报价。

　　一天后，季云轩收到天津奥塔箱包公司的报价信息如下：

　　品名/型号：旅行包 LXB066 款

　　面料：100%尼龙

　　里料：100%涤纶

　　颜色：黑、灰、红

　　含税价：人民币 85 元/件（增值税率 17%）

　　出口标准纸箱包装：10 件/箱，每件装入一个无纺布袋

纸箱规格:580 毫米×450 毫米×400 毫米

毛重:10 千克/箱

净重:8 千克/箱

最低起订量:1 000 件/颜色

月生产能力:6 000 件

工厂交货,交货时付款

另知,40′钢质干货集装箱内部长宽高分别为 11 192 毫米 × 2 936 毫米 × 2 249 毫米,有效容积为 67CBM,限重 29TNE,包箱运费为 USD2954。

请根据以上相关信息帮季云轩计算出一个 40′集装箱的最大装箱量。

计算过程:

【参考答案】

因为纸箱的长宽高尺寸各不相同,在对摆放方式没有特别要求的情况下,在集装箱中有六种摆放方式,以装箱数量最多、浪费空间最少的摆放方式为最佳摆放方式。计算过程如下:

	集装箱长 (11 192 毫米)	集装箱宽 (2 936 毫米)	集装箱高 (2 249 毫米)	装箱数量(箱)
方式 1	580	450	400	19×6×5=570
方式 2	580	400	450	19×7×4=532
方式 3	450	580	400	24×5×5=600
方式 4	450	400	580	24×7×3=504
方式 5	400	580	450	27×5×4=540
方式 6	400	450	580	27×6×3=486

显然,方式 3 是最佳摆放方式。

验证:如果按重量计算,29 000(千克)÷10(千克/箱) = 2 900(箱)。因为
600 < 2 900,所以装箱数量 600 箱,因此装箱总件数 = 10(件/箱)×600(箱) =
6 000(件)。

任务三:报价前的价格核算

假设:计算报价当日的汇率为 1 美元 = 6.36 元人民币;

    出口退税率为 15%;

    商检手续费率为出口价格的 0.25%;

    信用证银行费用为出口价格的 0.13%;(初始报价采用信用证支付方式)

    T/T 银行费用为出口价格的 0.1%;

    报关费为 120 元人民币;

    核销费为 120 元人民币;

    一般原产地证书、T/T 的 DHL 寄单费、短途运输费及其他费用合计为
    5 000 元人民币;

    预期利润率为 10% ~ 15%(初始报价按 15% 核算)。

请根据以上相关信息替季云轩完成 CFR New York 的价格核算。(计算过
程保留 2 位小数,最终结果保留 1 位小数)

---

(1) 总体价格构成:

    CFR 价 = FOB 价 + 国外运费

        =

(2) 核算出口成本:

    出口成本 = 采购成本 – 出口退税额

    采购成本 =

    出口退税额 =

所以:出口成本 =

(3) 核算出口费用：

　　设：出口价格为 X。

　　报关费 =

　　核销费 =

　　商检费 =

　　银行费用 =

　　其他费用合计 =

　　出口运费 =

所以：出口费用合计 =

　　每件出口费用 =

(4) 组成出口报价：

　　X = 出口成本 + 出口费用 + 出口预期销售利润

　　　 =

　　　 =

出口报价为：

【参考答案】

　　(1) CFR 价 = FOB 价 + 国外运费

　　　　　　 = 出口成本 + 国内费用 + 国外运费 + 出口预期利润

　　(2) 出口成本 = 采购成本 − 出口退税额

　　　　采购成本 = 85 元人民币/件

　　　　出口退税额 = ［采购成本 ÷ (1 + 增值税率)］× 出口退税率

　　　　　　　　 = ［85 ÷ (1 + 17%)］× 15% = 10. 90(元人民币／件)

　　　　出口成本 = 85 − 10. 90 = 74. 10(元人民币／件)

　　(3) 设出口价格为 X。

　　　　报关费 = 120 元人民币

　　　　核销费 = 120 元人民币

　　　　商检费 = 出口报价 × 0. 25% = 0. 002 5X

　　　　银行费用 = 出口报价 × 0. 13% = 0. 001 3X

　　　　其他费用合计 = 5 000 元人民币

　　　　出口运费 = 2 954(美元) × 6. 36 = 18 787. 44(元人民币)

所以:出口费用合计 $= 120 + 120 + 0.0025X + 0.0013X$

$$+ 5\,000 + 18\,787.44$$

$$= 24\,027.44 + 0.0038X$$

每件出口费用 $= 4.00 + (6.33 \times 10^{-7})X$

(4) X = 出口成本 + 出口费用 + 出口预期销售利润

$$= 74.10 + 4.00 + (6.33 \times 10^{-7})X + 0.15X$$

$$= 78.10 + 0.15X$$

$X = 91.88$(元人民币) $= 14.5$(美元)

所以,出口报价为 CFR New York USD14.5/PC。

任务四:拟写发盘

请根据核算出的报价和相关已知信息,拟写一份发盘,详细列出主要交易条件,交货时间为收到信用证后 45 天内,发盘有效期为 15 天,发出时间为 1 月 15 日。

【参考答案】

Jan. 15, 2012

Rittal Import & Export Trade Co., Ltd.

International Road 33, New York, America

Dear Wendy,

We thank you for your e-mail inquiry of Jan. 12 for our new product, Travelling

Bags.

As requested, we quote you our price as follows:

Product: Travelling Bags

Style No.: LXB066

Description: Shell:100% nylon

Lining: 100% polyester

Color: Black, Gray, Red

Quantity: 6 000 pcs

Packaging: 1pc/non-woven bag, 10bags/carton

Unit Price: USD14.5/PC CFR New York

Shipment: Within 45 days of receiving L/C

Payment: by L/C at sight

This offer is valid for 15 days.

We are looking forward to receiving your order.

Yours faithfully

Yunxuan Ji

Yunxuan Import & Export Company

Jiefang Road 256, Tianjin, China

任务五: 针对降低采购成本的还盘价格核算

3 天后,季云轩收到了对方的还盘,对方要求将付款方式由 L/C 改为 T/T,并且表示对于我方出口的旅行包,他们有稳定的销售市场,会大批量长期订购,所以希望我方给予 5% 的折扣。

季云轩认为在过去与对方的交往中,对方始终诚实守信,而且信用证方式的银行费用较高,故可以接受装运后见提单传真件 T/T 的结算方式。至于 5% 的折扣能否消化,还需要进一步核算。

假设国内供货商的价格最低可以降至 82 元人民币,我方预期利润率维持 15% 不变,请替季云轩完成还盘核算。(计算过程保留 2 位小数,最终结果保留 1 位小数)

（1）总体价格构成：

CFR 价 = FOB 价 + 国外运费

$\quad\quad\quad\quad = $

（2）核算出口成本：

出口成本 = 采购成本 − 出口退税额

采购成本 =

出口退税额 =

所以：出口成本 =

（3）核算出口费用：

设：出口价格为 X。

报关费 =

核销费 =

商检费 =

银行费用 =

其他费用合计 =

出口运费 =

所以：出口费用合计 =

每件出口费用 =

（4）组成出口报价：

X = 出口成本 + 出口费用 + 出口预期销售利润

$\quad = $

$\quad = $

出口报价为：

结论：

【参考答案】

(1) CFR 价 = FOB 价 + 国外运费

= 出口成本 + 国内费用 + 国外运费 + 出口预期利润

(2) 出口成本 = 采购成本 – 出口退税额

采购成本 = 82 元人民币

出口退税额 = [采购成本 ÷ (1 + 增值税率)] × 出口退税率

= [82 ÷ (1 + 17%)] × 15% = 10.51(元人民币 / 件)

出口成本 = 82 – 10.51 = 71.49 (元人民币/件)

(3) 设出口价格为 X。

报关费 = 120 元人民币

核销费 = 120 元人民币

商检费 = 出口报价 × 0.25% = 0.002 5X

银行费用 = 出口报价 × 0.1% = 0.001X

其他费用合计 = 5 000 元人民币

出口运费 = 2 954 美元 × 6.36 = 18 787.44(元人民币)

所以:出口费用合计 = 120 + 120 + 0.002 5X + 0.001X + 5 000 + 18 787.44

= 24 027.44 + 0.003 5X

每件出口费用 = 4.00 + (5.83 × 10^{-7})X

(4) X = 出口成本 + 出口费用 + 出口预期销售利润

= 71.49 + 4.00 + (5.83 × 10^{-7})X + 0.15X

= 75.49 + 0.15X

X = 88.81(元人民币) = 14.0(美元)

结论:在我方利润率保持 15% 不变、国内采购成本降至 82 元人民币的情况下,我方的出口报价为 CFR New York USD14.0/PC,较之前约有 3.5% 的折扣。要想满足客户 5% 的折扣要求,必须适当降低我方的预期利润率。

任务六:针对减少预期利润的还盘价格核算

为了尽快促成这笔交易,我方愿意适当降低利润以满足客户要求的 5% 折扣,即将原始报价 USD14.5/PC 降为 USD13.775/PC。假设国内供货商的价格最低可降至 82 元人民币,请替季云轩核算我方的预期利润率需要降为多少?是否可以接受?(计算过程保留 2 位小数,最终结果保留 1 位小数)

（1）总体价格构成：

    CFR 价 = FOB 价 + 国外运费

          =

（2）核算出口成本：

    出口成本 = 采购成本 - 出口退税额

    采购成本 =

    出口退税额 =

所以：出口成本 =

（3）核算出口费用：

    报关费 =

    核销费 =

    商检费 =

    银行费用 =

    其他费用合计 =

    出口运费 =

所以：出口费用合计 =

     每件出口费用 =

CFR 价格 = 出口成本 + 出口费用 + 出口预期销售利润

（4）设预期利润率为 Y。

    Y =

结论：

实训一　CFR+TT 集装箱整箱海运出口业务

【参考答案】

    （1）CFR 价 = FOB 价 + 国外运费

             = 出口成本 + 国内费用 + 国外运费 + 出口预期利润

    （2）出口成本 = 采购成本 - 出口退税额

        采购成本 = 82 元人民币

        出口退税额 = ［采购成本 ÷ (1 + 增值税率)］× 出口退税率

                = ［82 ÷ (1 + 17%)］× 15% = 10.51(元人民币／件)

        出口成本 = 82 - 10.51 = 71.49(元人民币／件)

(3) 核算出口费用:

报关费 = 120 元人民币

核销费 = 120 元人民币

商检费 = $13.775 \times 0.25\% = 0.0034$ 元人民币

银行费用 = $13.775 \times 0.1\% = 0.014$ 元人民币

其他费用合计 = 5 000 元人民币

出口运费 = 2 954(美元) $\times 6.36 = 18\,787.44$ 元人民币

所以:出口费用合计 = $120 + 120 + 0.0034 + 0.014 + 5\,000 + 18\,787.44$

$= 24\,027.46$(元人民币)

每件出口费用 = 4.00(元人民币/件)

CFR 价格 = 出口成本 + 出口费用 + 出口预期销售利润

设预期利润率为 Y。

$13.775 = (71.49 + 4.00) \div 6.36 + 13.775Y$

$Y = 13.8\%$

结论:当国内供货商价格降为 82 元人民币时,若为客户提供 5% 的折扣,我们的预期利润率需要降为 13.8%,因为这个预期利润率高于我方的最低预期利润率 10%,故可以接受。

任务七: 拟写还盘

根据上述核算,请在下列方框内替季云轩拟写一份还盘,表示我方可以接受对方要求的 5% 的价格折扣,最终价格为 USD13.78/PC。同时表示我方接受付款方式从 L/C 变为 T/T,但只接受装运后见提单传真件 T/T 的方式。还盘发出时间为 1 月 20 日。

Jan. 20, 2012

Rittal Import & Export Trade Co. , Ltd. ,

International Road 33, New York, America

Dear Wendy,

We confirm having received your counter-offer of Jan. 18, asking us to make the reduction in our price for Travelling Bags. For the price, we can offer you 5% discount as you request, that is CFR New York USD13. 78/PC. This is the lowest price because we already have the lowest profit. We can assure you that the price quoted reflects the high quality of the products. And for the payment terms, we can change the L/C to T/T against fax of B/L after shipment as your request.

We still hope to have the opportunity to work with you and any furtherinquiry will receive our prompt attention.

Yours faithfully

Yunxuan Ji

Yunxuan Import & Export Company

Jiefang Road 256, Tianjin, China

任务八：制作合同

三天后，对方业务员表示接受，并明确订购 LXB066 款旅行包 6 000 件，其中黑色 3 000 件、灰色 2 000 件、红色 1 000 件。请根据交易磋商过程及以下资料制作销售确认书。

合同号：201201006

合同日期：2012-1-30

溢短：数量和金额都允许有 5% 的增减

唛头：按标准化运输标志设计唛头

装运日期：2012 年 3 月 20 日之前

装运港：天津

目的港：纽约

允许分批装运；允许转船

单据：+ 签署的商业发票一式三份

+ 装箱单一式三份

+ 全套(3/3)清洁的已装船海运提单，做成空白指示抬头，空白背书，注明运费预付，通知买方

+ 出口地商会出具的一般原产地证明书

SALES CONFIRMATION

The Seller: _____   Contract No. : _____

Address: _____   Date: _____

The Buyer: _____

Address: _____

    This Sales Contract is made by and between the Seller and the Buyer, whereby the Seller agree to sell and the Buyer agree to buy the under-mentioned goods according to the terms and conditions stipulated below:

Description of Goods	Quantity	Unit Price	Amount
TOTAL			

Total Amount: _____

_____

Payment: _____

Packing: _____

Shipping Mark: _____

_____

_____

Time of Shipment: _____

Port of Shipment: _____

Port of Destination: _____

Partial Shipment: _____

Transshipment: _____

Documents: _____

_____

_____

_____

    This contract is made in two original copies and becomes valid after signature, two copies to be held by each party.

Signed by:

    THE SELLER: **THE BUYER:**

_____   _____

_____   _____

【参考答案】

SALES CONFIRMATION

The Seller: <u>Yunxuan Import & Export Company</u>   Contract No. : <u>201201006</u>
Address: <u>Jiefang Road 256, Tianjin, China</u>   Date: <u>2012-1-30</u>

The Buyer: <u>Rittal Import & Export Trade Co. , Ltd.</u>
Address: <u>International Road 33, New York, America</u>

This Sales Contract is made by and between the Seller and the Buyer, whereby the Seller agree to sell and the Buyer agree to buy the under-mentioned goods according to the terms and conditions stipulated below:

Description of Goods	Quantity	Unit Price	Amount
Travelling Bags Style: No. LXB066 Shell:100% nylon Lining: 100% polyester Color:Black 　　　Gray 　　　Red	 3 000PCS 2 000PCS 1 000PCS	CFR New York USD13.78/PC	USD 82 680.00
TOTAL	6 000PCS		USD 82 680.00
Total Amount: SAY US DOLLARS EIGHTY TWO THOUSAND SIX HUNDRED AND EIGHTY ONLY			

<u>5% more or less both in amount and quantity allowed</u>
Payment: <u>the Buyer shall pay 100% of the sales proceeds to the Seller by T/T against the fax of B/L</u>
Packing: <u>1PC/Non-woven Bag, 10Bags/Carton</u>
Shipping Mark: <u>Rittal</u>
　　　　　　　<u>201201006</u>
　　　　　　　<u>New York</u>
　　　　　　　<u>C/No. 1-600</u>
Time of Shipment: <u>Before Mar. 20, 2012</u>
Port of Shipment: <u>Tianjin, China</u>
Port of Destination: <u>New York, America</u>
Partial Shipment: <u>Allowed</u>
Transshipment: <u>Allowed</u>
Documents:
<u>+ Signed commercial invoice in triplicate</u>
<u>+ Packing List in triplicate</u>
<u>+ Full set(3/3) of clean on board ocean Bill of Lading marked "Freight Prepaid" made out to</u>
<u>　order blank endorsed notifying the Buyer</u>
<u>+ Certificate of Origin issued by China Chamber of Commerce</u>

This contract is made in two original copies and becomes valid after signature, two copies to be held by each party.

Signed by:
　　　THE SELLER: ＼   **THE BUYER**:
Yunxuan Import & Export Company   _____
　　Yunxuan Ji   _____

任务九：审核与供货商的合同

在外销合同签订后，季云轩着手与天津奥塔箱包公司签订供货合同。在签字之前，请替季云轩审核供货合同。指出其中错误或不妥之处。

供 货 合 同

供方：天津奥塔箱包公司　　　　　　合同编号：AT20120110
地址：中国天津友谊路 100 号　　　　签约日期：2012 年 2 月 1 日
电话：022-12345678　　　　　　　　签约地点：天津
传真：022-87654321

需方：云轩进出口贸易公司
地址：中国天津解放路 256 号
电话：022-13579000
传真：022-24680000

根据《中华人民共和国合同法》及相关法规，经双方协商签订本合同，并信守下列条款：
1. 品名及规格：旅行包
　　款号：LXB06
　　面料：100% 尼龙
　　里料：100% 涤纶
2. 数量：

	件数
黑色	2 000
灰色	2 000
红色	2 000
总计	6 000

3. 包装：每件装一个无纺布袋，20 件装一个出口标准纸箱
　　　　纸箱尺寸：580 毫米 × 450 毫米 × 400 毫米
　　唛头：Travelling Bags
　　　　C/No. 1-600
　　　　MADE IN CHINA
4. 单价（含税）：85 元/件
　　总值：￥510 000 元，计人民币伍拾壹万元整
5. 交货时间、地点：2012 年 3 月 20 日前在供方仓库交货。
6. 付款方式：货款预付。
7. 责任条款：因供方的责任造成国外客户索赔的，其索赔款及因索赔而产生的费用由供方负担；需方已安排供方生产的商品，因外销变化需要作出某些调整或变更的，其修改部分视为合同的组成部分。
8. 合同有效期：自 2012 年 2 月 1 日至 2012 年 4 月 1 日。
9. 纠纷处理方法及地点：执行本合同过程中如有争议，双方通过友好协商解决；如协商未能取得一致，则由需方住所地人民法院管辖。
10. 合同生效：本合同双方签字盖章生效。合同一式两份，供需双方各执一份。
11. 备注：在客户确认产前样之后开始生产。

需方授权代表：季云轩　　　　　　　　　　　　供方授权代表：王勇
　　盖章　　　　　　　　　　　　　　　　　　　　盖章

经审核,供货合同存在如下问题:

1. _____
2. _____
3. _____
4. _____
5. _____
6. _____
7. _____
8. _____

【参考答案】

经审核,供货商合同存在下列问题:

1. 货物款式号错误,应为"LXB066"。
2. 颜色搭配错误,应为"黑色 3 000 件,红色 1 000 件"。
3. 包装方式错误,应与外销合同一致,为"10 件装一个出口标准纸箱"。
4. 唛头错误,应与外销合同一致。
5. 单价错误,应为"RMB 82/PC"。
6. 总值金额小写和大写错误,应为"RMB 492 000 元,计人民币肆拾玖万贰仟元整"。
7. 交货时间不妥,供货商交货的时间应早于外销合同装运期。
8. 付款方式错误,应为"提货时付款"。

四、实训总结

请写出完成实训的心得体会:

实训二

FOB + TT 集装箱整箱海运出口业务

一、实训目的

1. 掌握生产型贸易公司自营出口合同履行的一般流程。实训内容包括：制作合同、制作单据、办理相关出口手续。

2. 掌握常用出口单据的制单技巧。实训内容包括：制作商业发票、装箱单、订舱委托书、原产地证书等。

3. 掌握审核常用出口单据的技巧。实训内容包括：审核报关单、海运提单等。

4. 掌握办理相关出口手续的步骤。实训内容包括：办理租船订舱手续、报检及换单手续、发出装船通知等。

二、背景资料

出口商名称：天津领通食品贸易公司
　　　　　　 Tianjin Lingtong Foodstuff Trade Company
出口商地址：中国天津市南京路 50 号
　　　　　　 Nanjing Road 50, Tianjin, China
主管业务员：王磊
联系电话：022-13579000
传真：022-24680000
邮编：300000

进口商名称：宜通进出口贸易有限公司
　　　　　　 Eastone Import & Export Trade Co., Ltd.
进口商地址：英国伦敦第一大街 100 号
　　　　　　 First Avenue 100, London, England
主管业务员：Roma
联系电话：44-20-8866 4422

三、实训任务

天津领通食品贸易公司是一家从事食品生产与进出口的企业,拥有自己的生产基地,主营罐装和袋装食品的出口。2012年3月,领通公司与英国宜通进出口贸易公司经过多轮磋商谈判,达成一笔荔枝罐头的出口交易,具体信息如下:

品名:糖水荔枝罐头(Canned Lychee in Syrup)

品质:90% 无核荔枝果肉(Seedless Lychee pulp),10% 糖水(syrup);
  1 000 克/罐

数量:12 000 罐

包装:每个出口纸箱装12 罐

纸箱尺寸:450 毫米 × 350 毫米 × 150 毫米

毛重:14 千克/箱

净重:12 千克/箱

单价:FOB Tianjin GBP 1.5/Can

总值:18 000 英镑

装运方式:1 × 20′FCL,海运(包箱运费为 USD2 366)

付款方式:30% 前 T/T + 70% 见提单传真件 T/T

任务一:制作销售确认书

接到进口方表示接受的函电后,出口方业务员王磊着手起草合同。请根据上述相关信息及补充资料替王磊制作销售确认书。

补充资料:

合同号:201203006

合同日期:2012-3-15

唛头:按标准化运输标志设计唛头

装运港:天津

目的港:伦敦
   不允许分批装运;不允许转船

溢短:数量和金额都允许有5%的增减

装运时间:2012 年 4 月 30 日之前

装运通知:卖方在货物装船后24 小时内以邮件形式发出装船通知,内容包括:合同号、品名、包装、数量、毛净重、装运港、目的港、船名、航次、装运日期以及提单号等

单据：+签署的商业发票一式三份

　　　　+装箱单一式三份

　　　　+全套(3/3)清洁的已装船海运提单，做成空白指示抬头，空白背书，
　　　　注明运费到付，通知买方

　　　　+出口地商会出具的一般原产地证明书

SALES CONFIRMATION

The Seller: _____　　　Contract No.: _____

Address: _____　　　Date: _____

The Buyer: _____

Address: _____

　　　This Sales Contract is made by and between the Seller and the Buyer, whereby the Seller agree to sell and the Buyer agree to buy the under-mentioned goods according to the terms and conditions stipulated below:

Description of Goods	Quantity	Unit Price	Amount
TOTAL			
Total Amount:			

_____

Payment: _____

Packing: _____

Shipping Mark: _____

_____

_____

_____

Time of Shipment: _____

Port of Shipment: _____

Port of Destination: _____

Partial Shipment: _____

Transshipment: _____

Shipping Advice: _____

Documents: _____

_____

_____

_____

　　　This contract is made in two original copies and becomes valid after signature, two copies to be held by each party.

Signed by:

THE SELLER:　　　　　　　　　　　　　　**THE BUYER:**

_____　　　　　　　_____

_____

【参考答案】

SALES CONFIRMATION

The Seller: Tianjin Lingtong Foodstuff Trade Company   Contract No. : 201203006

Address: Nanjing Road 50, Tianjin, China   Date: 2012-3-15

The Buyer: Eastone Import & Export Trade Co., Ltd.

Address: First Avenue 100, London, England

This Sales Contract is made by and between the Seller and the Buyer, whereby the Seller agree to sell and the Buyer agree to buy the under-mentioned goods according to the terms and conditions stipulated below:

Description of Goods	Quantity	Unit Price	Amount
Canned Lychee in Syrup 90% Seedless Lychee Pulp 10% Syrup 1 000 g/can	12 000Cans	FOB Tianjin GBP 1.5/Can	GBP 18 000.00
TOTAL	12 000Cans		GBP 18 000.00
Total Amount: SAY GREAT BRITAIN POUND EIGHTEEN THOUSAND ONLY			

5% more or less both in amount and quantity allowed

Payment: 30% by T/T in advance, balance (70%) by T/T against the fax of B/L

Packing: 12Cans/Carton

Shipping Mark: Eastone
              201203006
              London
              C/No. 1-1000

Time of Shipment: Before Apr. 30, 2012

Port of Shipment: Tianjin, China

Port of Destination: London, England

Partial Shipment: Not Allowed

Transshipment: Not Allowed

Shipping Advice: The seller must send the Shipping Advice by e-mail within 24 hours after loading; the content includes Contract No., Commodity, Packing, Quantity, Gross and Net Weight, Port of shipment, Port of Destination, Vessel name, Voyage No., Shipping Date and B/L No., etc.

Documents:

+ Signed commercial invoice in triplicate

+ Packing List in triplicate

+ Full set (3/3) of clean on board ocean Bill of Lading marked "Freight Collect" made out to order blank endorsed notifying the Buyer

+ Certificate of Origin issued by China Chamber of Commerce in export place

This contract is made in two original copies and becomes valid after signature, two copies to be held by each party.

Signed by:

THE SELLER: **THE BUYER:**

Tianjin Lingtong Foodstuff Trade Company

Wang Lei

实训二 FOB+TT 集装箱整箱海运出口业务

任务二：制作商业发票

请根据相关信息及补充资料替王磊制作商业发票。

补充信息：

发票号：LT2012020

发票日期：4 月 15 日

授权签字人：李平

Tianjin Lingtong Foodstuff Trade Company

Nanjing Road 50，Tianjin，China

COMMERCIAL INVOICE

TO：_____

INVOICE NO. : _____

DATE：_____

S/C NO. : _____

FROM _____ VIA _____ TO _____ BY _____

MARKS & NUMBERS	DESCRIPTION OF GOODS	QUANTITY	UNIT PRICE	AMOUNT
TOTAL AMOUNT:				

签字盖章

【参考答案】

Tianjin Lingtong Foodstuff Trade Company

Nanjing Road 50, Tianjin, China

COMMERCIAL INVOICE

TO: Eastone Import & Export Trade Co., Ltd.

First Avenue 100, London, England

INVOICE NO.: LT2012020

DATE: Apr. 15, 2012

S/C NO.: 201203006

FROM　TIANJIN　VIA _____ TO　LONDON　BY　SEA

MARKS & NUMBERS	DESCRIPTION OF GOODS	QUANTITY	UNIT PRICE	AMOUNT
Eastone 201203006 London C/No. 1-1000	Canned Lychee in Syrup 90% Seedless Lychee Pulp 10% Syrup 1 000 g/can	12 000Cans	FOB Tianjin GBP 1.5/Can	GBP 18 000.00
TOTAL AMOUNT:	SAY GREAT BRITAIN POUND EIGHTEEN THOUSAND ONLY			

Tianjin Lingtong Foodstuff Trade Company

李平(盖章)

实训二　FOB+TT 集装箱整箱海运出口业务

任务三:制作装箱单

请根据相关信息及补充资料替王磊制作装箱单。

补充资料:

集装箱号/铅封号:YMU259654/56789

授权签字人:李平

Tianjin Lingtong Foodstuff Trade Company

Nanjing Road 50, Tianjin, China

PACKING LIST

TO: _____   INVOICE NO. : _____

DATE: _____

S/C NO. : _____

SHIPPING MARKS; CONTAINER NO	NUMBER AND KIND OF PACKAGES; COMMODITY NAME	NET WEIGHT	GROSS WEIGHT	MEASUREMENT

SAY TOTAL: _____

签字盖章

Tianjin Lingtong Foodstuff Trade Company

Nanjing Road 50, Tianjin, China

PACKING LIST

TO: Eastone Import & Export Trade Co., Ltd.　　INVOICE NO.: LT2012020
First Avenue 100, London, England　　　　　　DATE: Apr. 15, 2012
　　　　　　　　　　　　　　　　　　　　　　S/C NO.: 201203006

SHIPPING MARKS; CONTAINER NO	NUMBER AND KIND OF PACKAGES; COMMODITY NAME	NET WEIGHT	GROSS WEIGHT	MEASUREMENT
Eastone 201203006 London C/No. 1-1000 YMU259654/ 56789	Canned Lychee in Syrup 12 000CANS IN 1 000 CARTONS	12 000KGS	14 000KGS	23.63 CBM

SAY TOTAL: ONE THOUSAN CARTONS ONLY

Tianjin Lingtong Foodstuff Trade Company
李平（盖章）

任务四:关于 FOB 出口订舱的讨论

讨论内容:

1. 使用 FOB 术语出口应由谁办理租船订舱? 通常采用哪种订舱方式?

2. 简述出口商委托货代订舱的程序。

3. 简述出口商缮制订舱委托书的注意事项。

4. 使用 FOB 术语出口时,出口商在订舱阶段还应注意哪些问题?

1. 使用 FOB 术语出口通常应由买方办理租船订舱,在实际业务中,一般由国外买方指定卖方所在地的一家货代,再由卖方向这家货代办理订舱。国外买方指定的货代多为外资货代。

2. (1)出口商与货代公司签订货物委托订舱协议。

(2)出口方填制订舱委托书,盖章后连同商业发票和装箱单一并交给货代。

(3)货代接受货主委托后,根据订舱委托书填制集装箱货物托运单(shipping note),也称订舱单(booking note,B/N),盖章或签字后向承运人提出订舱申请。

(4)货代完成订舱后根据承运人指示完成收货、报关、装船、签单等各项操作。

3. (1)注意发出订舱委托书的时间,给货代留出必要的工作时间。

(2)注意订舱委托书的内容必须完备、无误,与合同、信用证要求严格一致,因为订舱委托书不仅是货代缮制托运单的依据,也是承运人出具提单的依据,如有遗漏或错误,会导致提单与合同、信用证不符。在委托订舱期间如遇信用证修改,必须将有关修改内容及时通知货代。

4. 在 FOB 术语下,出口商必须注意船货衔接问题,在承运人规定的时间内完成货物集港,如因出口商原因造成船货脱节,则出口商需要承担相应产生的滞期费、空舱费等。

任务五:填写订舱委托书

请根据相关信息及补充资料替王磊填写订舱委托书。

补充资料:

订舱日期:2012 年 4 月 15 日

提单份数:2 正 1 副

是否法检:是

是否产地装箱:是

产地装箱地址:天津市宝坻县城关路 50 号　天津领通罐头食品厂

联系人:刘君

电话:1356789000

随附单据:发票、装箱单、报关单各一份

订舱委托书		日　　期	
根据《中华人民共和国合同法》与《中华人民共和国海商法》就出口货物委托运输事宜订立本合同。		合同号	
		付款方式	
托运人		信用证号	
提单抬头		运输方式	
通知人		装运期限	

出口口岸		目的港		价格条件	
可否分批		可否转运		单价	
运费预付		运费到付		总值	

标志唛头	货描	提单正本	
		提单副本	
		包装件数	
		毛重	
		尺码	
		是否法检	
		是否自送货	
集装箱预配规格、数量		是否产地装箱	

产地装箱地址：
联系人：
电话：

特种/超大/超重/危险货物说明

提单制作要求

随附单据	发票		装箱单		报关单	
	核销单		换证凭单		许可证	
委托人信息	名称		地址		电话	
	传真		联系人		盖章	

备注

【参考答案】

订舱委托书			日　期	2012.4.15
根据《中华人民共和国合同法》与《中华人民共和国海商法》就出口货物委托运输事宜订立本合同。			合同号	201203006
			付款方式	T/T
托运人	Tianjin Lingtong Foodstuff Trade Company		信用证号	
提单抬头	TO ORDER		运输方式	海运
通知人	Eastone Import & Export Trade Co. , Ltd. First Avenue 100, London, England		装运期限	2012.4.30 前
出口口岸	Tianjin	目的港 London	价格条件	FOB
可否分批	NO	可否转运 NO	单价	GBP1.5/Can
运费预付		运费到付 YES	总值	GBP18 000

标志唛头	货描		
		提单正本	TWO
		提单副本	ONE
Eastone 201203006 London C/No.1-1000	Canned Lychee in Syrup	包装件数	1 000CTNS
		毛重	14 000KGS
		尺码	23.63 立方米
		是否法检	YES
		是否自送货	
集装箱预配规格、数量	1 × 20′FCL	是否产地装箱	YES

产地装箱地址:天津市宝坻县城关路 50 号　天津领通罐头食品厂
联系人:刘君
电话:1356789000

特种/超大/超重/危险货物说明

提单制作要求
+ FULL SET (2/2) OF CLEAN ON BOARD OCEAN BILL OF LADING MADE OUT TO ORDER
AND BLANK ENDORSED MARKED "FREIGHT COLLECT" NOTIFYING THE BUYER

随附单据	发票	1 份	装箱单	1 份	报关单	1 份
	核销单		换证凭单		许可证	
委托人信息	名称	天津领通食品贸易公司	地址	中国天津市南京路 50 号	电话	022-13579000
	传真	022-24680000	联系人	王磊	盖章	
备注						

任务六:讨论如何在产地报检在口岸换单

讨论内容:

1. 简述本案例中货物的报检时间和地点。

2. 本案例中货物报检时应提供哪些单据,最终取得哪些单据?

3. 取得"出境货物换证凭单"后是否意味着出口报检手续就全部完成了?

4. 换证凭单和换证凭条有什么区别?

【参考答案】

1. 本案例中的货物最迟应在出口报关或装运前 7 天在产地报检,即在天津市宝坻县当地的检验检疫机构报检。

2. 报检人应填制和提供《出境货物报检单》,随附出口合同、商业发票、装箱单、生产单位出具的厂检单原件等单据,经产地检验检疫机构检验合格后取得"出境货物换证凭单"或"出境货物换证凭条"。

3. 取得"出境货物换证凭单"后,并不意味着出口报检手续就全部完成。因为本案例中货物产地与报关地不一致,所以取得产地检验检疫机构签发的"出境货物换证凭单"或"出境货物换证凭条"后,报检人在出口报关前,应先凭该单据向报关地检验检疫机构换取《出境货物通关单》,只有《出境货物通关单》才可以用于出口报关。

4. 换证凭单和换证凭条都是在报检地与出境地不同的情况下,去出境地检验检疫机构换取正本《出境货物通关单》的凭证。

使用换证凭单可以一次将货物进行检验然后分批出口,但必须持换证凭单正本到出境地核销并换通关单;换证凭条是电子转单的凭证,即在报检地通过商检后有关数据可以通过电子报检联网系统自动传送到出境地检验检疫机构,出口企业只需凭换证凭条上的转单号或者换证凭条的传真件就可以到出境地检验检疫机构换取正本通关单。

任务七:申领并审核一般原产地证明

根据合同,出口商领通公司需要向进口商宜通公司提供由出口地商会出具的一般原产地证明。请根据相关信息及补充资料替王磊填写原产地证书申请书,并审核出口地商会出具的一般原产地证明。

补充资料:

海关商品编码:2008991000

进口成分:无

汇率:1 英镑 = 1.57 美元

贸易方式:一般贸易

出口日期:2012 年 4 月 25 日

申领日期:2012 年 4 月 18 日

原产地证书申请书

申请单位及注册号码＊＊＊＊＊＊(领通公司盖章)　　　证书号码:＊＊＊＊＊＊＊

申请人郑重声明:

本人是被正式授权代表申请单位办理原产地证明书和签署本申请书的。

本人所提供原产地声明书及所附单据内容正确无误,如发现弄虚作假、冒充证书所列货物、擅改证书,自愿按照有关规定接受处罚并负法律责任。现将有关情况申报如下:

生产单位		联系人		电话	
中文品名	HS 编码	产品进口成分	数(重)量	FOB 值(美元)	
发票号码		商品 FOB 总值(以美元计)			
贸易方式(请在相应的"□"内打"✓")					
□一般贸易　　□加工贸易　　□零售贸易　　□展卖　　□其他					
中转国/地区		最终销售国		出口日期	

申请证书类型:(请在相应的"□"内打"✓")

1. □ 普惠制原产地证书;
2. □ 《亚太贸易协定》优惠原产地证书;
3. □ 《中国—东盟自由贸易区》优惠原产地证书;
4. □ 《中国—巴基斯坦自由贸易区》优惠原产地证书;
5. □ 中国—智利自由贸易区优惠原产地证书;
6. □ 中国—新西兰自由贸易区优惠原产地证书;
7. □ 中国—新加坡自由贸易区优惠原产地证书;
8. □ 输欧盟蘑菇罐头原产地证明书;
9. □ 烟草真实性证书;
10. □ 中华人民共和国出口货物原产地证明书;
11. □ 加工装配证书;
12. □ 转口证明书;
13. □ 其他原产地证书(请列明＿＿＿＿＿＿＿＿＿＿＿＿＿＿＿＿＿＿)。

备注:	申报员(签名):　　　电话:
	日期:　　　年　　月　　日

出口地商会签发的原产地证明如下：

1. Exporter Tianjin Lingtong Foodstuff Trade Company Nanjing Road 50, Tianjin, China	Certificate No. ********** **CERTIFICATE OF ORIGIN** **OF** **THE PEOPLE'S REPUBLIC OF CHINA**
2. Consignee Eastone Import & Export Trade Co., Ltd. First Avenue 100, London, England	
3. Means of transport and route FROM TIANJIN CHINA TO LONDON UK BY SEA	5. For certifying authority use only
4. Country / region of destination UK	

6. Marks and num- bers	7. Number and kind of packages; description of goods	8. H.S. Code 9. Quantity	10. Number and date of invoices
Eastone 201203006 England C/No. 1-1000	ONE THOUSAND (1000) CTNS CANNED LYCHEE IN SYRUP ************	2008991000　12 000Cans	LT2012020 Apr. 15, 2012

| 11. Declaration by the exporter
　　The undersigned hereby declares that the above details and statements are correct, that all the goods were produced in China and that they comply with the Rules of Origin of the People's Republic of China.

Tianjin Lingtong Foodstuff Trade Company
　　（盖章）

　Tianjin, Apr. 22, 2012 Wanglei

Place and date, signature and stamp of authorized signatory | 12. Certification
　　It is hereby certified that the declaration by the exporter is correct.

Tianjin Chamber of Commerce
　　（盖章）

　Tianjin, Apr. 22, 2012

Place and date, signature and stamp of certifying authority |

实训二　FOB＋TT 集装箱整箱海运出口业务

原产地证书申请书

申请单位及注册号码＊＊＊＊＊＊（领通公司盖章）　　证书号码：＊＊＊＊＊＊＊＊

申请人郑重声明：

本人是被正式授权代表申请单位办理原产地证明书和签署本申请书的。

本人所提供原产地声明书及所附单据内容正确无误，如发现弄虚作假、冒充证书所列货物、擅改证书，自愿按照有关规定接受处罚并负法律责任。现将有关情况申报如下：

生产单位	天津领通罐头食品厂	联系人	刘君	电话	13579000888
中文品名	HS 编码	产品进口成分	数（重）量	FOB 值（美元）	
糖水荔枝罐头	2008991000	0%	12 000CANS IN 1 000CTNS G. W. 14 000KGS	USD 28 260. 00	
发票号码	LT2012020	商品 FOB 总值（以美元计）		USD28 260. 00	

贸易方式（请在相应的"□"内打"√"）

☑一般贸易	□加工贸易	□零售贸易	□展卖	□其他

中转国/地区		最终销售国	英国	出口日期	2012. 4. 25

申请证书类型：（请在相应的"□"内打"√"）

1. □　普惠制原产地证书；
2. □　《亚太贸易协定》优惠原产地证书；
3. □　《中国—东盟自由贸易区》优惠原产地证书；
4. □　《中国—巴基斯坦自由贸易区》优惠原产地证书；
5. □　中国—智利自由贸易区优惠原产地证书；
6. □　中国—新西兰自由贸易区优惠原产地证书；
7. □　中国—新加坡自由贸易区优惠原产地证书；
8. □　输欧盟蘑菇罐头原产地证明书；
9. □　烟草真实性证书；
10. ☑　中华人民共和国出口货物原产地证明书；
11. □　加工装配证书；
12. □　转口证明书；
13. □　其他原产地证书（请列明_____）。

备注：	申报员（签名）：王磊　电话:022-13579000
	日期:2012 年 4 月 18 日

经审核出口地商会签发的原产地证明内容无误。

任务八:提供代理报关所需资料

本案例中出口商决定委托货代代理报关,所以领通公司需要向货代提供必要的代理报关资料。请根据相关信息和补充资料填写出口货物报关单作为提供给货代的报关资料。

补充信息:

船名航次:TBA V.117

提单号:COBL0001791

装运日期:2012-4-25

报关单位代码:2200013196

随附单据:发票、装箱单、出境货物通关单等

中华人民共和国海关出口货物报关单

预录入编号: 　　　　　　　　　　　　　　　　海关编号:

出口口岸		备案号		出口日期		申报日期
经营单位		运输方式	运输工具名称		提运单号	
发货单位		贸易方式	征免性质		结汇方式	
许可证号		运抵国(地区)	指运港		境内货源地	
批准文号		成交方式	运费	保费		杂费
合同协议号		件数	包装种类	毛重(公斤)		净重(公斤)
集装箱号		随附单据			生产厂家	
标记唛码及备注						
项号　商品编号　商品名称、规格型号　数量及单位　最终目的国(地区)　单价　总价　币制　征免						
税费征收情况						

录入员　　录入单位	兹声明以上申报无讹并承担法律责任	海关审单批注及放行日期(签章)	
报关员		审单	审价
	申报单位(签章)	征税	统计
单位地址			
邮编　　电话　　填制日期		查验	放行

中华人民共和国海关出口货物报关单

预录入编号：　　　　　　　　　　　　　　　　　　　　海关编号：

出口口岸　天津海关	备案号		出口日期 2012.4.25	申报日期
经营单位　2200013196 天津领通食品贸易公司	运输方式 江海运输	运输工具名称 TBA V.117		提运单号 COBL0001791
发货单位　2200013196 天津领通食品贸易公司	贸易方式 一般贸易	征免性质 一般征税		结汇方式 TT
许可证号	运抵国（地区） 英国	指运港 伦敦		境内货源地 天津
批准文号	成交方式 FOB	运费	保费	杂费
合同协议号　201203006	件数 1 000 箱	包装种类 纸箱	毛重（公斤） 14 000	净重（公斤） 12 000
集装箱号　YMU259654	随附单据 发票、装箱单、出境货物通关单等		生产厂家 天津领通罐头食品厂	

标记唛码及备注
Eastone
201203006
London
C/No. 1-1000

项号	商品编号	商品名称、规格型号	数量及单位	最终目的国（地区）	单价	总价	币制	征免
01	2008991000	糖水荔枝罐头	12 000 罐	英国	1.5	18 000	英镑	

税费征收情况

录入员　　录入单位	兹声明以上申报无讹并承担法律责任	海关审单批注及放行日期（签章）	
报关员		审单	审价
	申报单位（签章）	征税	统计
单位地址 邮编　　电话　　填制日期		查验	放行

任务九：审核提单

货物装船后，货代发来承运人将要签发的正本提单传真件，请托运人做正式签发之前的核对，如有问题托运人应及时告知货代，要求承运人更正后再正式签发正本提单。请根据相关信息替王磊审核以下提单。

Shipper Insert Name, Address and Phone Tianjin Lingtong Foodstuff Trade Company Nanjing Road 50, Tianjin, China 022-13579000	B/L No. COBL0001791

<table>
<tr><td>Shipper Insert Name, Address and Phone
Tianjin Lingtong Foodstuff Trade Company
Nanjing Road 50, Tianjin, China
022-13579000</td><td rowspan="2" colspan="2">中远集装箱运输有限公司
COSCO CONTAINER LINES
TLX: 33057 COSCO CN
FAX: +86(021) 6545 8984
ORIGINAL</td></tr>
<tr><td>Consignee Insert Name, Address and Phone
TO ORDER</td></tr>
<tr><td>Notify Party Insert Name, Address and Phone
Eastone Import & Export Trade Co., Ltd.
First Avenue 10, London, England
44-20-88664422</td><td colspan="2">Port-to-Port or Combined Trabsport
BILL OF LADING</td></tr>
<tr><td>Combined Trabsport
Pre-carriage by</td><td>Combined Trabsport
Place of Receipt</td><td rowspan="4">SHIPPED on board in apparent good order and condition(unless otherwise indicated) the goods or packages specified herein and to be discharged at the mentioned port of discharge or as near there to as the vessel may safely get and be always afloat.
The weight, measure, marks and numbers, quality, contents and value, being particulars furnished by the Shipper, are not checked by the Carrier on loading.
The Shipper. Consignee and the Holder of this Bill of Lading hereby expressly accept and agree to all printed, written or stamped provisions, exceptions and conditions of this Bill of Lading, including those on the back hereof.
IN WITNESS where of the number of original Bills of Lading stated below have been signed, one of which being accomplished, the other(s) to be void.</td></tr>
<tr><td>Ocean Vessel Voy. No.
TBA V. 117</td><td>Port of Loading
TIANJIN</td></tr>
<tr><td>Port of Discharge
LIVERPOOL</td><td>Combined Trabsport
Place of Delivery</td></tr>
</table>

Marks & Nos. Container/Seal No.	No. of Containers or Packages	Description of Goods	Gross Weight Kgs	Measurement
Eastone 201203006 London C/No. 1-1000 YMU259654/56789	100CTNS 1 × 20′FCL	LYCHEE FREIGHT PREPAID	12 000KGS	23.63CBM
		Description of Contents for Shipper's Use Only(Not part of This B/L Contract)		

Total Number of containers and/or packages(in words) ONE THOUSAND CARTONS ONLY

Freight & Charges	Revenue Tons	Rate	Per	Prepaid	Collect
Ex. Rate:	Prepaid at	Payable at LONDON		Place and date of issue TIANJIN APR. 15, 2012	
	Total Prepaid	No. of Original B(s)/L THREE(3)		Signed for the Carrier COSCO CONTAINER LINES * * *	

LADEN ON BOARD THE VESSEL TBA V. 117
DATE: APR. 25, 2012   BY: COSCO CONTAINER LINES

实训二 FOB+TT 集装箱整箱海运出口业务

经审核, 提单存在如下问题:

1. _____

2. _____

3. _____

4. _____

5. _____

6. _____

7. _____

【参考答案】

经审核,提单存在下列问题:

1. 通知方地址错误,应为"First Avenue 100, London, England"。

2. 目的港错误,应为"London"。

3. 货名错误,应为"Canned Lychee in Syrup"。

4. 包装件数错误,应为"1 000CTNS"。

5. 毛重错误,应为"14 000KGS"。

6. 不应注明 FREIGHT PREPAID,应注明"FREIGHT COLLECT"。

7. 提单日期错误,应为"2012-4-25"。

任务十:发装船通知

货物装船后,业务员王磊按照合同要求准备向进口商发送装船通知。请根据相关信息,替王磊拟写一份装船通知。

装 运 通 知
Shipping Advise

1. 出口商 Exporter	4. 发票号 Invoice No.
	5. 合同号 Contract No. 6. 信用证号 L/C No.
2. 进口商 Importer	7. 运输单证号 Transport document No.
	8. 价值 Value
3. 运输事项 Transport details	9. 装运口岸和日期 Port and date of shipment
10. 运输标志和集装箱号 Shipping marks; Container No.	11. 包装类型及件数;商品名称或编码;商品描述 Number and kind of packages; Commodity No.; Commodity description

<table>
<tr><td colspan="2" align="center">自由处置区
Free disposal</td></tr>
<tr><td></td><td>12. 出口商签章
Exporter stamp and signature</td></tr>
</table>

【参考答案】

装 运 通 知
Shipping Advise

1. 出口商 Exporter Tianjin Lingtong Foodstuff Trade Company Nanjing Road 50, Tianjin, China	4. 发票号 Invoice No. LT2012020
	5. 合同号 Contract No. 201203006 6. 信用证号 L/C No.
2. 进口商 Importer Eastone Import & Export Trade Co., Ltd. First Avenue 100, London, England	7. 运输单证号 Transport document No. COBL0001791
	8. 价值 Value GBP18 000.00
3. 运输事项 Transport details FROM TIANJIN TO LONDON BY VESSEL TBA V.117	9. 装运口岸和日期 Port and date of shipment TIANJIN APR. 25, 2012
10. 运输标志和集装箱号 Shipping marks; Container No. Eastone 201203006 London C/No. 1-1000 YMU259654/56789	11. 包装类型及件数;商品名称或编码;商品描述 Number and kind of packages; Commodity No.; Commodity description CANNED LYCHEE IN SYRUP 12 000CANS IN 1 000CTNS
自由处置区 Free disposal	
	12. 出口商签章 Exporter stamp and signature Tianjin Lingtong Foodstuff Trade Company 王磊

四、实训总结

请写出完成实训的心得体会：

实训三

CIF + LC 集装箱整箱海运出口业务

一、实训目的

1. 掌握判断客户来函性质、分析客户来函意图的技巧。实训内容包括：对老客户询盘的判断与分析。

2. 掌握出口业务中常用的计算。实训内容包括：集装箱装箱量的计算、净价改报含佣价的计算、垫款利息的计算等。

3. 掌握落实信用证的方法和技巧。实训内容包括：根据合同审核信用证、要求开证申请人修改信用证。

4. 掌握信用证项下制单的方法与技巧。实训内容包括：缮制商业发票、缮制装箱单、缮制受益人证明等。

5. 掌握 CIF + LC 出口时订舱委托书的缮制方法与注意事项。

6. 掌握信用证项下交单的方法与注意事项。

二、背景资料

出口商名称：上海茂华鞋业出口公司

Shanghai Maohua Shoes Export Company

出口商地址：上海市南京路 112 号

No. 112 Nanjing Road Shanghai，China

联系电话： 021-25678900

传真： 021-25678900

主管业务员：Lucy

进口商名称：凯撒集团

Kaiser Group

进口商地址:美国洛杉矶金巴伦道 24 号

No. 24 Cumberland Road Los Angeles, America

主管业务员:Tom

三、实训任务

任务一:判断对方来函性质并作初步分析

美国鞋类产品的进口绝大多数来自我国。在过去的几年当中,上海茂华鞋业出口公司和美国凯撒集团一直保持着非常愉快的合作。

2012 年 4 月 9 日(周一),Lucy 收到了来自美国凯撒集团 Tom 的一封邮件,内容如下:

Apr. 9, 2012

Shanghai Maohua Shoes Export Company

No. 112 Nanjing Road Shanghai, China

Dear Lucy,

Now our market is badly in need of large quantity of your Woman Sports Shoes, Style No. YK257. Would you please quote us your best price in USD/pc on CIF LOS ANGELES for $1 \times 20'$ container, including your packing way and your best lead time etc. Your early reply will be much appreciated.

Yours

Tom

Kaiser Group

No. 24 Cumberland Road Los Angeles, America

讨论内容:

1. 美国凯撒集团的来函是发盘吗?

2. 我方应如何看待来函?

3. 针对来函我方应作出怎样的反应?

讨论记录：

1. 美国凯撒集团的来函是发盘吗？

2. 我方应如何看待来函？

3. 针对来函我方应作出怎样的反应？

【参考答案】

1. 美国凯撒集团的来函不是发盘，而是询盘。

2. 美国凯撒集团是我方的老客户，且过去几年合作一直愉快。这封询盘表达了对具体商品的强烈需求，因而很可能意味着一个实在的潜在订单。

3. 在整体出口状况并不乐观的大背景下，抓住订单实现出口利润对我方至关重要。因此我方必须尽快按对方要求作出报价。根据对方来函中提到的一个 20 英尺集装箱的购买数量，我方应先计算出一个 20 英尺集装箱的实际装箱数量。

任务二：计算 20 英尺集装箱的装箱量

请根据实际业务背景和补充资料计算一个 20 英尺集装箱能装多少双鞋。

补充资料：

集装箱内部长、宽、高：5 917 毫米 × 2 336 毫米 × 2 249 毫米

内容积：31 立方米

最大载重：22 公吨

装箱方式：20 双/箱

毛重：15 千克/箱

纸箱规格：570 毫米 × 420 毫米 × 380 毫米

求：装箱总件数、总数量

计算过程：

	集装箱长 (5 917 毫米)	集装箱宽 (2 336 毫米)	集装箱高 (2 249 毫米)	装箱数量(箱)
方式1				
方式2				
方式3				
方式4				
方式5				
方式6				

最佳摆放方式是：＿＿＿＿＿＿＿＿＿＿＿

最多摆放箱数是：＿＿＿＿＿＿＿＿＿＿＿

验证：

如果按集装箱承重计算，最多可装箱数是：＿＿＿＿＿＿＿＿＿＿＿

结论：应按＿＿＿＿＿＿装箱

装箱总数量是：＿＿＿＿＿＿＿＿＿＿＿

【参考答案】

因为纸箱的长宽高尺寸各不相同,在对摆放方式没有特别要求的情况下,在集装箱中有六种摆放方式,以装箱数量最多、浪费空间最少的为最佳摆放方式。

计算过程：

	集装箱长 (5 917 毫米)	集装箱宽 (2 336 毫米)	集装箱高 (2 249 毫米)	装箱数量(箱)
方式1	570	420	380	10 × 5 × 5 = 250
方式2	570	380	420	10 × 6 × 5 = 300
方式3	420	570	380	14 × 4 × 5 = 280
方式4	420	380	570	14 × 6 × 3 = 252
方式5	380	570	420	15 × 4 × 5 = 300
方式6	380	420	570	15 × 5 × 3 = 225

最佳摆放方式是：方式2和方式5。

最多摆放箱数是：300箱。

验证：

如果按集装箱承重计算,最多可装箱数是：22 000(千克) ÷ 15(千克/箱) = 1 466(箱)。

结论：因为300 < 1 466,所以应按体积装箱。

装箱总数量是：20(双/箱) × 300(箱) = 6 000(双)。

任务三:净价改报含佣价

4月10日,茂华给凯撒集团报价USD12.5/pair CIF LOS ANGELES,4月11日凯撒集团发来邮件,要求茂华改报CIFC3价格。请替Lucy计算在保证茂华原收益不变的情况下,应改报为多少。

计算过程:

【参考答案】

含佣价 = 净价 ÷ (1 - 佣金率)

所以:CIFC3 = 12.5 ÷ (1 - 3%) = 12.5 ÷ 0.97 ≈ USD 12.89。

任务四:计算垫款利息

假设女运动鞋(Style No. YK257)的采购成本价格为人民币52元/双,银行当前贷款年利率为6.56%,预计贷款天数70天。请根据实际业务背景替Lucy计算垫款利息。

计算过程:

【参考答案】

采购成本 = 52(元人民币 / 双) × 6 000(双) = 312 000(元人民币)

垫款利息 = 采购成本 × 贷款年利率 ÷ 365 × 垫款天数

= 312 000 × 6.56% ÷ 365 × 70

= 3 925.22(元人民币)

任务五:根据合同审核信用证

经过反复磋商之后,茂华公司与凯撒集团于4月20日签订合同,其内容如下:

SALES CONFIRMATION

The Seller: Shanghai Maohua Shoes Export Company   Contract No. SC3350186
Address: No. 112 Nanjing Road Shanghai, China   Date: Apr. 20, 2012

The Buyer: Kaiser Group
Address: No. 24 Cumberland Road Los Angeles, America

  This Sales Contract is made by and between the Seller and the Buyer, whereby the Seller agree to sell and the Buyer agree to buy the under-mentioned goods according to the terms and conditions stipulated below:

Description of Goods	Quantity	Unit Price	Amount
Woman Sports Shoes Style No. YK257	6 000pairs	CIFC3 Los Angeles USD12. 89/pair	USD77 340. 00
TOTAL	6 000pairs		USD77 340. 00
Total Amount: SAY US DOLLARS SEVENTY SEVEN THOUSAND THREE HUNDRED AND FORTY ONLY			

Packing: 1pair/shoebox, 20pairs/carton
Shipping Mark: K. G
     SC3350186
     LOS ANGELES
     C/NO. 1-300
Time of Shipment: Within 60 days upon receipt of the L/C which accord with relevant clauses of
       this Contract
Port of loading: Shanghai, China
Port of destination: Los Angeles, America
Partial Shipment: Not allowed
Transshipment: Allowed
Insurance: To be effected by the seller for 110% invoice value covering All Risks and War Risk as
     per CIC of PICC dated 01/01/1981
Terms of Payment: By L/C at sight, reaching the seller before May 1, 2012, and remaining valid for
     negotiation in China for further 15 days after the effected shipment. L/C must
     mention this contract number. L/C advised by BANK OF CHINA. All banking
     Charges outside China (the mainland of China) are for account of the Drawee. In
     case of late arrival of the L/C, the seller shall not be liable for any delay in ship-
     ment and shall have the right to rescind the contract and/or claim for damages
Documents:
+ Signed commercial invoice in triplicate
+ Packing List in triplicate
+ Full set (3/3) of clean on board ocean Bill of Lading marked "Freight Prepaid" made out to or-
der blank endorsed notifying the applicant
+ Insurance Policy in duplicate endorsed in blank
+ Certificate of Origin issued by China Chamber of Commerce
  This contract is made in two original copies and becomes valid after signature, two copies to be held by each party.

Signed by:

     THE SELLER: **THE BUYER:**
   Shanghai Maohua Shoes Export Company   Kaiser Group
      Lucy   Tom

实训三 CIF+LC 集装箱整箱海运出口业务

2012 年 4 月 26 日,茂华公司收到凯撒集团通过花旗银行开来的信用证,内容如下:

ISSUE OF DOCUMENTARY CREDIT

27: SEQUENCE OF TOTAL: 1/1
40A: FORM OF DOCUMENTARY CREDIT: IRREVOCABLE
20: DOCUMENTARY CREDIT NUMBER: LRT0606258
31C: DATE OF ISSUE: 20120423
40E: APPLICABLE RULES: UCP LATEST VERSION
31D: DATE AND PLACE OF EXPIRY: 20120515 AMERICA
50: APPLICANT: KAISER GROUP
               NO. 24 CUMBERLAND ROAD LOS ANGELES, AMERICA
59: BENEFICIARY: SHANGHAI MAOHUA SHOES EXPORT COMPANY
               NO. 112 NANJING ROAD SHANGHAI, CHINA
32B: CURRENCY CODE, AMOUNT: USD7734
41D: AVAILABLE WITH ... BY ... : ANY BANK BY NEGOTIATION
42C: DRAFTS AT ... : 90 DAYS AFTER SIGHT
42A: DRAWEE: ISSUING BANK
43P: PARTIAL SHIPMENTS: NOT ALLOWED
43T: TRANSHIPMENT: NOT ALLOWED
44E: PORT OF LOADING/AIRPORT OF DEPARTURE: SHANGHAI, CHINA
44F: PORT OF DISCHARGE/AIRPORT OF DESTINATION: LOS ANGELES, AMERICA
44C: LATEST DATE OF SHIPMENT: 20120520
45A: DESCRIPTION OF GOODS AND/OR SERVICES: WOMAN SPORTS SHOES
STYLE NO. YK257 AT CIFC3 LOS ANGELES USD12. 89/PAIR
1PAIR/SHOEBOX, 20PAIRS/CARTON
46A: DOCUMENTS REQUIRED
+ SIGNED COMMERCIAL INVOICES IN TRIPLICATE INDICATING CONTRACT NO.
+ PACKING LIST INDUPLICATE INDICATING CONTRACT NO.
+ FULL SET (3/3) OF CLEAN ON BOARD OCEAN BILL OF LADING MADE OUT TO ORDER
  AND BLANK ENDORSED MARKED "FREIGHT TO COLLCET" NOTIFYING THE APPLICANT
+ CERTIFICATE OF ORIGIN ISSUED BY A LOCAL CHAMBER OF COMMERCE LOCATED IN
  THE EXPORTING COUNTRY
+ BENEFICIARY'S CERTIFICATE CERTIFYING THAT ONE COPY OF EACH DOCUMENT
  HAS BEEN SENT TO APPLICANT BY FAX/E-MAIL WITHIN 10 DAYS FROM THE DATE
  OF TRANSPORT DOCUMENT
47A: ADDITIONAL CONDITIONS
+ BENEFICIARY MUST SEND ONE COPY OF EACH DOCUMENT TO APPLICANT BY FAX/
  E-MAIL WITHIN 10 DAYS FROM THE DATE OF TRANSPORT DOCUMENT
+ DOCUMENTS UNDER THIS CREDIT, INCLUDING DRAFT IF ANY, MUST BE MADE OUT
  IN ENGLISH LANGUAGE AND SHOW THIS LC NO.
+ DOCUMENTS DATED PRIOR TO THE DATE OF THIS CREDIT ARE NOT ACCEPTABLE
+ SHIPMENT MUST BE EFFECTED IN 20 FEET CONTAINER AND BILL OF LADING MUST
  EVIDENCE TO THIS EFFECT
71B: CHARGES: ALL CHARGES AND COMMISSIONS ARE FOR ACCOUNT OF BENEFICIA-
     RY INCLUDING REIMBURSING CHARGES
48: PERIOD FOR PRESENTATION: WITHIN 21 DAYS AFTER THE DATE OF SHIPMENT,
    BUT WITHIN THE VALIDITY OF THIS CREDIT
49: CONFIRMATION INSTRUCTIONS: WITHOUT
53A: REIMBURSING BANK: JPMORGAN CHASE BANK, N. A.
               4 NEW YORK PLAZA FLOOR 15
               NEW YORK, NY, UNITED STATES
57A: ADVISE THROUGH BANK: BANK OF CHINA (SHANGHAI BRANCH)
NO. 23 ZHONGSHAN EAST FIRST ROAD SHANGHAI, CHINA

经审核,信用证存在如下问题:

1. _____
2. _____
3. _____
4. _____
5. _____
6. _____
7. _____
8. _____
9. _____
10. _____

【参考答案】

1. 31D 中信用证有效期应为"2012 年 7 月 10 日"。

2. 31D 中信用证到期地点应为"中国"。

3. 32B 中信用证金额应为"USD77 340.00"。

4. 42C 中汇票期限应为"at sight"。

5. 43T 中转船运输应为"ALLOWED"。

6. 44C 中最迟装运日应为"2012 年 6 月 26 日"。

7. 46A 中提单不应要求显示 FREIGHT TO COLLCET,应显示"FREIGHT PREPAID"。

8. 46A 中装箱单份数应为三份,"IN TRIPLICATE"。

9. 46A 中漏掉了保险单,"INSURANCE POLICY/CERTIFICATE IN DUPLI-CATE ENDORSED IN BLANK FOR 110% INVOICE VALUE, COVERING ALL RISKS AND WAR RISK OF CIC OF PICC(1/1/1981)"。

10. 71B 的规定与合同条款不符,根据合同应为"All banking Charges outside China(the mainland of China)are for account of the Drawee"。也就是说,应由开证行负担偿付费用。

任务六:修改信用证

经过仔细审核,Lucy 共发现信用证存在上述十个必须修改的问题,决定马上给 Tom 写一封邮件,告知信用证中存在的问题,并请他立即修改。请在下列方框内代 Lucy 拟写邮件。

【参考答案】

Dear Tom,

We've received L/C No. LRT0606258 issued by Citibank, Los Angeles branch. However, on going through the L/C, we find the following points do not confirm to our Contract No. SC3350186:

1. The expiry date of the L/C should be extended to 20120710.

2. The expiry place of the L/C should be in China.

3. The amount is USD77 340.00 instead of USD7 734.

4. Draft should be at sight instead of 90 days after sight.

5. Transshipment should be allowed instead of not allowed.

6. The latest date of shipment should be extended to 20120626.

7. The B/L should be marked "Freight Prepaid" instead of "Freight to Collect".

8. The packing list should be in triplicate instead of in duplicate.

9. You have missed the insurance policy, which should be "in duplicate endorsed in blank for 110% invoice value, covering All Risks and War Risk of CIC of PICC (1/1/1981)".

10. The charges should be "All banking Charges outside China (the mainland of China) are for account of the Drawee".

Thank you for your kind cooperation. Please see to it that the L/C amendment reaches us within 5 day so as to effect shipment smoothly.

Best regards

Lucy

任务七：制作商业发票

请根据实际业务背景和补充资料，制作信用证项下商业发票。
补充信息：
发票号：IV228789
发票日期：20120620
贸易方式：一般贸易
集装箱号：CBHU3202732
商品编码：6404110000
授权签字人：刘立

商 业 发 票
Commercial Invoice

<table>
<tr>
<td colspan="2">1. 出口商 Exporter</td>
<td colspan="3">4. 发票日期和发票号 Invoice Date and No.</td>
</tr>
<tr>
<td colspan="2"></td>
<td colspan="2">5. 合同号 Contract No.</td>
<td>6. 信用证号 L/C No.</td>
</tr>
<tr>
<td colspan="2">2. 进口商 Importer</td>
<td colspan="3">7. 原产地国 Country/region of origin</td>
</tr>
<tr>
<td colspan="2"></td>
<td colspan="3">8. 贸易方式 Trade mode</td>
</tr>
<tr>
<td colspan="2">3. 运输事项 Transport details</td>
<td colspan="3">9. 交货和付款条款 Terms of delivery and payment</td>
</tr>
<tr>
<td>10. 运输标志和集装箱号码
Shipping marks；Container No.</td>
<td>11. 包装类型及件数；商品编码；商品描述 Number and kind of packages；Commodity No.；Commodity description</td>
<td>12. 数量 Quantity</td>
<td>13. 单价 Unit price</td>
<td>14. 金额 Amount</td>
</tr>
<tr>
<td colspan="5">15. 总值（用数字和文字表示）Total amount（in figure and word）</td>
</tr>
<tr>
<td colspan="2"></td>
<td colspan="3">16. 出口商签章 Exporter stamp and signature</td>
</tr>
</table>

商 业 发 票

Commercial Invoice

1. 出口商 Exporter Shanghai Maohua Shoes Export Company No. 112 Nanjing Road Shanghai, China	4. 发票日期和发票号 Invoice Date and No. JUNE 20, 2012 IV228789	
	5. 合同号 Contract No. SC3350186	6. 信用证号 L/C No. LRT0606258
2. 进口商 Importer Kaiser Group No. 24 Cumberland Road Los Angeles, America	7. 原产地国 Country/region of origin CHINA	
	8. 贸易方式 Trade mode GENERAL	
3. 运输事项 Transport details FROM SHANGHAI TO LOS ANGELES BY SEA	9. 交货和付款条款 Terms of delivery and payment CIFC3 L/C AT SIGHT	

10. 运输标志和集装箱号码 Shipping marks; Container No. K. G SC3350186 LOS ANGELES C/NO. 1-300 CBHU3202732	11. 包装类型及件数;商品编码;商品描述 Number and kind of packages; Commodity No. ; Commodity description WOMAN SPORTS SHOES Style No. YK257 1pair/shoebox 20pairs/carton H. S CODE: 6404110000	12. 数量 Quantity 6 000 PAIRS	13. 单价 Unit price CIFC3 LOS ANGELES USD 12.89/PAIR	14. 金额 Amount USD77 340.00

15. 总值(用数字和文字表示)Total amount(in figure and word) SAY US DOLLARS SEVENTY SEVEN THOUSAND THREE HUNDRED AND FORTY ONLY.

	16. 出口商签章 Exporter stamp and signature Shanghai Maohua Shoes Export Company 刘立

任务八：制作装箱单

请根据实际业务背景和已知资料，制作信用证项下装箱单。

装 箱 单
Packing list

1. 出口商 Exporter		3. 装箱单日期 Packing list date		
2. 进口商 Importer		4. 合同号 Contract No.		
		5. 发票号和日期 Invoice No. and Date		
6. 运输标志和集装箱号 Shipping marks; Container No.	7. 包装类型及件数；商品名称 Number and kind of packages; Commodity name	8. 毛重千克 Gross weight		9. 体积立方米 Cube
	10. 出口商签章 Exporter stamp and signature			

装 箱 单
Packing list

1. 出口商 Exporter Shanghai Maohua Shoes Export Company No. 112 Nanjing Road Shanghai, China	3. 装箱单日期 Packing list date JUNE 20, 2012
2. 进口商 Importer Kaiser Group No. 24 Cumberland Road Los Angeles, America	4. 合同号 Contract No. SC3350186
	5. 发票号和日期 Invoice No. and Date JUNE 20, 2012 IV228789

6. 运输标志和集装箱号 Shipping marks; Container No. K. G SC3350186 LOS ANGELES C/NO. 1-300 CBHU3202732	7. 包装类型及件数;商品名称 Number and kind of packages; Commodity name WOMAN SPORTS SHOES Style No. YK257 6 000pairs in 300 cartons	8. 毛重千克 Gross weight 4 500KGS	9. 体积立方米 Cube 27. 29CBM

LC NO. LRT0606258

10. 出口商签章 Exporter stamp and signature Shanghai Maohua Shoes Export Company 刘立

任务九：缮制受益人证明

请根据实际业务背景在下面方框内制作信用证项下的受益人证明。

【参考答案】

BENEFICIARY'S CERTIFICATE

June 26，2012

L/C NO：LRT0606258

DATE：Apr. 23，2012

To whom it may concern：

We heheby certify that one copy of each document has been sent to applicant by fax/e-mail within 10 days from the date of transport document.

Shanghai Maohua Shoes Export Company

刘立

任务十：缮制订舱委托书

2012 年 6 月 20 日，上海茂华鞋业出口公司决定委托振华货运代理有限公司向中远集装箱运输有限公司（COSCO Container Lines）预订 2012 年 6 月 25 日由上海港去往洛杉矶的舱位及代理报关事宜。请根据实际业务背景和补充资料缮制订舱委托书。

补充资料：

随附单据：商业发票 3 份、装箱单 3 份、报关单 1 份

产地装箱地址：上海市浦东新区工业路 11 号

联系人：赵兵

电话：021-25678900　13812345678

订舱委托书		日　期	
根据《中华人民共和国合同法》与《中华人民共和国海商法》就出口货物委托运输事宜订立本合同。		合同号	
		付款方式	
托运人		信用证号	
提单抬头		运输方式	
通知人		装运期限	

出口口岸		目的港		价格条件	
可否分批		可否转运		单价	
运费预付		运费到付		总值	

标志唛头	货描	提单正本	
		提单副本	
		包装件数	
		毛重	
		尺码	
		是否法检	
		是否自送货	
集装箱预配规格、数量		是否产地装箱	

产地装箱地址：
联系人：
电话：

特种/超大/超重/危险货物说明

提单制作要求

随附单据	发票		装箱单		报关单	
	许可证					
委托人信息	名称		地址		电话	
	传真		联系人		盖章	

备注

订舱委托书			日　期	2012 年 6 月 20 日	
根据《中华人民共和国合同法》与《中华人民共和国海商法》就出口货物委托运输事宜订立本合同。			合同号	SC3350186	
			付款方式	L/C	
托运人	Shanghai Maohua Shoes Export Company		信用证号	LRT0606258	
提单抬头	TO ORDER		运输方式	BY SEA	
通知人	Kaiser Group No. 24 Cumberland Road Los Angeles , America		装运期限	BEFORE 20120626	
出口口岸	SHANGHAI	目的港	LOS ANGELES	价格条件	CIFC3
可否分批	NO	可否转运	YES	单价	USD12.89/PAIR
运费预付	YES	运费到付		总值	USD77 340.00
标志唛头		货描		提单正本	THREE
K. G SC3350186 LOS ANGELES C/NO. 1-300		WOMAN SPORTS SHOES Style No. YK257		提单副本	THREE
				包装件数	300CTNS
				毛重	4 500KGS
				尺码	27.29CBM
				是否法检	YES
				是否自送货	
集装箱预配规格、数量		1 × 20′FCL		是否产地装箱	YES
产地装箱地址:上海市浦东新区工业路 11 号 联系人:赵兵 电话:021-25678900　13812345678					
特种/超大/超重/危险货物说明					
提单制作要求 + FULL SET(3/3) OF CLEAN ON BOARD OCEAN BILL OF LADING MADE OUT TO OR-DER AND BLANK ENDORSED MARKED "FREIGHT PREPAID" NOTIFYING THE AP-PLICANT + DOCUMENTS UNDER THIS CREDIT, INCLUDING DRAFT IF ANY, MUST BE MADE OUT IN ENGLISH LANGUAGE AND SHOW THIS LC NO + SHIPMENT MUST BE EFFECTED IN 20 FEET CONTAINER AND BILL OF LADING MUST EVIDENCE TO THIS EFFECT					

随附单据	发　票	3	装箱单	3	报关单	1
	许可证					

委托人信息	名　称	上海茂华鞋业出口公司	地址	上海市南京路 112 号	电　话	021-25678900
	传　真	021-25678900	联系人	Lucy	盖　章	

备注	

任务十一:讨论信用证项下交单的准备工作和注意事项

2012 年 6 月 25 日货物出运后,上海茂华鞋业出口公司于 6 月 26 日拿到正本提单并缮制完成信用证项下的全部单据。请根据实际业务背景讨论信用证项下交单的准备工作和注意事项。

讨论内容:

1. 本案例信用证项下需要提交哪些单据?
2. 本案例信用证项下交单的时间和地点是什么?
3. 交单前需要完成哪些工作?
4. 审单的方法有哪些?
5. 信用证项下交单时的注意事项是什么?

讨论记录:

1. 本案例信用证项下需要提交哪些单据?

2. 本案例信用证项下交单的时间和地点是什么?

3. 本案例交单前需要完成哪些工作?

4. 审单的方法有哪些?

5. 本案例信用证项下交单时的注意事项是什么?

【参考答案】

1. 本案例信用证项下需要提交的单据有:商业发票、装箱单、海运提单、保险单、原产地证明书、受益人证明、汇票。

2. 本案例信用证中规定的交单时间是装运日期后 21 天内且在信用证有效期内。本案例装运日期为 2012 年 6 月 25 日,信用证有效期为 2012 年 7 月 10 日,所以交单日期最迟应为 2012 年 7 月 10 日。本案例信用证属于自由议付信用证,所以受益人可以在上海的任意一家同意议付的银行交单,包括作为通知行的中国银行上海分行。

3. 本案例交单前需要完成的工作主要是制单和审单。制单时首先要仔细研读制单的依据,最先制作商业发票,然后制作装箱单和受益人证明,再集齐信用证要求的、其他出单人出具的海运提单、保险单和原产地证明书,最后制作汇票。受益人审单的最主要依据是信用证及 UCP600。

4. 审单的方法有以下三种:

(1)自审与互审相结合。

单证员在制单后或拿到单据后应先自审,再交由其他单证员或业务员互审。

(2)横审与纵审相结合。

先以信用证为核心,将所有单据逐一与信用证要求进行对照审核,此为横审;再以商业发票为核心,逐一将单据与单据进行对照审核,此为纵审。

(3)必要时送银行预审。

如果时间允许且条件具备,可以将信用证项下制作完成的全套单据送到银行,请银行有经验的审单专家进行预审,如发现问题应及时纠正,确认全套单据无误再正式向银行交单。

5. 本案例信用证项下交单时应注意以下事项:

(1)注意将信用证修改书与信用证正本放在一起,因为本案例中的信用证经过了修改,信用证修改书是信用证原件的有机组成部分,银行审单时是以修改后的内容为准。

(2)交单时除单据的种类要齐全之外,单据的份数也要符合信用证要求。

(3)尽可能早交单,一方面可以有时间修改银行审核中发现的问题,另一方面可以使资金早日回笼。

四、实训总结

请写出完成实训的心得体会：

实训四
CIP + DP 空运出口业务

一、实训目的

1. 掌握向新客户推介商品的方法。实训内容包括:拟写商品推介邮件。
2. 掌握判断客户来函性质、分析客户来函意图的技巧。实训内容包括:对客户询盘的判断与分析、对客户还盘的判断与分析。
3. 掌握交易磋商必备步骤的操作。实训内容包括:拟写发盘、拟写接受。
4. 掌握制作出口合同的技巧。
5. 掌握空运费计算的一般方法。
6. 掌握出口合同履行中的若干操作。实训内容包括:办理出口报检手续、审核保险单、填制汇票。

二、背景资料

出口商名称:广州恒瑞珠宝集团
　　　　　Guangzhou Hengrui Jewelry Group
出口商地址:中国广州市世纪大道 88 号
　　　　　No. 88 Centry Road Guangzhou, China
主管业务员:Jim

进口商名称:德克国际贸易公司
　　　　　Dirk International Trade Corporation
进口商地址:古巴哈瓦那东山路 110 号
　　　　　No. 110 Dongshan Road Havana, Cuba
主管业务员:Jack

三、实训任务

任务一:建立业务联系

广州恒瑞珠宝集团一直致力于开发美洲市场,近期在古巴德克国际贸易公司的网站上了解到该公司有意购进高档女式耳环(senior Women's earring)。于是主管业务员 Jim 准备主动联系对方,推销我方产品。

请在下列方框内拟写一封电子邮件,内容包括:说明信息来源;公司简介;产品简介:款式号码:SU5788(Style No. SU5788),材料类型:锌合金(Material Type: Zinc Alloy),主石:莱茵石(Main Stone:Rhinestone),每对5.9克(5.9 g/pair)。电子邮件中要强调产品的款式设计精巧独特,表达合作愿望,希望早日回复。

【参考答案】

May 18, 2012
Dirk International Trade Corporation
No. 110 Dongshan Road Havana, Cuba

Dear Sirs,

We understand from your information posted on www. CUBA DIRK. com that you are in the market for senior Women's earring. We would like to take this opportunity to introduce our company and products, with the hope that we may set up business relationship with you on the basis of mutual benefits.

We are a famous company specialized in the market of senior Women's earring, which is very popular around the whole world. Our major products, senior Women's earring, style number SU5788, is made from zinc alloy and rhinestone. It enjoys good reputation among the customers and the experts with exquisite and unique style design. I am sure both our products and service that is located in the advanced world level will meet your demand.

We are looking forward to your early reply.

Yours faithfully
Jim
Guangzhou Hengrui Jewelry Group
No. 88 Centry road Guangzhou, China

任务二:讨论对方来函性质并做初步分析

5 月 19 日,Jim 收到来自古巴德克公司 Jack 的一封回函。其内容如下:

May 19, 2012

Guangzhou Hengrui Jewelry Group

No. 88 Centry Road Guangzhou, China

Dear Jim,

Thanks for your letter of May 18, 2012. We are very interested in your products. We need about 1 000 pairs of your senior Women's earring Style No. SU5788. Please quote us on the basis of CIP Havana, Cuba. It would be appreciated if you include your earliest delivery date, terms of payment, and discounts for regular purchases.

Your early reply will be much appreciated.

Yours Sincerely

Jack

Dirk International Trade Corporation

No. 110 Dongshan Road Havana, Cuba

请判断对方来函是否属于发盘并对来函作初步分析。

讨论记录:

【参考答案】

1. 古巴公司的回函属于询盘,因此我方接下来应做好发盘的准备。

2. 古巴公司回函迅速,说明其对香港珠宝集团的产品感兴趣,并且愿意与香港公司建立业务关系。

3. 古巴公司对耳环的需求量较大,属于大客户。我方应当在保证利润的前提下,给予适当优惠的条件,争取成交,而且要着眼未来的长期合作。

4. 我方与古巴公司是第一次打交道,而且对方在询盘中对于支付方式并未作具体要求,因此我方在发盘的时可以先提出对自己较为安全的支付方式:L/C AT SIGHT。

任务三:拟写发盘

根据以下资料拟写发盘并于 5 月 20 日上午发出:

商品:高级女士耳环

货物描述:每对 5.9 克(5.9g/pair);材料类型:锌合金(Material Type:Zinc Alloy);主石:莱茵石(Main Stone:Rhinestone)

款式号:SU5788

销售数量:1 000 对

包装方式:1 对 1 盒,100 盒 1 纸箱

单价:每对 150.43 美元 CIP 哈瓦那

装运日期:2012 年 6 月 20 日之前

起运地:广州

目的地:哈瓦那,古巴

保险:按发票金额加一成投保航空运输一切险,附加战争险

支付方式:即期信用证

有效期:5 月 27 日复到有效

【参考答案】

May 20, 2012

Dirk International Trade Corporation

No. 110 Dongshan Road Havana, Cuba

Dear Jack,

We are very glad to receive your inquiry of our products of May 19, 2012. We have deal with many importers like you all over the world for periods. We provide with the best quality and lowest price. As request, we offer as follow:

Commodity: senior Women's earring

Goods Description: 5.9g/pair; Material Type: Zinc Alloy; Main Stone: Rhinestone

Style No.: SU5788

Unit Price: USD150.43/pair CIP Havana

QUANTITY: 1 000pairs

PACKING: 1pair/box, 100boxes/carton

Payment: L/C at sight

Shipment: From Guangzhou, China to Havana Cuba by air before June 20, 2012

Insurance: To be effected by the seller for 110% of the invoice value covering air transportation all risks and war risk

Reply May 27, 2012 here.

Yours Faithfully

Jim

Guangzhou Hengrui Jewelry Group

No.88 Centry Road Guangzhou, China

任务四:讨论对方回函的性质并确定应对策略

三天之后,Jim 收到了 Jack 的回函。其内容如下:

May 23, 2012

Guangzhou Hengrui Jewelry Group

No.88 Centry road Guangzhou, China

Dear Jim,

We have received your offer and check it carefully. We shall appreciate your willing to set up business relationship with us. However, your price is a little higher above the average price in our market. Would you please make some reduction in your price. Otherwise, we prefer the payment of D/A at 60 days after sight. We hope to hear from you as soon as possible.

Yours Sincerely

Jack

Dirk International Trade Corporation

No.110 Dongshan Road Havana, Cuba

请判断对方回函是否属于接受并确定我方应对策略。

讨论记录：

【参考答案】

1. 古巴公司在回函中要求我方降价，并且提出将即期信用证结算改为见票后60天远期承兑交单，这两项均构成对我方发盘的实质变更，因此古巴公司的来函属于还盘。

2. 考虑到古巴公司的购买数量较大，以及南美市场对我方公司的重要性，我方可以同意适当降低价格，例如可将预期利润率稍作下浮。

3. 考虑到与古巴公司是第一次打交道，对其信誉和经营能力并不完全了解，对方不接受信用证支付方式可能是出于资金和费用的考虑。但贸然使用远期D/A支付方式，我方将面临较大风险，故不能同意，可以考虑接受即期D/P。虽然在空运方式下，由于航空运单不是物权凭证，使用即期D/P对我方也有一定风险，但在CIP术语下我方可以通过投保短期信用保险的方式规避收汇风险。

任务五：拟写接受函

经过认真分析古巴公司的还盘，恒瑞珠宝集团同意降价，将单价由150.43美元降至146.47美元。但不同意接受见票后60天远期承兑交单，可以考虑接受即期D/P支付方式。Jim于5月24日向古巴公司发出一封新的还盘，表达了上述内容。

古巴德克国际贸易公司收到我方还盘后,经过认真核算,再次提出新的价格:USD146.40/pair CIP Havana。并且表示通过近段时间的了解,对广州公司的产品和服务相当满意,决定在支付方式上作出让步,改为即期 D/P。古巴公司将上述还盘内容于 5 月 25 日向广州恒瑞珠宝集团发出函电。

广州恒瑞珠宝集团收到古巴公司的最新还盘后,经过仔细考虑,决定接受对方的条件。请在下列方框内代 Jim 拟写接受函,发出日期为 5 月 26 日。

【参考答案】

May 26，2012

Dirk International trade Corporation

No. 110 Dongshan Road Havana，Cuba

Dear Jack，

　　We accept your counteroffer of May 25 and are pleased to confirm having concluded the transaction of the captioned goods with you.

　　Commodity：senior Women's earring

　　Goods Description：5.9g/pair；Material Type：Zinc Alloy；Main Stone：Rhinestone

　　Style No. ：SU5788

　　Unit Price：USD146.40/pair CIP Havana

Quantity：1 000pairs

Packing：1pair/box，100boxes/carton

Payment：D/P at sight

Shipment：From Guangzhou, China to Havana Cuba by air before June 20, 2012

Insurance：To be effected by the seller for 110% of the invoice value covering air transportation All Risks and War Risks

We are now enclosing here with our Sales Confirmation No. XS1668 in duplicate. Please countersign and return us one copy for records. We appreciate your cooperation and trust that our products will turn out to your satisfaction.

Yours faithfully

Jim

Guangzhou Hengrui Jewelry Group

No. 88 Centry Road Guangzhou，China

任务六：制作销售确认书

5 月 27 日,广州恒瑞珠宝集团与古巴德克国际贸易公司就一般交易条件签署了为期一年的合同,在该合同有效期内,双方所有交易均不必再磋商一般交易条件。

根据双方磋商的结果及补充资料制作销售确认书。

补充资料:

合同号码:XS1668

合同日期:2012 年 5 月 27 日

分批装运:不允许

转运:允许

自己设计一个标准化运输标志

卖方应提交的单据:

1. 签署的商业发票一式三份;

2. 装箱单一式三份;

3. 空运单注明运费金额,显示运费预付,交付给买方;

4. 保险单一式三份按发票金额的 110% 投保航空运输一切险和战争险,空白背书,显示在古巴哈瓦那以汇票币种赔付;

5. 出口国当地商会出具的原产地证明书一式两份;

6. 权威检验机构出具的品质检验证书一式两份。

SALES CONFIRMATION

The Seller: _____   Contract No. _____

Address: _____   Date _____

The Buyer: _____

Address: _____

    This Sales Contract is made by and between the Seller and the Buyer, whereby the Seller agree to sell and the Buyer agree to buy the under-mentioned goods according to the terms and conditions stipulated below:

Description of Goods	Quantity	Unit Price	Amount
TOTAL			

Total Amount:

Packing: _____

Shipping Mark: _____

_____

_____

_____

Time of Shipment: _____

Place of loading: _____

Place of destination: _____

Partial Shipment: _____

Transshipment: _____

Insurance: _____

Terms of Payment: _____

Documents:

+

+

+

+

+

+

    This contract is made in two original copies and becomes valid after signature, two copies to be held by each party.

Signed by:

    THE SELLER: **THE BUYER:**

_____   _____

_____   _____

【参考答案】

SALES CONFIRMATION

The Seller: Guangzhou Hengrui Jewelry Group   Contract No. XS1668
Address: No.88 Centry Road Guangzhou, China   Date May 27, 2012
The Buyer: Dirk International Trade Corporation
Address: No.110 Dongshan Road Havana, Cuba

    This Sales Contract is made by and between the Seller and the Buyer, whereby the Seller agree to sell and the Buyer agree to buy the under-mentioned goods according to the terms and conditions stipulated below:

Description of Goods	Quantity	Unit Price	Amount
Senior Women's earring Material Type: Zinc Alloy; Main Stone: Rhinestone Style No.: SU5788 5.9g/pair	1 000pairs	USD146.40/pc CIP Havana	USD146 400
TOTAL	1 000pairs		USD146 400
Total Amount: SAY US DOLLARS ONE HUNDRED AND FORTY SIX THOUSAND FOUR HUNDRED ONLY			

Packing: 1pair/box, 100boxes/carton
Shipping Mark: D. I. T. C
               XS1668
               HAVANA
               C/NO. 1-10
Time of Shipment: Before June 20, 2012
Place of loading: Guangzhou, China
Place of destination: Havana, Cuba
Partial Shipment: Not allowed
Transshipment: Allowed
Insurance: To be effected by the seller for 110% of the invoice value covering air transportation All Risks and War Risks as per the China Insurance Clauses
Terms of Payment: Upon first presentation, the buyer shall pay against documentary draft drawn by the seller at sight. The shipping documents are to be delivered against payment only
Documents:
+ Signed commercial invoice in triplicate
+ Packing List in triplicate
+ Air Waybills showing "freight prepaid" indicating freight amount and consigned to the Buyer
+ Insurance Policy in 3 copies for 110% of the invoice value showing claims payable in Cuba in currency of the draft, blank endorsed, covering Air Transportation All Risks and War Risks
+ Certificate of Origin in 2 copies issued by a local Chamber of Commerce located in the exporting country
+ Certificate of Quality in 2 copies issued by an authority inspection institutions

    This contract is made in two original copies and becomes valid after signature, two copies to be held by each party.
Signed by:

          THE SELLER: **THE BUYER:**
  Guangzhou Hengrui Jewelry Group
              Jim

任务七:空运费计算

假设从广州到哈瓦那的现行运价成本分三个等级:

M:起码运费 230 元人民币

N:45 千克以下普通货物运价 82.5 元人民币/千克

Q:45 千克以上普通货物运价 62.41 元人民币/千克

本例中每个纸箱(CARTON)的规格为 50 厘米 × 40 厘米 × 20 厘米,每个纸箱的重量为 485 克,每个盒子(BOX)的重量为 20 克。试计算本例中的空运费。

货物实际毛重:

货物体积重量:

空运费:

【参考答案】

1. 先计算货物的实际毛重 $= [(20 + 5.9) \times 100 + 485] \div 1\,000 \times 10$

$$= (2\,590 + 485) \div 1\,000 \times 10$$

$$= 30.75(\text{千克})$$

2. 再计算货物的体积重量 $= (0.5 \times 0.4 \times 0.2) \times 10 \div 0.006$

$$= 0.4 \div 0.006$$

$$\approx 66.67(\text{千克})$$

3. 因为货物的体积重量大于实际毛重,所以按体积重量计算空运费。

4. 空运费 $= 66.67 \times 62.41 \approx 4\,160.87(\text{元人民币})$

任务八:办理出口报检

广州恒瑞珠宝集团在合同约定时间备齐货物,完成订舱,装载工具为 CZ3102,2012 年 6 月 18 日发货,遂于 5 月 30 日由报检员 Lily 持出境货物报检单、商业发票、装箱单、外销合同向广州当地检疫检验机构报检。请根据实际业务背景和补充资料填写出境货物报检单。

补充资料:

报检单位登记号:234588990

联系电话:020-66443322

海关商品编码:7113191100

中华人民共和国出入境检验检疫

出境货物报检单

报检单位

（加盖公章）：   *编 号 ＿＿＿＿＿

报检单位登记号：   联系人   电话   报检日期 年 月 日

发货人	（中文）					
	（外文）					
收货人	（中文）					
	（外文）					

货物名称（中/外文）	H.S.编码	产地	数/重量	货物总值	包装种类及数量

运输工具名称号码		贸易方式		货物存放地点	
合同号		信用证号		用途	其他
发货日期		输往国家（地区）		许可证/审批号	
启运地		到达口岸		生产单位注册号	

集装箱规格、数量及号码

合同、信用证订立的检验检疫条款或特殊要求	标记及号码	随附单据（划"✓"或补填）
		（ ）合同 （ ）包装性能结果单 （ ）信用证 （ ）许可/审批文件 （ ）发票 （ ） （ ）换证凭单 （ ） （ ）装箱单 （ ） （ ）厂检单

需要证单名称（划"✓"或补填）		*检验检疫费	
（ ）品质证书 ＿正＿副	（ ）植物检疫证书 ＿正＿副	总金额 （人民币元）	
（ ）重量证书 ＿正＿副	（ ）熏蒸/消毒证书 ＿正＿副		
（ ）数量证书 ＿正＿副	（ ）出境货物换证凭单 ＿正＿副		
（ ）兽医卫生证书 ＿正＿副	（ ）	计费人	
（ ）健康证书 ＿正＿副	（ ）		
（ ）卫生证书 ＿正＿副	（ ）	收费人	
（ ）动物卫生证书 ＿正＿副			

报检人郑重声明：		领 取 证 单	
1. 本人被授权报检。 2. 上列填写内容正确属实，货物无伪造或冒用他人的厂名、标志、认证标志，并承担货物质量责任。 签名：＿＿＿＿＿		日期	
		签名	

注：有"*"号栏由出入境检验检疫机关填写。   ◆国家出入境检验检疫局制

[1-2（2000.1.1）]

【参考答案】

中华人民共和国出入境检验检疫

出境货物报检单

报检单位

（加盖公章）:广州恒瑞珠宝集团 　　　　　 *编　 号 ＿＿＿＿＿

报检单位登记号:234588990　 联系人 Lily　 电话020-66443322　 报检日期2012 年 6 月 15 日

发货人	（中文）广州恒瑞珠宝集团
	（外文）Guangzhou Hengrui Jewelry Group
收货人	（中文）德克国际贸易公司
	（外文）Dirk International Trade Corporation

货物名称(中/外文)	H. S. 编码	产地	数/重量	货物总值	包装种类及数量
高级女士耳环 Senior Women's earring	7113191100	广州	1 000 对	146 400 美元	10 纸箱

运输工具名称号码	CZ3102 空运	贸易方式	一般贸易	货物存放地点	广州世纪 大道 88 号
合同号	XS1668	信用证号		用途	其他
发货日期	2012.6.18	输往国家（地区）	古巴	许可证/审批号	
启运地	广州	到达口岸	哈瓦那	生产单位注册号	
集装箱规格、数量及号码					

合同、信用证订立的检验 检疫条款或特殊要求	标记及号码	随附单据（划"✓"或补填）	
Certificate of Quality in 2 copies issued by an authority inspection institutions	D. I. T. C XS166S HAVANA C/NO. 1-10	(✓)合同 ( )信用证 (✓)发票 ( )换证凭单 (✓)装箱单 (✓)厂检单	( )包装性能结果单 ( )许可/审批文件 ( ) ( ) ( )

需要证单名称（划"✓"或补填）		*检验检疫费
(✓)品质证书　 1 正 2 副　　( )植物检疫证书　 _正_副 ( )重量证书　 _正_副　　( )熏蒸/消毒证书　 _正_副 ( )数量证书　 _正_副　　( )出境货物换证凭单 _正_副 ( )兽医卫生证书 _正_副　　( ) ( )健康证书　 _正_副　　( ) ( )卫生证书　 _正_副　　( ) ( )动物卫生证书 _正_副		总金额 （人民币元） 计费人 收费人

报检人郑重声明: 　 1. 本人被授权报检。 　 2. 上列填写内容正确属实,货物无伪造或冒用他人的厂名、标志、认证标志,并承担货物质量责任。 　　　　　　　　　　　　　签名: Lily	领 取 证 单	
	日期	
	签名	

注:有"＊"号栏由出入境检验检疫机关填写。　　　　◆国家出入境检验检疫局制

[1-2(2000.1.1)]

任务九：审核保险单

6月15日，广州恒瑞珠宝集团的 Lily 持投保单和商业发票向中国人保财险股份有限公司广州分公司投保，并于第二天收到保险公司签发的货物运输保险单据。请代 Lily 审核此保险单。

补充资料：

商业发票号码：IV23456

北京2008年奥运会保险合作伙伴
OFFICIAL INSURANCE PARTNERS OF THE BEIJING 2008 OLYMPIC GAMES

货物运输保险单
CARGO TRANSPORTATION INSURANCE POLICY

总公司设于北京   一九四九年创立

Head Office Beijing   Established in 1949

发票号 （INVOICE NO.）IV23465
合同号 （CONTRACT NO.）XS1668
被保险人（INSURED）   Dirk International Trade Corporation

保单号次
POLICY NO. HP33208

中国人民财产保险有限公司(以下简称本公司)根据被保险人的要求，由被保险人向本公司缴付约定的保险费，按照本保险单承保险别和背面所载条款与下列特款承保下述货物运输保险，特立本保险单。
THIS POLICY OF INSURANCE WITNESSES THAT PICC PROPERTY AND CASUALTY COMPANY LIMITED (HEREINAFTER CALLED "THE COMPANY") AT REQUEST OF THE INSURED AND IN CONSIDERATION OF THE AGREED PREMIUM PAID TO THE COMPANY BY THE INSURED, UNDERTAKES TO INSURANCE. THE UNDERMENTIONED GOODS IN TRANSPORTATION SUBJECT TO THE CONDITIONS OF THIS POLICY AS PER THE CLAUSES PRINTED OVERLEAF AND OTHER SPECIAL CLAUSES ATTACHED HEREON.

标记 MARKS & NOS.	包装及数量 QUANTITY	保险货物项目 DESCRITION OF GOODS	保险金额 AMOUNT INSURED
D. I. T. C XS1668 GUANGZHOU C/NO. 1-10	1000PAIRS 10CTNS	Senior Women's earring Material Type：Zinc Alloy； Main Stone：Rhinestone Style No.：SU5788 5.9g/pair	USD146400

总保险金额 TOTAL AMOUNT INSURED：US DOLLARS ONE HUNDRED AND FORTY SIX THOUSAND FOUR HUNDRED ONLY

保费：   启运日期：   装载运输工具：
PREMIUM AS ARRANGED   DATE OF COMMENCEMENT June 25, 2012   PER CONVEYANCE：CZ3102
自   经   至
FROM   GUANGZHOU   VIA _____   TO   HAVANA
承保险别：
CONDITIONS
     COVERING AIR TRANSPORTATION ALL RISKS AND WAR RISKS AS PER CIC DATED 1 JANUARY, 1981.
     所载货物，如发生保险单项下可能引起索赔的损失或损坏，应立即通知本公司代理人查勘。如有索赔，应向本公司提交保单正本(本保险单共有 2 份正本)及有关文件。如一份正本已用于索赔，其余正本自动失效。
IN THE EVENT OF LOSS OR DAMAGE WHICH MAY RESULT IN A CLAIM UNDER THIS POLICY, IMMEDIATE NOTICE MUST BE GIVEN TO THE COMPANY'S AGENT AS MENTIONED HEREUNDER. CLAIMS, IF ANY, ONE OF THE ORIGINAL POLICY WHICH HAS BEEN ISSUED IN TWO ORIGINAL(S) TOGETHER WITH THE RELEVENT DOCUMENTS SHALL BE SURRENDERED TO THE COMPANY. IF ONE OF THE ORIGINAL POLICY HAS BEEN ACCOMPLISHED, THE OTHERS TO BE VOID.

中国人民财产保险股份有限公司广州分公司
PICC Property and Casualty Company

赔款偿付地点
CLAIM PAYABLE AT GUANGZHOU
出单日期
ISSUING DATE   June 15, 2012

* * * * *
Authorized Signature

经审核,保险单存在如下问题;

1. _____
2. _____
3. _____
4. _____
5. _____
6. _____
7. _____

【参考答案】

1. 发票号错误,正确应为"IV23456"。

2. 被保险人错误,托收项下的被保险人应为"出口商"。

3. 唛头中的第三项应为目的地,即"HAVANA"。

4. 保险金额小写和大写错误,都应为"发票金额加一成"。

5. 装运日期错误,此栏填制提单或航空运单的签发日期或者签发日期前五天内的任何一天。

6. 保险单正本份数错数,应为"三份(合同中有规定)"。

7. 偿付地点有误,通常将运输目的地作为偿付地点,本例中即为"HAVANA"。

货物运输保险单
CARGO TRANSPORTATION INSURANCE POLICY

总公司设于北京　　　　一九四九年创立

Head Office Beijing　　　Established in 1949

北京2008年奥运会保险合作伙伴
OFFICIAL INSURANCE PARTNER OF THE BEIJING 2008 OLYMPIC GAMES

发票号　（INVOICE NO.）IV23465
合同号　（CONTRACT NO.）XS1668
被保险人（INSURED）_____ Guangzhou Hengrui Jewelry Group

保单号次
POLICY NO. HP33208

中国人民财产保险有限公司（以下简称本公司）根据被保险人的要求，由被保险人向本公司缴付约定的保险费，按照本保险单承保险别和背面所载条款与下列特款承保下述货物运输保险，特立本保险单。

THIS POLICY OF INSURANCE WITNESSES THAT PICC PROPERTY AND CASUALTY COMPANY LIMITED (HEREINAFTER CALLED "THE COMPANY") AT REQUEST OF THE INSURED AND IN CONSIDERATION OF THE AGREED PREMIUM PAID TO THE COMPANY BY THE INSURED, UNDERTAKES TO INSURANCE. THE UNDERMENTIONED GOODS IN TRANSPORTATION SUBJECT TO THE CONDITIONS OF THIS POLICY AS PER THE CLAUSES PRINTED OVERLEAF AND OTHER SPECIAL CLAUSES ATTACHED HEREON.

标记 MARKS & NOS.	包装及数量 QUANTITY	保险货物项目 DESCRITION OF GOODS	保险金额 AMOUNT INSURED
D. I. T. C XS1668 HAVANA C/NO. 1-10	1 000PAIRS 10CTNS	Senior Women's earring 5.9g/pair; Material Type：Zinc Alloy Main Stone：Rhinestone Style No.：SU5788	USD161 040

总保险金额 TOTAL AMOUNT INSURED：US DOLLARS ONE HUNDRED AND SIXTY ONE THOUSAND FOURTY ONLY

保费：　　　　　　启运日期：　　　　　　　装载运输工具：
PREMIUM AS ARRANGED　DATE OF COMMENCEMENT June 18, 2012　PER CONVEYANCE：CZ3102
自　　　　　　　经　　　　　　　　至
FROM　GUANGZHOU　　VIA _____ TO　HAVANA _____

承保险别：
CONDITIONS

COVERING AIR TRANSPORTATION ALL RISKS AND WAR RISKS AS PER CIC DATED 1 JANUARY, 1981.
　　所保货物，如发生保险单项下可能引起索赔的损失或损坏，应立即通知本公司代理人查勘。如有索赔，应向本公司提交保单正本（本保险单共有 3 份正本）及有关文件。如一份正本已用于索赔，其余正本自动失效。
IN THE EVENT OF LOSS OR DAMAGE WHICH MAY RESULT IN A CLAIM UNDER THIS POLICY, IMMEDIATE NOTICE MUST BE GIVEN TO THE COMPANY'S AGENT AS MENTIONED HEREUNDER. CLAIMS, IF ANY, ONE OF THE ORIGINAL POLICY WHICH HAS BEEN ISSUED IN THREE ORIGINAL(S) TOGETHER WITH THE RELEVENT DOCUMENTS SHALL BE SURRENDERED TO THE COMPANY. IF ONE OF THE ORIGINAL POLICY HAS BEEN ACCOMPLISHED. THE OTHERS TO BE VOID.

中国人民财产保险股份有限公司广州分公司
PICC Property and Casualty Company

赔款偿付地点
CLAIM PAYABLE AT GUANGZHOU
出单日期
ISSUING DATE　　June 15, 2012

＊ ＊ ＊ ＊ ＊
Authorized Signature

任务十：缮制汇票

请根据实际业务背景和补充资料替 Jim 缮制汇票，用于此合同项下托收结汇。

补充资料：

汇票号码:YM258
汇票日期:2012 年 6 月 20 日
受款人:中国银行广州分行
授权签字人:Jim

BILL OF EXCHANGE

NO. _____

Exchange for ▓▓▓▓▓▓▓▓   Guangzhou _____

At _____ Sight of this FIRST of Exchange(Second of exchange being unpaid)

Pay to the Order of _____

The sum of ▓▓▓▓▓▓▓▓▓▓▓▓▓▓▓▓▓▓▓▓▓▓▓▓▓▓▓▓▓▓

Drawn under _____

To

_____

                                                   (Authorized Signature)

【参考答案】

BILL OF EXCHANGE

NO. __YM258__

Exchange for USD146 400.00   Guangzhou June 20, 2012

At __********__ Sight of this FIRST of Exchange(Second of exchange being unpaid)

Pay to the Order of BANK OF CHINA GUANGZHOU BRANCH

The sum of SAY US DOLLARS ONE HUNDRED AND FORTY SIX THOUSAND FOUR HUNDRED ONLY

Drawn under CONTRACT NO. XS1668 DATED MAY 27, 2012

To

Dirk International Trade Corporation

                                     Guangzhou Hengrui Jewelry Group

                                             Jim

                                        (Authorized Signature)

四、实训总结

请写出完成实训的心得体会:

实训五
FOB + LC 海运班轮集装箱拼箱进口业务

一、实训目的

1. 掌握与新客户进行进口交易磋商的一般步骤。实训内容包括:向新客户发出询盘、分析比较客户的发盘、根据客户发盘核算进口成本、制定还盘策略、拟写还盘等。

2. 掌握审核进口合同的技巧。

3. 掌握信用证支付方式下对外付款的预备步骤。实训内容包括:申请开立信用证、根据客户要求申请修改信用证等。

4. 掌握 FOB 术语下办理运输及保险手续的步骤。实训内容包括:租船订舱、向卖方发出装船指示、按实际业务需要选择投保方式等。

二、背景资料

进口商名称:中国佳丽服装进出口公司
   Jiali Clothing I. & E. Corp. , China

进口商地址:中国上海中山东一路18号
   18 Chung Shan Road(E. 1), Shanghai, China

联系电话:86-21-13579000

主管业务员:程琳

出口商名称:英国利物浦纺织品公司
   Liverpool Textiles Corp. , Britain

出口商地址:英国利物浦麦迪逊街356号
   356 Medison Street Liverpool, Britain

联系电话:44-151-57645277

主管业务员:Tom

三、实训任务

任务一：向新客户询盘

佳丽服装进出口公司目前正在为 2011 年秋冬季市场选购女装，计划从英国采购具有苏格兰风格的裙装。2011 年 6 月 24 日主管业务员程琳在英国企业名录上找到出口商英国利物浦纺织品公司和英国利华进出口公司的相关信息并准备分别发出询盘。询盘内容包括：如何得知对方信息；我方公司的简要介绍（如经营范围、进出口规模等）；对出口商经营的纯羊毛苏格兰格呢裙（Scottish plaid skirt, 100% wool）表示兴趣，起订量约 1 000 件，希望得到产品报价和样品；期待尽早回复。

请根据上述资料在下列方框内拟写询盘。

【参考答案】

June 24, 2011
Liverpool Textiles Corp., Britain
356 Medison Street Liverpool, Britain

Dear Sirs,

We have obtained your address in the Britain Business Directory and are now writing you for a first enquiry.

You will be pleased to note that we are an importer of all kinds of clothing, having 25 years' experience in this particular line of business.

At present, we are keenly interested in your Scottish plaid skirts and would like to place a trial order of about 1000pcs. We shall be glad if you will kindly send us your latest price list for Scottish plaid skirts in various colors specifying sizes and designs. If possible, please also rush us samples by airmail for our reference.

We look forward to your early reply.

Yours faithfully
Jiali Clothing I. & E. Corp., China
18 Chung Shan Road(E.1), Shanghai, China
Lin Cheng

任务二:比较不同客户的发盘

两家英国公司收到我方询盘后,均迅速作出回复并寄出苏格兰格呢裙样品。我方于 7 月 4 日分别收到两家公司的样品及报价。假设两家公司的样品均没问题,请根据客户发盘内容讨论从哪家公司进口更有利?

1. 英国利物浦纺织品公司的发盘内容:

(1) 品名:Scottish plaid skirt;款式号:2044A5C 和 2054A5C

(2) 品质:纯羊毛

(3) 数量:起订量 1 000 件

订单数量为 2 000 ~ 3 000 件时,给予 3% 折扣

订单数量超过 3 000 件时,给予 5% 折扣

(4) 包装:每件装 1 个塑料袋,25 件装 1 个纸箱

(5) 单价:GBP45/PC FOB Liverpool, Britain

(6) 交货:订单数量小于 2 000 件时,收到信用证后 20 天内交货

2 000 ~ 3 000 件时,收到信用证后 30 天内交货

超过 3 000 件时,收到信用证后 45 天内交货

（7）付款:即期信用证支付

（8）发盘的有效期:2011 年 7 月 18 日前复到有效

2. 英国利华进出口公司的发盘内容:

（1）品名:Scottish plaid skirt;款式号:2044A5C 和 2054A5C

（2）品质:纯羊毛

（3）数量:起订量 1 000 件

（4）包装:每件装 1 个塑料袋,2 打装 1 个纸箱

（5）单价:GBP46/PC FOB Liverpool, Britain

（6）交货:收到货款后 60 天内交货

（7）付款:100% 前 T/T

（8）发盘的有效期:2011 年 7 月 18 日前复到有效

讨论内容:起订量及折扣、价格、交货时间、支付方式

讨论记录:

讨论结论:

【参考答案】

1. 比较起订量及折扣。两公司的起订量都是 1 000 件,但是英国利物浦纺织品公司在发盘中明确表示订购量越多,折扣越多,这种规定方式显然比另一家公司更为灵活和有利。

2. 比较价格。英国利物浦纺织品公司的报价为 GBP45/PC FOB Liverpool, Britain,而英国利华进出口公司的报价为 GBP46/PC FOB Liverpool, Britain,显然英国利物浦纺织品公司的报价较低。

3. 比较交货及时程度。英国利物浦纺织品公司的交货期随着订购量的变化而变化,但总体依旧比英国利华进出口公司交货迅速,对我方而言,交货迅速意味着能赶上格呢裙的销售季节,还可以减少我方资金占压时间。

4. 比较支付方式。英国利物浦纺织品公司要求使用即期信用证支付,虽然这种支付方式的银行费用较高,但作为第一次打交道的新客户,提出这个要求也属合理;而英国利华进出口公司要求 100% 预付货款,不仅会加大我方资金占压压力,而且会使我方面临更大风险。

讨论结论:从英国利物浦纺织品公司进口更有利。

任务三:根据英国利物浦纺织品公司的发盘核算进口成本

在针对英国利物浦纺织品公司的报价作出还盘之前,我方需做进一步核算。请根据已知资料写出我方进口成本核算过程及结果。(计算过程可保留两位小数)

假设:

(1) 我方国内市场价:人民币 719 元/件;

(2) 汇率:1 英镑 = 9.931 2 元人民币;

(3) 纸箱尺寸:57 厘米 × 31 厘米 × 31 厘米;

(4) 包装:每箱 25 件;

(5) 每箱毛重:25 千克;

(6) 每箱净重:23 千克;

(7) 普通拼箱基本运费:每运费吨 74 英镑;

(8) 按 CIF 金额的 110% 投保一切险,费率为 6‰;

(9) 利息:银行贷款年利率为 6.6%,预计垫款时间为 2 个月;

(10) 银行费用为进口成交金额的 0.4%;

(11) 进口关税税率为 23%,增值税率为 17%;

(12) 进口其他费用:报关费 80 元人民币,货物检验费 220 元人民币,业务定额费 1 500 元,国内运杂费 1 200 元人民币;

(13) 进口方业务预期利润率掌握在 10% 至 15% 之间,初期核算时按上限计算。

进口成本 = FOB 价 = 国内销售价格 - 进口费用 - 进口预期利润

(一)国内销售价格 =

(二)进口费用 =

其中:

国外运费:

国外保费:

进口关税：

进口增值税 + 国内销售环节增值税：

垫款利息：

银行费用：

其他进口费用：

（三）进口预期利润：

核算后的 FOB 单价：

【参考答案】

进口成本 = FOB 价 = 国内销售价格 − 进口费用 − 进口预期利润

（一）国内销售价格 = 719 元人民币／件

（二）进口费用 = 国外运费 + 国外保费 + 进口关税 + 进口增值税
　　　　　　　 + 国内销售环节增值税 + 银行费用 + 垫款利息
　　　　　　　 + 其他进口费用

其中：

国外运费：

总箱数 = 1 000 ÷ 25 = 40(箱)

总体积 = 40 × 0.57 × 0.31 × 0.31 = 2.19(CBM)

单件海运费 = 2.19CBM × 74 ÷ 1 000 = 0.16(英镑) = 1.59(元人民币)

国外保费 = CIF 价格 × 保险加成 × 保险费率

因为：

CIF 价格 = (FOB + 国外运费) ÷ [1 - (1 + 保险加成率) × 保险费率]

= (FOB + 1.59) ÷ [1 - (1 + 10%) × 6‰]

= 1.01FOB + 1.60(元人民币／件)

所以：

国外保费 = (1.01FOB + 1.60) × 110% × 6‰

= 0.007FOB + 0.01(元人民币／件)

进口关税 = CIF 价 × 进口关税率

= (1.01FOB + 1.60) × 23%

= 0.23FOB + 0.37(元人民币／件)

因为：

进口增值税 = (CIF 价格 + 进口关税) × 进口增值税率

国内销售环节增值税 = 国内销售价格 ÷ (1 + 进口增值税率) × 进口增值
税率 - 进口增值税

所以：

进口增值税 + 国内销售环节增值税 = 国内销售价格 ÷ (1 + 进口增
值税率) × 进口增值税率

= 719 ÷ (1 + 17%) × 17%

= 104.47(元／件)

银行费用 = 进口价格 × 银行费率 = FOB 价格 × 0.4% = 0.004FOB(元人
民币／件)

垫款利息 = 进口价格 × 垫款时间 × 垫款利率

= FOB 价格 × 2 × 6.6% ÷ 12 = 0.011FOB(元人民币／件)

其他进口费用 = (80 + 220 + 1 500 + 1 200) ÷ 1 000 = 3(元人民币／件)

(三) 进口预期利润 = 进口价格 × 预期利润率 = FOB 价格 × 15% =
0.15FOB(元人民币／件)

整理得：

FOB 价 = 国内销售价格 - 进口费用 - 进口预期利润

= 719 - (1.59 + 0.007FOB + 0.01 + 0.23FOB + 0.37

$$+ 104.47 + 0.004\text{FOB} + 0.011\text{FOB} + 3) - 0.15\text{FOB}$$
$$= 609.56 - 0.402\text{FOB}(元人民币 / 件)$$

得出：

　　FOB 价 $= 434.78(元人民币 / 件) = 43.78(英镑 / 件)$

即进口商进口价格至少在 43.78 英镑/件以下方能保证 15% 以上的利润率。

任务四：根据上述核算结果，讨论我方应采取的还盘策略

　　由于英国利物浦纺织品公司的报价高于进口方测算的进口成本，进口方需要考虑如何消化高出的部分。通常的方法有减少预期利润、提高国内销售价格、降低进口费用和要求国外供货商降低报价。请具体测算并讨论：1. 若维持国外供货商原报价，我方的预期利润有多少？2. 若保持 15% 的预期利润，国内销售价格需提高到多少？3. 降低进口费用的可能性有多少？4. 要求国外供货商降价的合理幅度是多少？5. 对上述四种还价方案按可行性大小排序。

---

1. 若维持国外供货商原报价，我方的预期利润有多少？

2. 若保持 15% 的预期利润，国内销售价格需提高到多少？

3. 降低进口费用的可能性有多少？

4. 要求国外供货商降价的合理幅度是多少？

5. 对上述四种还价方案按可行性大小排序。

方案1：若维持国外供货商原报价，我方的预期利润有多少？

进口预期利润 = 国内销售价格 – 进口成本 – 进口费用

① 国内销售价格 = 719 元人民币／件

② 进口成本 = 45 英镑／件 = 446.904 元人民币／件

③ 进口费用 = 国外运费 + 国外保费 + 进口关税 + 进口增值税

    + 国内销售环节增值税 + 银行费用 + 垫款利息

    + 其他进口费用

    = 0.252FOB + 109.44 = 0.252 × 446.904 + 109.44

    = 222.06（元人民币／件）

整理得：

进口预期利润 = 国内销售价格 – 进口成本 – 进口费用

    = 719 – 446.904 – 222.06

    = 50.036（元人民币／件）

进口预期利润率 = 进口预期利润 ÷ 进口成本 = 50.036 ÷ 446.904 = 11.2%

以上测算说明，若维持国外供货商原报价，我方的预期利润率为 11.2%。虽低于通常进口预期利润率的上限，但仍高于通常进口预期利润率的下限。由此可见进口方的预期利润率有一定的下调空间。

方案2：若保持15%的预期利润，国内销售价格需提高到多少？

国内销售价格 = 进口成本 + 进口费用 + 进口预期利润

① 进口成本 = 45 英镑／件 = 446.904 元人民币／件

② 进口费用 = 国外运费 + 国外保费 + 进口关税 + 进口增值税

    + 国内销售环节增值税 + 银行费用 + 垫款利息

    + 其他进口费用 = 222.06（元人民币／件）

③ 进口预期利润 = 进口成本 × 进口预期利润率 = FOB 价格 × 15%

    = 67.04（元人民币／件）

整理得：

国内销售价格 = 进口成本 + 进口费用 + 进口预期利润

    = 446.904 + 222.06 + 67.04

    = 736.004（元人民币／件）

以上测算说明，当进口成本为每件 45 英镑、进口费用不变时，国内销售价格至少需要上调至 736.004 元/件，才能保持 15% 的进口预期利润率。该方案是否可行，主要取决于苏格兰格呢裙的国内市场竞争情况。

方案3：降低进口费用的可能性有多少？

进口方各项费用测算中，因为苏格兰格呢裙不属于海关减、免进口税款的范围,所以进口关税、进口增值税和国内销售环节增值税无法减少;国外运费、国外保费、银行费用、垫款利息和其他进口费用的测算也基本没有进一步降低的余地。但由于业务磋商进程中,人民币不断升值,实际上已使部分相关费用有所减少。

方案4:要求国外供货商降价的合理幅度是多少?

如果要求国外供货商将报价从45英镑/件降至43.78英镑/件,降价幅度为2.71%。虽然与利华进出口公司的报价比较,利物浦纺织品公司的报价已经较低,但因为与该公司为初次接触,不了解该公司的报价习惯,无法确切判断这一报价到底有多少水分,所以可以尝试先要求一个较高的折扣,看看对方的反应。

5. 从上述测算中可看出,进口方应首选方案4,如果仅凭单一方案不能解决全部问题,可以根据国外供货商的反馈再配合方案2和方案1,最后是方案3。

任务五:拟写还盘

根据任务四的分析拟写还盘。还盘内容包括:感谢出口商的发盘;指出出口商报价稍高;暗示出口商存在竞争对手;希望出口商将价格降低6%;表示我方将同时购买两种款式并增加购买数量至每款2 000件,后期陆续还会有大批订单;希望缩短交货期以便赶上我方的销售旺季;期待尽早回复。发出时间:2011年7月10日。

July 10, 2011

Liverpool Textiles Corp. , Britain

356 Medison Street Liverpool, Britain

Dear Tom,

Thank you for your offer of July 4, 2011.

In reply, we regret to state that your price is found too much on the high side. It is impossible for us to persuade our end-users to accept your price, as goods of similar quality are easily obtainable at a much lower figure. Should you be prepared to reduce your limit by, say 6% , we might come to terms.

If the present price can be lowered to meet our requirement, we will purchase two different styles each at 2 000 pcs and you will receive more and larger orders from us in the near future.

Besides, would you please deliver the goods in advance so that they will reach us within the best selling period?

We look forward to your early reply.

Yours faithfully

Jiali Clothing I. & E. Corp. , China

18 Chung Shan Road(E.1), Shanghai, China

Lin Cheng

任务六:审核并签订合同

通过反复磋商,2011 年 8 月 1 日,双方达成如下条款:

单价:GBP42/PC FOB Liverpool, Britain;

数量:Style No. 2044A5C, 2 000 件;Style No. 2054A5C, 2 000 件;

装运:收到信用证后 25 天内装运,从英国利物浦运至中国上海,允许转运,不允许分批装运;

支付:即期付款信用证,要求在 2011 年 8 月 20 日之前开到卖方,有效期为装运日期后 15 天。

出口商起草外销合同,内容如下,请在签字前仔细审核该合同,并将存在的问题逐一列出。

SALES CONTRACT

The Seller: Liverpool Textiles Corp. , Britain

Address: 356 Medison Street Liverpool, Britain

The Buyer: Jiali Clothing Corp. , China

Address: 18 Chung Shan Road(E.1), Shanghai, China

Contract No. YM04060209

Date: Aug. 1st, 2011

This Sales Contract is made by and between the Seller and the Buyer, whereby the Seller agree to sell and the Buyer agree to buy the under-mentioned goods according to the terms and conditions stipulated below:

Description of Goods	Quantity	Unit Price	Amount
Scottish plaid skirt 100% wool StyleNo. 204445C StyleNo. 205445C Size Range: S ~ XXL	2 000PCS 2 000PCS	GBP45/PC FOB Liverpool	GBP84 000 GBP84 000
TOTAL	4 000PCS		GBP168 000
Total Amount: SAY GBP ONE HUNDRED AND SIXTY EIGHT THOUSAND ONLY			

5% more or less both in amount and quantity allowed

Packing: 1 piece packed in a polybag, 25pcs in a carton

Shipping Mark: LTB

           YM04060209

           SHANGHAI

           C/No. 1-160

Time of Shipment: Within 25 days upon receipt of the L/C which accord with relevant clauses of this Contract

Loading Port and Destination: From Liverpool, Britain to Shanghai, China

Partial Shipment: Allowed

Transshipment: Allowed

Insurance: To be effected by the buyer

Terms of Payment: By sight L/C, reaching the seller before Aug. 20, 2011, and remaining valid for negotiation in Britain for further 15 days after the effected shipment. L/C must mention this contract number. L/C advised by Royal Bank of Scotland. All banking Charges outside Britain are for account of the Drawee. In case of late arrival of the L/C, the seller shall not be liable for any delay in shipment and shall have the right to rescind the contract and/or claim for damages

Documents:

+ Signed commercial invoice in triplicate
+ Full set(3/3) of clean on board ocean Bill of Lading marked "Freight Prepaid" made out to order blank endorsed notifying the applicant
+ Insurance Policy in duplicate endorsed in blank
+ Packing List in triplicate
+ Certificate of Origin issued by Britain Chamber of Commerce in triplicate

This contract is made in two original copies and becomes valid after signature, two copies to be held by each party.

Signed by:

THE SELLER:

Liverpool Textiles Corp. , Britain

Tom

THE BUYER:

经进口商审核,合同存在如下问题:

1. _____

2. _____

3. _____

4. _____

5. _____

6. _____

【参考答案】

1. 进口方公司名称有误,应为"Jiali Clothing I. & E. Corp., China"。

2. 商品描述中款式号有误,应为"Style No. 2044A5C"和"Style No. 2054A5C"。

3. 单价应为"GBP42/PC",而不是"GBP45/PC"。

4. 分批装运应为"Not Allowed"。

5. 提单上不应要求显示"Freight Prepaid",应要求显示"Freight Collect"。

6. 随附单据中不应该包括保险单。

任务七:申请开立信用证

2011 年 8 月 10 日,进口商向中国银行上海分行申请开立信用证,提交开证申请书,支付保证金和开证手续费。请根据修改正确的合同及补充资料填写信用证开证申请书。

补充资料:

开证行:Bank of China Shanghai Branch

通知行:Royal Bank of Scotland

通知行地址:216 Taseen Street Liverpool, Britain

以全电开的形式开立信用证,该信用证为自由议付信用证

信用证编号:KR984/07

信用证到期日期和地点:Sep. 30, 2011 Liverpool, Britain

最迟装运期:Sep. 15, 2011

所需单据需在运输单据出具日后 7 天内提交

IRREVOCABLE DOCUMENTARY CREDIT APPLICATION

TO: _____   DATE: _____

☐ Issue by airmail ☐ With brief advice by teletransmission ☐ Issue by express delivery ☐ Issue by teletransmission	Credit No. _____ Date and place expiry _____
Applicant	Beneficiary (Full name and address)
Advising Bank	Amount [ ][ ] _____

Partial shipments ☐ Allowed ☐ Not allowed	Transhipment ☐ Allowed ☐ Not allowed	Credit available with _____ By
Loading on board/dispatch/taking in charge at/from _____ Not later than _____ For transportation to: _____		☐ Sight payment ☐ Acceptance ☐ Negotiation ☐ Deferred payment at Against the documents detailed herein ☐ And beneficiary's draft(s) for _____ % of invoice value at _____ sight
☐ FOB ☐ CFR ☐ CIF ☐ or other terms		Draw on _____

Documents required (marked with "✕")

1. (   ) Signed commercial invoice in _____ original(s) and _____ copy(copies) indicating L/C No. and Contract No. _____ .
2. (   ) Full set of clean on board Bills of Lading made out to order and blank endorsed, marked "freight [   ] to collect/ [   ] prepaid [   ] showing freight amount" notifying _____ .
   (   ) Clean Air Waybill consigned to _____ , marked "freight [   ] to collect/ [   ] prepaid [   ] " notifying _____ .
3. (   ) Insurance policy/certificate in _____ original(s) and _____ copy(copies) for _____ % of invoice value showing claims payable in _____ currency of the draft, blank endorsed, covering _____ .
4. (   ) Packing List Memo in _____ original(s) and _____ copy(copies) indicating quantity, gross and weights of each package.
5. (   ) Certificate of Quantity/Weight in _____ original(s) and _____ copy(copies).
6. (   ) Certificate of Quality in _____ original(s) and _____ copy(copies).
7. (   ) Certificate of Origin in _____ original(s) and _____ copy(copies).

Description of goods:

Additional instructions:

1. (   ) All banking charges outside the opening bank are for beneficiary's account.
2. (   ) Documents must be presented within _____ days after date of issuance of the transport documents but within the validity of the credit.
3. (   ) Third party as shipper is not acceptable, Short Form/Blank B/L is not acceptable.
4. (   ) Both quantity and credit amount _____ % more or less are allowed.
5. (   ) All documents must be forwarded in _____ .
6. (   ) Other terms, if any.

IRREVOCABLE DOCUMENTARY CREDIT APPLICATION

TO：<u>Bank of China Shanghai Branch</u>   DATE：<u>Aug. 10, 2011</u>

☐ Issue by airmail ☐ With brief advice by teletransmission ☐ Issue by express delivery ☒ Issue by teletransmission	Credit No. <u>KR984/07</u> Date and place expiry <u>20110930</u> <u>Britain</u>
Applicant Jiali Clothing I. & E. Corp., China 18 Chung Shan Road(E.1), Shanghai, China	Beneficiary(Full name and address) Liverpool Textiles Corp., Britain 356 Medison Street Liverpool, Britain
Advising Bank Royal Bank of Scotland 216 Taseen Street Liverpool, Britain	Amount [GBP][168 000] GBP ONE HUNDRED AND SIXTY EIGHT THOUSAND ONLY
Partial shipments ☐ Allowed ☒ Not allowed / Transhipment ☒ Allowed ☐ Not allowed	Credit available with ANY BANK IN BRITAIN By ☒ Sight payment ☐ Acceptance ☐ Negotiation ☐ Deferred payment at Against the documents detailed herein ☐ And beneficiary's draft(s) for <u>100%</u> of invoice value at _____ sight
Loading on board/dispatch/taking in charge at/from <u>Liverpool, Britain</u> Not later than <u>Sep. 15, 2011</u> For transportation to：<u>Shanghai, China</u> ☒ FOB CFR CIF ☐ or other terms	Draw on <u>ISSUE BANK</u>

Documents required(marked with "×")

1. (×)Signed commercial invoice in ___1___ original(s) and ___2___ copy(copies) indicating L/C No. and Contract No. <u>YM04060209</u>.
2. (×)Full set of clean on board Bills of Lading made out to order and blank endorsed, marked "freight[×] to collect/[   ] prepaid[   ] showing freight amount" notifying <u>The Applicant</u>.
   (   )Clean Air Waybill consigned to _____, marked "freight[   ] to collect/[   ] prepaid[   ]" notifying _____.
3. (   )Insurance policy/certificate in _____ original(s) and _____ copy(copies) for _____ % of invoice value showing claims payable in _____ currency of the draft, blank endorsed, covering _____.
4. (×)Packing List Memo in ___1___ original(s) and ___2___ copy(copies) indicating quantity, gross and weights of each package.
5. (   )Certificate of Quantity/Weight in _____ original(s) and _____ copy(copies).
6. (   )Certificate of Quality in _____ original(s) and _____ copy(copies).
7. (×)Certificate of Origin in ___1___ original(s) and ___2___ copy(copies).

Description of goods：
Scottish plaid skirt
100% wool
Style No. 2044A5C
Style No. 2054A5C
Size Range：S ~ XXL
Quantity：4 000PCS
Price：GBP42/PC

Additional instructions：
1. (×)All banking charges outside the opening bank are for beneficiary's account.
2. (×)Documents must be presented within ___7___ days after date of issuance of the transport documents but within the validity of the credit.
3. (×)Third party as shipper is not acceptable, Short Form/Blank B/L is not acceptable.
4. (×)Both quantity and credit amount ___5___ % more or less are allowed.
5. (   )All documents must be forwarded in _____.
6. (   )Other terms, if any.

任务八：申请修改信用证

2011 年 8 月 12 日，英国利物浦纺织品公司的业务主管员 Tom 收到我方通过中国银行上海分行开立的，由苏格兰皇家银行通知的信用证。8 月 15 日，Tom 向我方提出改证要求，理由是：由于近期订单太多，加上我方订单量较大，所以无法按照原定时间交货，希望将交货期延后 10 天。我方主管业务员程琳接到通知后，经慎重研究认为受益人的改证要求可以接受，便于次日向开证行申请修改信用证，将交货期延展 10 天，信用证有效期也做同步延展，改证费用由出口方承担。

请根据上述业务背景填写信用证修改申请书。

APPLICATION FOR AMENDMENT

To Issuing Bank：	Amendment to Our Documentary Credit No.： Date of Issue：
Date of Amendment：	No. of Amendment：
Applicant：	Beneficiary(before this amendment)：

The above mentioned credit is a mended as follows and consider it as part of the credit:

☐ Shipment date extended to _____

☐ Expiry date extended to _____

☐ Amount increased/decreased by _____ to _____

☐ Other terms：

All other terms and conditions remain unchanged.

This amendment charges are for account of ☐ beneficiary ☐ applicant.

The above-mentioned documentary credit and this amendment is subject to UCP 600.

Authorized Signature(s)

APPLICATION FOR AMENDMENT

To Issuing Bank： Bank Of China Shanghai Branch	Amendment to Our Documentary Credit No.： KR984/07 Date of Issue：Aug. 10，2011
Date of Amendment：Aug. 13，2011	No. of Amendment：1
Applicant： Jiali Clothing I. & E. Corp.，China 18 Chung Shan Road（E.1），Shanghai，China	Beneficiary（before this amendment）： Liverpool Textiles Corp.，Britain 356 Medison Street Liverpool，Britain

The above mentioned credit is amended as follows and consider it as part of the credit：
☒ Shipment date extended to <u>20110925</u>
☒ Expiry date extended to <u>20111010</u>
☐ Amount increased/decreased by _____ to _____
☐ Other terms：

All other terms and conditions remain unchanged.
This amendment charges are for account of ☒ beneficiary ☐ applicant.
The above-mentioned documentary credit and this amendment is subject to UCP 600.

Authorized Signature（s）

任务九：关于 FOB 术语下买方办理租船订舱的讨论

讨论内容：

1. 采用 FOB 术语进口时，买方通常应在何时着手办理租船订舱？

2. 班轮运输方式下，进口商订舱需经过哪些步骤？请根据已知信息和补充资料填写装船指示。

补充资料：

发装船指示的日期：2011 年 9 月 18 日

预期到达装运港的时间：2011 年 9 月 24 日

船名：MOON S.238B

航次：V.1115

3. FOB 条件下采用班轮运输时，进口商可以请求出口商代为租船订舱吗？

若出口商拒绝协助则其行为构成违约吗？为什么？

讨论记录：

SHIPPING INSTRUCTION

Date：_____

To：

Re：Shipment of Contract No. :

L/C No. :

Dear Sirs,

　　We wish to advise that the following stipulated vessel will arrive at _____ port, on/about _____ Vessel/sname _____ Voy. No. _____.

　　We will appreciate to see that the covering goods would be shipped on the above vessel on the date of L/C called.

【参考答案】

　　1. 进口商办理租船订舱的时间应考虑合同装运期要求及出口商备货进度，买卖双方之间应充分沟通。需要使用程租船运输的大宗散货一般在合同装运期前 30～45 天开始着手。使用班轮运输的普通货物，可以根据班轮船期适时着手。

　　2.（1）进口商向不同承运人询问船期、运价，经比较后选定承运人。

　　（2）进口商向选定的承运人提出订舱申请，在进口订舱委托书中列明货物名称、重量、件数、规格、装货港、卸货港等信息，提供国外出口商公司名称、地址、电话、传真、联系人等资料。

(3)承运人接受进口商订舱,在配舱回单上加注船名、航次等信息后交进口商,同时将相关信息资料通知其在出口国装货港的海外代理。承运人海外代理与出口商沟通交货与配船计划,并将相关信息反馈给承运人。

(4)进口商向出口商发出装船指示,通知出口商货物订舱情况,并在出口商备货过程中,保持与出口商、承运人或其海外代理的密切联系,及时掌握货运动态,随时解决突发事件。

(5)出口商完成交货后,向进口商发出装船通知,承运人海外代理向承运人发出货物装船确认电报,同时向出口商签发提单。

(6)出口商将结汇单据通过邮寄或银行交至进口商,进口商凭提单向承运人办理换单手续,结算相关费用,准备提货。

SHIPPING INSTRUCTION

Date: Sep. 18, 2011

To: Liverpool Textiles Corp., Britain

Re: Shipment of Contract No. : YM04060209

L/C No. : KR984/07

Dear Sirs,

We wish to advise that the following stipulated vessel will arrive at Liverpool port, on/about Sep. 24, 2011 Vessel/sname MOON S. 238B Voy. No. V. 1115.

We will appreciate to see that the covering goods would be shipped on the above vessel on the date of L/C called.

Jiali Clothing I. & E. Corp. , China

3. FOB 条件下,采用班轮运输时,由于运费费率相对固定,由出口商代为办理订舱与进口商自己办理无甚差别,而且由出口商在装运港办理常常比进口商在进口国办理更为方便。因此,进口商往往会请求出口商协助办理订舱,或在出口地指定一家熟悉的、值得信任的货代公司,要求出口商与之接洽订舱事宜。必须注意的是,出口商并没有义务替进口商代办订舱,通常出口商只是基于双方良好的贸易关系,并在进口商承担风险和费用的前提下才会同意代办,并且办理不成功或办理错误的法律后果首先应由进口商承担,除非出口商在代办时存在过错,因此出口商的拒绝协助并不构成违约。

任务十:关于 FOB 术语下买方办理货运保险的讨论

讨论内容:

1. 进口货运保险有哪几种投保方式? 如何选择?

2. 如何选择保险公司?

3. 何时办理投保手续?

4. 投保的具体步骤是什么?

5. 进口货物如何确定投保金额?

6. FOB 术语下保险公司的保险责任期限是什么?

7. 如果货物在运输途中出险,进口商应如何处理?

8. 本案例适宜选用哪种投保方式? 为什么?

```
讨论记录:



```

【参考答案】

　　1. 进口货运保险有预约保险和逐笔保险两种方式。前者适用于进口业务频繁的企业,可以避免逐笔保险的繁琐程序及可能发生的延迟或遗漏;后者适用于临时办理进口业务的企业,可以避免预约保险合同对于进口商的限制。

　　2. 进口商应选择具有一定规模、信誉良好、国内外业务网络覆盖面广的保险公司作为保险人。

　　3. 在预约保险方式下,买方通常在接到卖方的装船通知后开始着手办理投保手续。在逐笔投保方式下,买方在拟定航次到达装运港完成装货前开始着手办理投保手续,以保证保险合同在货物风险转移至买方前生效。

4. 采用预约保险方式时,进口商与保险公司需事先签订进口预约保险合同,进口商接到国外出口商发来的装船通知后,立即填具《进口运输预约保险起运通知书》一式五份送交保险公司办理投保手续,保险公司审核后签章、核收保险费并退回被保险人一份作为办妥保险手续的凭证。在实际业务中,经保险公司同意,进口商可将国外出口商发来的装船通知送交保险公司或要求出口商直接将装船通知发给保险公司办理投保手续,保险公司定期向进口商核收保险费。

采用逐笔投保方式时,进口商在拟定航次到达装运港完成装货前,填写投保单,向保险公司申请投保,保险公司接受申请并承保后,核收保险费、签发保险单。

5. 进口货物通常按货物 CIF 价格的 110% 确定保险金额。

6. FOB 术语下,保险公司对海运货物保险的责任期限,一般是从货物在国外装运港装上海轮时起开始生效,到保险单据载明的国内目的地收货人仓库或储存处所为止,即"船至仓"。如未抵达上述仓库或储存处所的,则以被保险货物最终卸离海轮后 60 天为止,必要时还可由投保人申请延长保险期限 60 天,但散装货、活牲畜和新鲜果蔬等商品的保险责任,在目的港卸离海轮时终止。

7. 如果被保险货物如在运输途中出险,承运人应及时通知进出口商,进口商应及时向保险公司报案。货物到港后,进口商应及时向承运人或相关责任人索要货损货差证明并要求其就索赔函作出答复,以备货损货差理赔使用。索赔函是进口商向责任人出具的书面索赔要求,相关责任人应对此作出答复,该答复需交保险公司作为代为追偿的材料。

8. 本案例适宜选用逐笔投保的方式,因为我方公司是第一次与该英国公司成交,尚不能判断今后交易的频繁程度,故采用逐笔投保方式。待今后双方合作成熟且频繁时,我方可以与保险公司签订预约保险合同,转为预约保险的方式。

四、实训总结

请写出完成实训的心得体会:

实训六

CIF + DA 海运班轮集装箱拼箱进口业务

一、实训目的

1. 掌握与老客户进行进口交易磋商的一般步骤。实训内容包括：向老客户询盘、还盘前的核算、拟写还盘等。

2. 掌握审核出口商制作的销售确认书的方法。

3. 掌握相关进口核算方法。实训内容包括：进口关税核算、进口消费税核算、进口增值税核算、进口费用核算等。

二、背景资料

进口商名称：中国衡宇进出口贸易公司

Hengyu Import & Export Trading Corporation，China

进口商地址：广东省深圳市西洲路386号

386 Xizhou Road，Shenzhen，Guangdong Prov.，China

主管业务员：张泉

联系电话：86-755-82402027

传真：86-755-82402027

电子邮箱：hengyumaoyi@yahoo.cn

邮政编码：518000

出口商名称：美国永恒化妆品贸易有限公司

American Eternal Cosmetic Trading Co.，Ltd.

出口商地址：美国纽约韦斯特尔大街1119号

1119 New Westeria Ave.，New York，USA

主管业务员：John

联系电话：1-212-09328627

传真:1-212-09328627

电子邮箱:eternalcos1119@ yahoo. cn

三、实训任务

任务一:拟写询盘

衡宇贸易公司主营各类名牌化妆品业务,在过去几年中与美国永恒化妆品公司合作愉快,建立了较为稳定的贸易关系。最近,衡宇贸易公司有意购进新品雅诗兰黛纯色持久系列唇膏(Estée Lauder Pure Color Long Lasting Lipstick),请拟写一封询盘,内容包括:告知对方本公司今年准备扩大进口规模和商品种类,对卖方纯色持久系列唇膏表示兴趣,希望得到粉色私语(ColorNo.:76 Pink Whisper)的 CIF Shenzhen 报价和样品,期待尽早回复。发出时间:2011 年 9 月 10 日。

请根据上述资料在下列方框内书写询盘。

【参考答案】

Sep. 10, 2011

American Eternal Cosmetic Trading Co. , Ltd.

1119 New Westeria Ave. , New York, USA

Dear John,

We are very glad to learn from your catalogues that you deal in the Estée Lauder lipstick also. Recently there has been an increasing demand for that product. We have confidence in the quality of your product and believe that you are able to supply the product at attractive prices. So would you please send us your quotation and sample, of Estée Lauder Pure Color Long Lasting Lipstick, Color No. : 76 Pink Whisper delivered CIF Shenzhen. Provided your prices are competitive, we will place an order for 1 000 pcs with you.

Your early reply will be highly appreciated.

Yours faithfully,

Zhang Quan

Hengyu Import & Export Trading Corporation, China

386 Xizhou Road, Shenzhen, Guangdong Prov. , China

任务二:核算进口关税和进口消费税

9月13日,衡宇贸易公司收到美国永恒化妆品公司的发盘,内容如下:

Sep. 13, 2011

Hengyu Import & Export Trading Corporation, China

386 Xizhou Road, Shenzhen, Guangdong Prov. , China

Dear Zhang Quan,

We acknowledge with thanks your letter of Sep. 10, requiring about our lipsticks. We have supplied this product to many dealers around the world due to its world-renowned brand and superior quality. And for the quantities you mentioned we are pleased to quote as follows:

Product: Estée Lauder Pure Color Long Lasting Lipstick

Color No. : 76 Pink Whisper

Quantity: 1 000 pcs

Packing: 10 pcs/box, 10 boxes/carton

Unit Price: USD 20.00/pc CIF Shenzhen

Shipment: Within 2 weeks after the signing of the contract by sea

Insurance: To be effected by the seller for 110% invoice value against All Risks & War Risk

Payment: by D/P at sight

This offer is only valid for five days. We are also enclosing our latest catalogue. If you find any items interesting or require for any further help, please let us know.

And you can rely on our best attention at all times.

We are looking forward to your early reply.

Your sfaithfully

John

American Eternal Cosmetic Trading Co. , Ltd.

1119 New Westeria Ave. , New York, USA

请根据上述发盘和补充资料计算该商品的进口关税及进口消费税。

补充资料：

假设此唇膏的国内市场销售价格为 260 元/支

进口关税税率为 10%

消费税税率为 30%

汇率:1 美元 = 6.5 元人民币

进口关税核算：

进口消费税核算：

【参考答案】

进口关税的完税价格 = 20 美元／支 = 130 元人民币／支

进口关税 = 进口关税的完税价格 × 进口关税率 = CIF 价 × 进口关税率

= 130 × 10% = 13(元人民币／支)

进口消费税的完税价格 = （进口关税的完税价格 + 进口关税）

÷ (1 − 进口消费税率)

= (130 + 13) ÷ (1 − 0.3) = 204.29(元人民币／支)

进口消费税 = 进口消费税的完税价格 × 进口消费税率

= 204.29 × 0.3 = 61.29(元人民币／支)

任务三:核算进口增值税

请根据上述发盘和补充资料计算该商品的进口增值税。

补充资料:

进口增值税税率为17%

进口增值税核算:

【参考答案】

进口增值税的完税价格 = 进口关税的完税价格 + 进口关税 + 进口消费税

$$= 130 + 13 + 61.29 = 204.29(元人民币 / 支)$$

进口增值税 = 进口增值税的完税价格 × 进口增值税率

$$= 204.29 × 17\% = 34.73(元人民币 / 支)$$

任务四:进口费用核算

请根据上述发盘和补充资料计算该商品的进口费用。

补充资料:

假设银行手续费率为0.1%

报关费80元人民币

货物检验费220元人民币

业务定额费1 500元人民币

国内运杂费1 200元人民币

进口费用核算：

进口费用 = 进口关税 + 进口消费税 + 进口增值税 + 国内销售环节增值税
　　　　　+ 银行费用 + 其他进口费用

其中：

国内销售环节增值税 = 国内销售价格 ÷ (1 + 进口增值税率)
　　　　　　　　　× 进口增值税率 – 进口增值税
　　　　　　　　 = 260 ÷ (1 + 17%) × 17% – 34.73
　　　　　　　　 = 3.05(元人民币／支)

银行费用 = 进口价格 × 银行费率
　　　　 = CIF 价格 × 0.1%
　　　　 = 130 × 0.1% = 0.13(元人民币／支)

其他进口费用 = (80 + 220 + 1 500 + 1 200) ÷ 1 000 = 3(元人民币／支)

所以：

进口费用 = 进口关税 + 进口消费税 + 进口增值税 + 国内销售环节增值税
　　　　　+ 银行费用 + 其他进口费用
　　　 = 13 + 61.29 + 34.73 + 3.05 + 0.13 + 3
　　　 = 115.2(元人民币／支)

任务五：还盘核算

假设衡宇贸易公司的预期利润率为 15%，请核算该商品的进口成本，为我方还盘提供依据。

```
┌─────────────────────────────────────────────────────────────────┐
│  进口成本 = CIF 价 = 国内销售价格 - 进口费用 - 进口预期利润        │
│                                                                   │
│                                                                   │
│                                                                   │
│                                                                   │
│                                                                   │
│                                                                   │
└─────────────────────────────────────────────────────────────────┘
```

【参考答案】

进口成本 = CIF 价 = 国内销售价格 - 进口费用 - 进口预期利润

① 国内销售价格 = 260 元人民币

② 进口费用 = 进口关税 + 进口消费税 + 进口增值税 + 国内销售环节增值税 + 银行费用 + 其他进口费用

其中：

进口关税 = CIF 价 × 进口关税率 = CIF × 10% = 0.1CIF(元人民币)

进口消费税 =（进口关税的完税价格 + 进口关税）÷（1 - 进口消费税率）× 进口消费税率

= （CIF + 0.1CIF）÷（1 - 0.3）× 0.3 = 0.47CIF(元人民币)

进口增值税 =（CIF 价格 + 进口关税 + 进口消费税）× 进口增值税率

国内销售环节增值税 = 国内销售价格 ÷（1 + 进口增值税率）× 进口增值税率 - 进口增值税

进口增值税 + 国内销售环节增值税 = 国内销售价格 ÷（1 + 进口增值税率）× 进口增值税率

= 260 ÷（1 + 17%）× 17%

= 37.78(元人民币)

银行费用 = 进口价格 × 银行费率 = CIF 价格 × 0.1% = 0.001CIF(元人民币)

其他进口费用 =（80 + 220 + 1 500 + 1 200）÷ 1 000 = 3(元人民币)

③ 进口预期利润 = 进口价格 × 预期利润率 = CIF 价格 × 15% = 0.15CIF

整理得：

CIF 价 = 国内销售价格 - 进口费用 - 进口预期利润

$$= 260 - (0.1\text{CIF} + 0.47\text{CIF} + 37.78 + 0.001\text{CIF} + 3) - 0.15\text{CIF}$$
$$= 219.22 - 0.721\text{CIF}$$
$$= 127.38(\text{元人民币}) = 19.6(\text{美元})$$

即进口商进口价格至少在 19.6 美元/支以下方能保证 15% 以上的利润率。

任务六:拟写还盘

衡宇贸易公司在进行成本核算后发现对方报价较高且即期 D/P 会给我方造成较大资金占压,于是向对方发出还盘,进行磋商。请拟写一封还盘,内容包括:感谢出口商的发盘;指出其报价过高交易无法达成;希望对方出于多年合作关系以及长远利益考虑,将价格降低 5%;支付方式改为见票 30 天的远期承兑交单;如果价格优惠,之后还会有大量订单;期待尽早回复。发出时间:2011 年 9 月 16 日。

请根据上述资料在下列方框内书写还盘。

【参考答案】

Sep. 16, 2011

American Eternal Cosmetic Trading Co. , Ltd.

1119 New Westeria Ave. , New York, USA

Dear John,

　　We are pleased to receive your letter, offering us 1 000 pieces of Estée Lauder lipstick at USD 20/pc. But unfortunately we find your prices appear to be on the high side as compared in our market. To accept the prices you quoted will tie up our funds and leave us no margin of profit.

We highly appreciate the opportunity to do business with you. And given the long happy working relationship between us, may we suggest that you make some allowance on your prices, say 5%, with payment by D/A 30 days after sight. We are sure that those preferences will lead to more business transactions with you in the near future. If it is acceptable to you, please let us know as soon as possible.

Looking forward to your early reply.

Yours faithfully
Zhang Quan
Hengyu Import & Export Trading Corporation, China
386 Xizhou Road, Shenzhen, Guangdong Prov., China

任务七:审核进口合同

经多回合反复磋商,双方最终达成交易。主要谈判结果如下:

数量:1 000 件

包装:每件装一个塑胶袋,10 支装一盒,10 盒装一箱,内衬防水纸

溢短:数量和金额都允许有 5% 的增减

单价:USD 19.00/件 CIF Shenzhen

支付方式:D/A 30days after sight

总值:19 000 美元

装运:最迟 2011 年 10 月 25 号装运;装运港:纽约;目的港:深圳;
　　不允许分批装运;允许转船

保险:由卖方按发票金额的 110% 投保一切险和战争险;适用中国保险条款

单据:+ 签署的商业发票一式三份

　　 + 装箱单一式三份

　　 + 全套(3/3)清洁的已装船海运提单,做成空白指示抬头,空白背书,
　　　 注明运费预付,通知买方

　　 + 保险单一式两份,空白背书

　　 + 一般原产地证明书一式两份

出口商寄送的销售确认书如下,请认真审核并找出不妥之处。

SALES CONFIRMATION

The Seller: American Eternal Cosmetic Trading Co., Ltd.   Contract No. <u>SC00875</u>
Address: 1119 New Westeria Ave., New York, USA   Date: <u>Oct. 5, 2011</u>

The Buyer: Henyu Trading Corp., China
Address: 386 Xizhou Road, Shenzhen, Guangdong Prov., China

    This Sales Contract is made by and between the Seller and the Buyer, whereby the Seller agree to sell and the Buyer agree to buy the under-mentioned goods according to the terms and conditions stipulated below:

Description of Goods	Quantity	Unit Price	Amount
10 pcs/Box, 10 Boxes/Carton; Color No.: 76 Pink Whisper	1 000 PCS	USD 19.00	USD 19 000.00
TOTAL	1 000 PCS		USD 19 000.00
Total Amount: SAY U. S. DOLLARS NINETY THOUSAND ONLY			

5% more or less both in amount and quantity allowed
Packing: each piece is packed in a polybag and 10 pcs are packed in one export standard box, 10 boxes to a carton, lined with waterproof paper
Time of Shipment: shipment not later than Oct. 25, 2011
Loading Port and Destination: From New York, America to Shenzhen, China
Partial Shipment: Allowed
Transshipment: Allowed
Insurance: To be effected by the seller for 110% invoice value covering All Risks as per CIC of PICC dated 01/01/1981
Terms of Payment: The buyer shall duly accept the documentary draft drawn by the seller at 30 days after sight upon first presentation and make due payment on its maturity. The shipping documents are to be delivered against acceptance
Documents:
+ Signed commercial invoice in triplicate
+ Full set(3/3) of clean on board ocean Bill of Lading marked "Freight To Collect" made out to order blank endorsed notifying the Buyer
+ Insurance Policy in duplicate
+ Packing List in triplicate
+ Certificate of Origin issued by American Chamber of Commerce in duplicate

    This contract is made in two original copies and becomes valid after signature, two copies to be held by each party.

Signed by:
      THE SELLER: **THE BUYER:**
American Eternal Cosmetic Trading Co., Ltd.
        John

经审核合同内容存在如下问题：

1. _____
2. _____
3. _____
4. _____
5. _____
6. _____
7. _____
8. _____

【参考答案】

1. 进口商公司名称有误,应填写"Hengyu Import & Export Trading Corporation, China"。

2. 货描不完整,"Description of Goods"一栏应填写商品的名称和相关描述: "Estée Lauder Pure Color Long Lasting Lipstick;Color No.：76 Pink Whisper"。

3. 单价不完整,"Unit Price"一栏应包括计价货币、单位价格金额、计价单位和贸易术语四部分,即应填写"USD 19.00/PC CIF Shenzhen"。

4. "Total Amount"一栏,商品总值包括计价货币和总价金额两部分,注意大小写要一致,应填写"SAY U.S. DOLLARS NINETEEN THOUSAND ONLY"。

5. 分批装运应为不允许,"Partial Shipment"一项应为"Not Allowed"。

6. 应投保一切险和战争险,"Insurance"一项应为"To be effected by the seller for 110% invoice value covering All Risks and War Risk as per CIC of PICC dated 01/01/1981"。

7. CIF 进口提单上应注明运费已付,"Documents"中应为"Full set(3/3) of clean on board ocean Bill of Lading marked 'Freight Prepaid' made out to order blank endorsed notifying the applicant"。

8. 保险单应空白背书,"Documents"中应为"Insurance Policy in duplicate endorsed in blank"。

任务八:关于进口化妆品报检的讨论

讨论内容：

1. 我国对进口化妆品的主管机构。
2. 进出口化妆品质量安全监管的法律依据。
3. 哪些化妆品进口需要办理卫生许可证？

4. 关于进口化妆品报检有哪些相关规定？

5. 什么是进出口化妆品标签审核？

6. 化妆品进口报检需要哪些单证？

7. 进口化妆品报检后必须取得什么证明？

讨论记录：

【参考答案】

1. 目前我国对进口化妆品主管机构主要有两个：一个是国家食品药品监督管理局，主要负责首次进口前国产和进口化妆品的卫生许可；第二个是国家质检总局和各地检验检疫机构，主要负责对口岸化妆品检验检疫的监管。

2. 2011年国家质检总局制定了《进出口化妆品检验检疫监督管理办法》，其中第二章是关于进口化妆品检验检疫的规定。该办法已于2012年2月1日起实施，标志着进出口化妆品质量安全监管有了新的法律依据。

3. 根据《进出口化妆品检验检疫监督管理办法》，首次进口的化妆品应当提交国家相关主管部门批准的进口化妆品卫生许可批件或备案的凭证。

4.（1）进口化妆品必须经过标签审核，取得《进出口化妆品标签审核证书》后方可报检。

（2）国家质检总局对进出口化妆品实施分级监督检验管理制度，按照品牌、品种将进出口化妆品的监督检验分为放宽级和正常级，并根据日常监督检验结果，动态公布《进出口化妆品分级管理类目表》。

（3）检验检疫机构对进口化妆品及其生产企业实施卫生质量许可制度等监督管理措施。

（4）进口化妆品经营单位应到其营业地检验检疫机构登记备案。经检验合格的进口化妆品，必须在检验检疫机构监督下加贴检验检疫卫生标志。

5. 化妆品标签审核是指对进出口化妆品标签中标示的反映化妆品卫生质量状况、功效成分等内容的真实性、准确性进行符合性检验，并根据有关规定对标签格式、版面、文字说明、图形、符号等进行审核。

6. 通常需要《入境货物报检单》、合同、发票、装箱单、提（运）单、《进出口化妆品标签审核证书》或《标签审核受理证明》。来自疯牛病国家或地区的进口化妆品，还要提供输出国或地区出具的官方动物检疫证书，说明该化妆品不含牛、羊的脑及神经组织、内脏、胎盘和血液（含提取物）等动物源性原料成分。

7. 进口化妆品经检验检疫合格的，检验检疫机构出具《入境货物检验检疫证明》，并列明货物的名称、品牌、原产国家（地区）、规格、数/重量、生产批号/生产日期等。进口化妆品取得《入境货物检验检疫证明》后，方可销售、使用。

四、实训总结

请写出完成实训的心得体会：

实训七
CFR + T/T 委托代理进口业务

一、实训目的

1. 掌握流通型贸易公司承接委托代理进口业务的一般流程。实训内容包括:起草委托代理进口合同、审核进口合同、协调两个合同项下的相应款项处理。

2. 掌握 CFR 进口运输风险评估与防范方法。

3. 掌握 T/T 支付方式下的付款操作。实训内容包括:汇款操作、银行购汇操作。

4. 掌握进口合同履行的主要操作步骤。实训内容包括:申领自动进口许可证、进口换单、进口报检、进口报关、进口提货等。

二、背景资料

进口商名称:石家庄美柯特科技有限公司

                Shijiazhuang Maket Scientific & Technical Co. , Ltd.

进口商地址:石家庄永安路 1205 号

                1205 Yong'an Road, Shijiazhuang

主管业务员:郑佳

联系电话:86-311-88663210

出口商名称:日本藤原进出口贸易公司

                Fujiwara Import & Export Trading Corporation, Japan

出口商地址:东京都新桥 759 号

                759 The New Bridge, Tokyo, Japan

主管业务员:George

进口代理商:明羽国际贸易有限公司
　　　　　　Mingyu International Trading Company

代理商地址:天津市光明大街385号
　　　　　　385 Guangming Street, Tianjin

主管业务员:李明

联系电话:86-22-98765432

三、实训任务

任务一:起草委托代理进口合同

美柯特公司欲从日本藤原进出口贸易公司购进用于光盘生产的金属母盘生产设备(metal master production equipment for optical disc production),经过反复磋商后,商定以人民币75 000元的价格购进型号为MMP556的生产设备一台。由于美柯特公司没有进出口权,故委托有进出口权的明羽公司代理进口业务。请根据已知背景和补充资料起草委托代理进口合同。

补充资料:

合同编号:IA0017

签约日期:2011年6月15日

签约地点:天津

进口合同编号:DLJK007

汇率:1美元=6.25元人民币

代理费率:5%

委托代理进口合同

合同编号:_____

签约时间:_____

签约地点:_____

委托方(甲方):_____

受托方(乙方):_____

甲、乙双方经友好协商,就甲方委托乙方代理进口本合同项下货物一事达成一致,兹同意按照下述条款签订本合同:

一、甲方委托乙方代理进口下述货物(以下称"货物"):

名称:_____

数量：_____

型号：_____

人民币价格：_____

货物的美元价格、质量、支付方式、交货期、包装、运输及保险要求：详见进口合同NO._____

二、委托项目：

1. 甲方委托乙方以乙方名义与_____（以下称"外商"）签订进口合同（以下称"进口合同"），向其购买上述货物。

2. 乙方向外商购买上述全部货物的总价为_____（不含税款及代理费）。

三、乙方义务：

1. 根据本合同的有关规定，以自己的名义与外商签订进口合同。

2. 按照进口合同的规定，办理货物在中国境外的运输保险事宜。

3. 办理货物的进口报检、报关、对外付汇手续。

4. 按照本合同第六条的规定向甲方交付货物。

5. 本合同规定的其他义务。

四、甲方义务：

1. 按照本合同第五条的规定，及时将购买货物所需全部资金、相关税费及代理费付至甲方账户。

2. 按照本合同第六条的规定，及时提取货物。

3. 应乙方要求，参加由乙方组织的有关货物技术标准、质量要求等方面的对外谈判及有关活动；必要时，负责编制合同附件。

4. 检验货物并及时对货物质量问题提出异议。

5. 本合同规定的其他义务。

五、付款条件：

1. 甲方应于_____前，凭乙方书面通知，将进口合同所规定的全部货款汇入乙方账户；甲方支付人民币的，折算汇率为：_____。

2. 甲方应于_____前，凭乙方书面通知及海关出具的有关单据，将因进口货物而应向海关缴纳的税款汇入乙方账户。

3. 甲方应于_____前，向乙方支付代理费，代理费金额为本合同第二条所规定的进口合同总价的_____%。

六、货物交付：

1. 货物进口许可证由_____方负责办理。

2. 乙方应于货物预计到达中国口岸前_____日内，书面通知甲方有关情况并于货物到达中国口岸后立即通知甲方。

3. 甲方应在乙方发出到货通知后_____日内赴交货地点收货。

4. 货物在中国境内的法定商检由_____方负责，费用由_____方承担。

5. 乙方应在_____将货物交给甲方，货物自进关口岸至_____的运输及保险由_____方负责，费用由_____方承担。

七、对外索赔：

如外商在履行进口合同时有违约行为，甲方决定向外商提起仲裁或诉讼的，应当书面通知乙方并提供所需费用及协助,由此而产生的损失或利益由甲方承担或享有。如甲方未及时书面通知乙方并提供所需费用及协助,乙方无义务对外商提起任何仲裁或诉讼。

八、违约责任:

1. 如甲方未按照本合同第五条的规定及时支付有关款项,应向乙方支付滞纳金,金额为逾期支付部分的万分之五/每天;逾期超过十五天的,乙方有权解除本合同并要求甲方赔偿因此而遭受的一切损失。在甲方按照本合同第五条的规定支付全部款项前,乙方有权留置全部货物。

2. 如甲方未能按照本合同第六条的规定及时提取货物,应承担延迟提货期间发生的货物仓储费及其他费用;逾期超过十五天不提货的,乙方有权解除合同并处置未提取货物。

九、争议处理:

凡因执行本合同发生纠纷的,双方应协商解决;协商不成的,任何一方均可向人民法院提起诉讼。

十、其他:

1. 本合同自甲、乙双方代表人签字并盖章之日起生效。

2. 本合同一式二份,甲、乙双方各执一份,效力均等。

3. 本合同未明确规定的事项,按照《中华人民共和国合同法》及商务部《关于对外贸易代理制的暂行规定》执行。

委托人:＿＿＿＿＿＿＿＿　　　　受托人:＿＿＿＿＿＿＿＿

代表人签字:＿＿＿＿＿＿＿　　　代表人签字:＿＿＿＿＿＿＿

盖章:　　　　　　　　　　　　　盖章:

【参考答案】

委托代理进口合同

合同编号:IA0017

签约时间:2011 年 6 月 15 日

签约地点:天津

委托方(甲方):石家庄美柯特科技有限公司

石家庄永安路 1205 号

受托方(乙方):明羽国际贸易有限公司

天津市光明大街 385 号

甲、乙双方经友好协商,就甲方委托乙方代理进口本合同项下货物一事达成一致,同意按照下述条款签订本合同:

一、甲方委托乙方代理进口下述货物(以下称"货物"):

名称:用于光盘生产的金属母盘生产设备

(Metal master production equipment for optical disc production)

数量:壹台

型号:MMP556

人民币价格:75 000 元　计柒万伍仟元整

货物的美元价格、质量、支付方式、交货期、包装、运输及保险要求:详见进口合同 NO. DLJK007

二、委托项目:

1. 甲方委托乙方以乙方名义与日本藤原进出口贸易公司　东京都新桥759号(以下称"外商")签订进口合同(以下称"进口合同"),向其购买上述货物。

2. 乙方向外商购买上述全部货物的总价为12 000美元(不含税款及代理费)。

三、乙方义务:

1. 根据本合同的有关规定,以自己的名义与外商签订进口合同。

2. 按照进口合同的规定,办理货物在中国境外的运输保险事宜。

3. 办理货物的进口相关批件、报检、报关、对外付汇手续。

4. 按照本合同第六条的规定向甲方交付货物。

5. 本合同规定的其他义务。

四、甲方义务:

1. 按照本合同第五条的规定,及时将购买货物所需全部资金、相关税费及代理费付至甲方账户。

2. 按照本合同第六条的规定,及时提取货物。

3. 应乙方要求,参加由乙方组织的有关货物技术标准、质量要求等方面的对外谈判及有关活动;必要时,负责编制合同附件。

4. 检验货物并及时对货物质量问题提出异议。

5. 本合同规定的其他义务。

五、付款条件:

1. 甲方应于　乙方对外付款3日　前,凭乙方书面通知,将进口合同所规定的全部货款汇入乙方账户;甲方支付人民币的,折算汇率为:　1美元＝6.25元人民币　。

2. 甲方应于　乙方缴款3日　前,凭乙方书面通知及海关出具的有关单据,将因进口货物而应向海关缴纳的税款汇入乙方账户。

3. 甲方应于　提取货物3日　前,向乙方支付代理费,代理费金额为本合同第二条所规定的进口合同总价的　5　%。

六、货物交付:

1. 货物进口许可证由　乙　方负责办理。

2. 乙方应于货物预计到达中国口岸前　2　日内,书面通知甲方有关情况;并于货物到达中国口岸后立即通知甲方。

3. 甲方应在乙方发出到货通知后　14　日内赴交货地点收货。

4. 货物在中国境内的法定商检由　乙　方负责,费用由　甲　方承担。

5. 乙方应在　入境港口　将货物交给甲方,货物自进关口岸至　甲方处所　的运输及保险由　甲　方负责,费用由　甲　方承担。

七、对外索赔:

如外商在履行进口合同时有违约行为,甲方决定向外商提起仲裁或诉讼的,应当书面通知乙方并提供所需费用及协助,由此而产生的损失或利益由甲方承担或享有。如甲方未及时书面通知乙方并提供所需费用及协助,乙方无义务对外商提起任何仲裁或诉讼。

八、违约责任:

1. 如甲方未按照本合同第五条的规定及时支付有关款项,应向乙方支付滞纳金,金额为逾期支付部分的万分之五/每天;逾期超过十五天的,乙方有权解除本合同并要求甲方赔偿因此而遭受的一切损失。在甲方按照本合同第五条的规定支付全部款项前,乙方有权留置全部货物。

2. 如甲方未能按照本合同第六条的规定及时提取货物,应承担延迟提货期间发生的货物仓储费及其他费用;逾期超过十五天不提货的,乙方有权解除合同并处置未提取货物。

九、争议处理:

凡因执行本合同发生纠纷的,双方应协商解决;协商不成的,任何一方均可向人民法院提起诉讼。

十、其他:

1. 本合同自甲、乙双方代表人签字并盖章之日起生效。

2. 本合同一式二份,甲、乙双方各执一份,效力均等。

3. 本合同未明确规定的事项,按照《中华人民共和国合同法》及商务部《关于对外贸易代理制的暂行规定》执行。

委托人:石家庄美柯特科技有限公司　　　　受托人:明羽国际贸易有限公司

代表人签字:郑佳　　　　　　　　　　　　代表人签字:李明

盖章:　　　　　　　　　　　　　　　　　盖章:

任务二:审核进口合同

根据与美柯特公司签订的委托代理进口合同,进口代理商明羽公司有义务以自己的名义与国外卖方签订进口合同。请根据已知信息和补充资料认真审核进口合同并找出不妥之处。

补充资料:

唛头:MINGYU

　　　　SC050723

　　　　TIANJIN

　　　　C/No. 1-1

支付方式:30%装运前10天内T/T,70%装运后见提单传真件10天内T/T

装运:最迟2011年7月20号装运;装运港:东京;目的港:天津;

　　　不允许分批装运;不允许转船

单据:+ 签署的商业发票一式三份

　　　+ 装箱单一式三份

　　　+ 全套(3/3)清洁的已装船海运提单,做成空白指示抬头,空白背书,注明运费预付,通知买方

　　　+ 一般原产地证明书一式两份

　　　+ 制造厂商出具的品质检验证书一式两份

　　　+ 无木质包装声明一式两份

Purchase Contract

The Seller: Fujiwara Import & Export Trading Corporation, Japan   Contract No. <u>SC050723</u>

Address: 759 The New Bridge, Tokyo, Japan   Date: <u>June 30, 2011</u>

The Buyer: Shijiazhuang Maket Scientific & Technical Co. , Ltd.

Address: 1205 Yong'an Road, Shijiazhuang

The Contract is made by and between the Seller and the Buyer whereby the Seller agrees to sell and the Buyer agrees to buy the undermentioned goods subject to terms and conditions set forth hereinafter as follows:

1. Name of Commodity and specification:

    Metal master production equipment for optical disc production

    Style No. : MMP556

2. Country of Origin & Manufacturer: Mitsubishi Heavy Industries, Japan

3. Quantity: One Set

4. Unit Price(packing charges included): USD 12 000/set   CFR Tianjin

5. Total Amount: USD 12 000.00

    SAY RMB SEVENTY FIVE THOUSAND ONLY

6. Packing: The packing of the goods shall be preventive from dampness, rust, moisture, erosion and shock, and shall be suitable for ocean transportation. The Seller shall be liable for any damage and loss of the goods attributable to the inadequate or improper packing

7. Insurance: To be effected by the buyer

8. Time of Shipment: Not later than Aug. 20, 2011

9. Port of Loading: Tokyo, Japan

10. Port of Destination: Tianjin, China

11. Shipping mark: MAKET

             SC050723

             TIANJIN

             C/No. 1-1

12. Terms of Shipment: Not later than Aug. 20, 2011

    Partial Shipment: Not Allowed

    Transshipment: Allowed

    Within 24 hours immediately after completion of loading of goods onboard the vessel the Seller shall advise the Buyer by fax of the contract number, the name of goods, weight(net/gross), name of vessel, port of loading, sailing date and expected time of arrival(ETA) at the port of destination. Should the Buyer be unable to arrange insurance in time owing to the Seller's failure to give the above mentioned advice of shipment, the Seller shall be held responsible for any and all damages and/or losses attributable to such failure.

13. Terms of Payment: The buyer shall pay 100% of the sales proceeds to the seller in advance by T/T not later than June 13, 2011

14. Shipping Documents:
    + Signed commercial invoice in triplicate
    + Full set(3/3) of clean on board ocean Bill of Lading marked "Freight Prepaid" made out to order blank endorsed notifying the Buyer
    + Packing List in triplicate
    + Certificate of Origin issued by Chamber of Commerce in duplicate

    The Seller shall, within <u>48</u> hours after shipment effected, send by courier each copy of the abovementioned documents

15. Quality Guarantee: The Seller shall guarantee that the commodity must be in conformity with the quality, specifications and quantity specified in this Contract and Letter of Quality Guarantee. The guarantee period shall be <u>6</u> months after the arrival of the goods at the port of destination, and during the period the Seller shall be responsible for the damage due to defects in designing and manufacturing of the manufacturer

16. Inspection: The manufacturers shall, before delivery, make a precise and comprehensive inspection of the goods with regard to its quality, specification, and performance, and issue inspection certificates certifying the technical data and conclusion of the inspection. After arrival of the goods at the port of destination, the Buyer shall apply to China Commodity Inspection Bureau(hereinafter referred to as CCIB) for a further inspection as to the quality and specifications of the goods. If damages of the goods are found, or the specifications and/or quantity are not in conformity with the stipulation in this Contract, except when the responsibilities lies with Insurance Company or Shipping Company, the Buyer shall, within <u>180</u> days after arrival of the goods at the port of destination, claim against the Seller, or reject the goods according to the inspection certificate issued by CCIB. In case of damage of the goods incurred due to the design or manufacture defects and/or in case the quality and performance are not in conformity with the Contract, the Buyer shall, during the guarantee period, request CCIB to make a survey

17. Claim: The Buyer shall make a claim against the seller(including replacement of the goods)by the further inspection certificate and all the expenses incurred therefrom shall be borne by the Seller. The claims mentioned above shall be regarded as being accepted if the Seller fail to reply within <u>15</u> days after the Seller received the Buyer's claim

18. Late Delivery and Penalty: Should the seller fail to make delivery on time as stipulated in the contract, with the exception of Force Majeure causes specified in the Clause 19 of this Contract, the Buyer shall agree to postpone the delivery on the condition that the seller agree to pay a penalty which shall be deducted by the paying bank from the payment under negotiation. The rate of penalty is charged at <u>0.5%</u> for every <u>seven</u> days, odd days less than <u>seven</u> days should

be counted as <u>seven</u> days. But the penalty, however, shall not exceed <u>5%</u> of the total value of the goods involved in the delayed delivery. In the case the Seller fail to make delivery <u>seventy</u> days later than the time of shipment stipulated in the contract. The buyer shall have the right to cancel the contract and the Seller, in spite of the cancellation, shall nevertheless pay the aforesaid penalty to the buyer without delay. The buyer shall have the right to lodge a claim against the Seller for the losses sustained if any

19. Force Majeure: The Seller shall not be responsible for the delay of shipment or non-delivery of the goods due to Force Majeure, which might occur during the process of manufacturing or in the course of loading or transit. The Seller shall advise the Buyer immediately of the occurrence mentioned above and within <u>3</u> day thereafter the Seller shall send a notice by courier to the Buyer for their acceptance of a certificate of the accident issued by the local chamber of commerce under whose jurisdiction the accident occurs as evidence thereof. Under such circumstances the Seller, however, are still under the obligation to take all necessary measures to hasten the delivery of the goods. In case the accident lasts for more than <u>90</u> days the Buyer shall have the right to cancel the contract

20. Arbitration: Any dispute arising from or in connection with the Contract shall be settled through friendly negotiation. In case no settlement is reached, the dispute shall be submitted to China International Economic and Trade Arbitration Commission (CITAC) , <u>Tianjin</u> Commission for arbitration in accordance with its rules in effect at the time of applying for arbitration. The arbitral award is final and binding upon both parties

This contract is made in two original copies and becomes valid after signature, two copies to be held by each party.

Signed by:

THE SELLER: **THE BUYER:**

_____   Mingyu International Trading Company

_____   李明_____

经进口商审核,合同存在如下问题:

1. _____

2. _____

3. _____

4. _____

5. _____

6. _____

7. _____

【参考答案】

1. 买方名称地址有误,应为代理进口商:"Mingyu International Trading Company; 385 Guangming Street, Tianjin"。

2. 大写金额有误,应为:"SAY US DOLLARS TWELVE THOUSAND ONLY"。

3. 运输标志有误,应为:"MINGYU
        SC050723
        TIANJIN
        C/No. 1-1"。

4. 装运时间有误,应为:"Not later than July 20, 2011"。

5. 转船相关规定有误,应为:"Not Allowed"。

6. 支付方式规定有误,应为:"The buyer shall pay 30% of the sales proceeds to the seller in advance by T/T within 10 days before shipment, pay the balance by T/T within 10 days against the fax of B/L"。

7. 单据有漏列,应补列:" + Inspection certificate of Quality in duplicate issued by the Manufacturer + Declaration of no-wood packing material in duplicate"。

任务三:讨论代理进口商应如何收取委托人的应付款项

讨论内容:

1. 代理进口商需要向委托人收取哪几笔款项?

2. 代理进口商如何把握收取相关款项的时间?

3. 假设货物已于 7 月 18 日装运,代理进口商应在何时通知委托人支付 70% 余款?

【参考答案】

1. 代理进口商需要向委托人收取对外支付的货款;办理进口相关批件、报检、报关、运输保险等手续的费用;进口关税及增值税等费用;代理费等。其中代理费为进口合同金额的 5% ,其余各项费用为实报实销。

2. 代理费是代理进口商为委托人提供服务的收益,通常应在与委托人交接货物之前收妥。其余款项虽为实报实销,但为避免先行垫支后委托人不能及时偿还,导致资金占压和利息支出的风险,通常应在支付相应款项前要求委托人先行支付。为此,代理进口商应根据合同及具体业务进展情况,适时向委托人发出书面付款通知书,并写清应付金额、币别、折算汇率、用途、银行账号等。根据委托代理进口合同的规定,在委托人付清全部款项之前,代理进口商有权留置全部货物。

3. 如果货物已于 7 月 18 日装运,通常在 7 月 19 日代理进口商可以收到提单传真件,根据委托代理进口合同,代理进口商应在收到提单传真件后 10 日内对外付款,所以代理进口商应在收到装船通知后立即向委托人发出书面付款通知书。

任务四:讨论 CFR 术语下进口商在运输方面的风险及防范

讨论内容:

1. 为什么近年来进口采用 CIF 或 CFR 的比例不断上升?

2. 进口商采用 CIF 或 CFR 签订进口合同会面临哪些风险?

3. 进口商如何规避相应风险?

4. 哪些情况下进口商可以考虑采用 CIF 或 CFR 术语?

【参考答案】

1. 20 世纪 90 年代以来,由于国际航运市场运力紧张,运价频频上涨,附加费层出不穷,进口商难以准确掌握运输费用。为了便于进口成本核算,同时免去进口商因为安排货物运输所承担的风险和责任,将租船订舱和交付货物交由出口商一方统筹安排,从而避开 FOB 术语下的船货衔接问题,越来越多的进口商开始采用 CIF 或 CFR 签订进口合同。

2. (1) 承运人欺诈风险。

由于出口商在租船订舱时不够谨慎,选择了某些不具有资质、信誉很差或面临破产的船东,使用虚假的承运人名称出具提单,然后将承运的货物(通常是运费低且好出手的货物)中途卖掉牟利,当进口商发现根本没有期待中的船到达目的港时,根本无法查找承运人,最终只能是钱货两空。

(2) 出口商欺诈风险。

出口商根本没有装出货物,而是出具一份假提单给进口商,待进口商提货时发现根本无货到港。而且在这种情况下,进口商凭保险单向保险公司索赔,也无法获得赔偿,因为货物根本就没有运输,不具有可保利益(insurable interest)。

(3) 进口商难以控制到货时间。

在 CIF/CFR 术语下,卖方只须保证按时交货,而没有义务保证按时到货。只要卖方遵照合同完成交货义务,并提交合格的单据,买方就应接受单据,支付货款。而如果卖方所租载货船只因绕行或迟延,未能在正常合理时间内抵达目的港,买方可能因此蒙受损失。

3. 进口商选用 CIF/CFR 应重视出口商资信调查;监控承运人资质,可在合同中规定承运人资质须经买卖双方认可,必要时可对船籍、船龄或船级作出要求;必要时进行监装;敦促出口商在货物装船后,及时发出装船通知,以便进口商办理投保手续和作好到货准备。可在合同中明确规定装船通知发出的时间、方式、内容以及迟发或漏发时出口商应承担的责任。

4. 就进口商而言,在下列情形下适宜选用 CIF/CFR 术语:

(1) 运价有上涨趋势时,有利于进口商避开运费核算不准的问题。

(2) 进口商找船不容易或不熟悉租船业务时。

(3) 采用远期信用证支付,需从银行融资时。因为运费、保险费也包含在信用证金额中,有利于进口商获得较多融资。

(4) 本币有升值趋势时。因为运费、保险费已包含在货价中,支付时间越晚对进口商越有利。

(5) 小额交易时。因为交易金额有限,进口商即使遭受损失也在可承受范围内。

(6) 进口鲜活、易腐货物时。避免 FOB 条件下可能出现的因船货衔接不好而导致货物损失,保证及时出运是第一重要因素。

(7) 需要进口业绩时。

任务五：申领进口许可证

通过相关查询得知进口货物（用于光盘生产的金属母盘生产设备）在进口报关时需要自动进口许可证，根据委托代理进口合同，相关进口批件由代理进口商负责办理，所以李明在进口合同签订后即着手准备办理自动进口许可证。请根据已知信息和补充资料替李明填写自动进口许可证申请表。

补充信息：
申请表编号：2370820
自动进口许可证号：1100422664
外汇来源：自有
商品用途：内销
H.S.编码：8521909010
设备状态：新
申请日期：2011 年 7 月 6 日

中华人民共和国自动进口许可证申请表

1. 进口商： 代码：	3. 自动进口许可证申请表号： 自动进口许可证号：
2. 进口用户：	4. 申请自动进口许可证有效截止日期： 年 月 日
5. 贸易方式：	8. 贸易国（地区）：
6. 外汇来源：	9. 原产地国（地区）：
7. 报关口岸：	10. 商品用途：

11. 商品名称：	商品编码：		设备状态：		
12. 规格、等级	13. 单位	14. 数量	15. 单价（币别）	16. 总值（币别）	17. 总值折美元
18. 总　计					

19. 备注： 联系人： 联系电话： 申请日期：	20. 签证机构审批意见：

中华人民共和国自动进口许可证申请表

1. 进口商:明羽国际贸易有限公司(加盖公章) 代码:	3. 自动进口许可证申请表号:2370820 自动进口许可证号:1100422664
2. 进口用户:石家庄美柯特科技有限公司	4. 申请自动进口许可证有效截止日期: 2011 年 12 月 31 日
5. 贸易方式:一般贸易	8. 贸易国(地区):日本
6. 外汇来源:自有	9. 原产地国(地区):日本
7. 报关口岸:天津	10. 商品用途:内销

11. 商品名称: 用于光盘生产的金属母盘生产设备		商品编码: 8521909010		设备状态: 新		
12. 规格、等级	13. 单位	14. 数量	15. 单价 (币别)	16. 总值 (币别)	17. 总值 折美元
型号 MMP556	台	1	75 000 人民币	75 000 人民币	12 000 美元
18. 总　计	台	1	75 000 人民币	75 000 人民币	12 000 美元

19. 备注: 联系人:李明 联系电话:22-86540315 申请日期:2011 年 7 月 6 日	20. 签证机构审批意见:

任务六:填写境外汇款申请书

根据进口合同,买方需要在货物装运前 10 天内以 T/T 方式预付 30% 的货款,且该笔货款需要从银行购汇。假设货物预计在 7 月 18 日装运,请根据已知业务背景和补充资料替李明填写境外汇款申请书。

补充资料:

进口商银行:Bank of China

对公组织机构代码:888888888

出口商银行:Bank of China Tokyo Branch

银行地址:No. 89 Queen Rd., Tokyo, Japan

账号:46565238897117

报关单经营单位代码:1234567899

境外汇款申请书
APPLICATION FOR FUNDS TRANSFERS(OVERSEAS)

致 To：　　　　　　　　　　　　　　　　日期 Date：

□电汇 T/T　□票汇 D/D　□信汇 M/T	发报等级 Priority		□普通 normal　□加急 urgent
申报号码 BOP Reporting No.	□□□□□□　□□□□　□　□□□□□□　□□□□		

20	银行业务编号 Bank Transaction Ref. No.		收电行/付款行 Receiver/Drawn on	
32A	汇款币种及金额 Currency & Inter-bank Settlement Amount		金额大写 Amount in Words	
其中	现汇金额 Amount FX		账号 Account No.	
	购汇金额 Amount of Purchase		账号 Account No.	
	其他金额 Amount of Others		账号 Account No.	
50a	汇款人名称及地址 Remitter's Name & Address			
	□对公组织机构代码 Unit Code		对私	□个人身份证号码 Individual ID No. □中国居民个人 Resident Individual □中国非居民个人 Non-Resident Individual
54/56A	收款银行之代理行 名称及地址 Correspondent of Beneficiary's Banker Name & Address			
57a	收款人开户银行 名称及地址 Beneficiary's Bank Name & Address		收款人开户银行在其代理行账号 Beneficiary's Bank Account No.	
59a	收款人名称及地址 Beneficiary's Name & Address		收款人账号 Beneficiary's Account No.	
70	汇款附言 Remittance Information	只限 140 个字位 Not Exceeding 140 Characters	71A	国内外费用承担 All Bank's Charges If Any Are to Be Bone By
				□汇款人 OUR　□收款人 BEN　□共同 SHA

收款人常驻国家(地区)名称及代码 Beneficiary Resident Country/Region Name & Code			□□□
请选择：□预付货款 Advance Payment　□货到付款 Payment against Delivery　□退款 Refund　□其他 Others			

交易编码 BOP Transaction Code	□□□□□□ □□□□□□	相应币种及金额 Currency & Amount		交易附言 Transaction Remark	
是否为进口核销项下付款		□是　□否　合同号		发票号	
外汇局批件/备案表号		报关单经营单位代码		□□□□□□□□□□	
报关单号		报关单币种及总金额		本次核注金额	

银行专用栏 For Bank Use Only		申请人签章 Applicant's Signature	银行签章 Bank's Signature
购汇汇率 Rate @		请按照贵行背页所列条款代办以上汇款 并进行申报 Please effect the upwards remit- tance subject to the conditions overleaf	
等值人民币 RMB Equivalent			
手续费 Commission			
电报费 Cable Charges			
合计 Total Charges			
支付费用方式	□现金 by Cash □支票 by Check □账户 from Account	申请人姓名 Name of Applicant 电话 Phone No.	核准人签字 Authorized Person 日期 Date
核印 Sig. Ver		经办 Maker	复核 Checker

【参考答案】

境外汇款申请书
APPLICATION FOR FUNDS TRANSFERS(OVERSEAS)

致 To：Bank of China   日期 Date：July 15，2011

☒电汇 T/T □票汇 D/D □信汇 M/T	发报等级 Priority	☒普通 normal □加急 urgent
申报号码 BOP Reporting No.	□□□□□□ □□□□ □□ □□□□□□ □□□□	

20	银行业务编号 Bank Transaction Ref. No.		收电行/付款行 Receiver/Drawn on	
32A	汇款币种及金额 Currency & Inter-bank Settlement Amount	USD3 600.00	金额大写 Amount in Words	SAY U. S. DOLLARS THREE THOUSAND SIX HUNDRED ONLY
其中	现汇金额 Amount FX		账号 Account No.	
	购汇金额 Amount of Purchase	USD3 600.00	账号 Account No.	
	其他金额 Amount of Others		账号 Account No.	
50a	汇款人名称及地址 Remitter's Name & Address	明羽国际贸易有限公司 Mingyu International Trading Company 天津市光明大街 385 号 385 Guangming Street，Tianjin		

☒对公组织机构代码 Unit Code 888888888	□对私	□个人身份证号码 Individual ID No.
		□中国居民个人 Resident Individual □中国非居民个人 Non-Resident Individual

54/56A	收款银行之代理行 名称及地址 Correspondent of Beneficiary's Banker Name & Address	
57a	收款人开户银行 名称及地址 Beneficiary's Bank Name & Address	收款人开户银行在其代理行账号 Beneficiary's Bank Account No. Bank of China Tokyo Branch NO. 89 Queen Rd.，Tokyo，Japan
59a	收款人名称及地址 Beneficiary's Name & Address	收款人账号 Beneficiary's Account No.46565238897117 Fujiwara Import & Export Trading Corporation，Japan 759 The New Bridge，Tokyo，Japan

70	汇款附言 Remittance Information	只限 140 个字位 Not Exceeding 140 Characters	71A	国内外费用承担 All Bank's Charges If Any Are to Be Bone By
				☒汇款人 OUR □收款人 BEN □共同 SHA

收款人常驻国家(地区)名称及代码 Beneficiary Resident Country/Region Name & Code 日本□□□

请选择：☒预付货款 Advance Payment □货到付款 Payment against Delivery □退款 Refund □其他 Others

交易编号 BOP Transaction Code	□□□□□□ □□□□□□	相应币种及金额 Currency & Amount		交易附言 Transaction Remark	
是否为进口核销项下付款		□是 □否 合同号 SC050723		发票号	
外汇局批件/备案表号		报关单经营单位代码		1234567899	
报关单号		报关单币种及总金额		本次核注金额	

银行专用栏 For Bank Use Only		申请人签章 Applicant's Signature	银行签章 Bank's Signature
购汇汇率 Rate @		请按照贵行背页所列条款代办以上汇款 并进行申报 Please effect the upwards remit- tance subject to the conditions overleaf	
等值人民币 RMB Equivalent			
手续费 Commission			
电报费 Cable Charges			
合计 Total Charges		申请人姓名:明羽国际贸易有限公司 Name of Applicant 　　　　　(盖章)	核准人签字 Authorized Person 日期 Date
支付费用方式	□现金 by Cash □支票 by Check □账户 from Account	电话 22-98765432 Phone No.	
核印 Sig. Ver		经办 Maker　　李明	复核 Checker

任务七:填写购买外汇申请书

由于明羽国际贸易有限公司需要从银行购买外汇用于支付预付货款,请根据已知业务背景和补充资料替李明填写购买外汇申请书。

补充资料:

购汇银行:中国银行天津分行

进口商人民币账号:66678924315

购汇支付方式:扣账

购汇用途:进口商品

进口商品类型:控制进口商品

中国银行
购买外汇申请书

中国银行　　　　　　　　分行:
我公司现按国家外汇管理局有关规定向贵行提出购汇申请,并随附有关单证,请审核并按实际转账日牌价办理售汇。

单位名称			人民币账号	
购汇金额 (大小写)		当日汇率		折合人民币 (大小写)

购汇支付方式	□支票	□银行汇票	□银行本票	□扣账	□其他
购汇用途	□进口商品	□从属费用	□索赔退款	□还贷	□其他
对外结算方式	□信用证	□代收	□汇款(□货到付款		□预付货款)

业务参考	商品名称		数量	
	合同号		发票号	
	合同金额		发票金额	
	核销单号		信用证号	

进口商品类型	□一般进口商品 □控制进口商品,批文随附如下: 　　□进口证明　　□许可证　　□登记证明　　□其他批文 批文号码:　　　批文有效期:

附件	□售汇通知单　　□进口付汇核销单　　□正本报关单 □合同/协议　　□发票　　　　　　　□正本运单 □保险费收据　　□运费单/收据　　　　□佣金单 □付款委托书　　□开证申请书　　　　　□其他

申请单位:

联系人:　　　　　　电话:　　　　　　　　　　年　　月　　日

银行审核意见:

经办人:　　　　　　复核人:　　　　　　　　审批:
　　　　　　　　　　　　　　　　　　　　　　年　　月　　日

中国银行
购买外汇申请书

中国银行　天津　　　　　　　分行：

我公司现按国家外汇管理局有关规定向贵行提出购汇申请,并随附有关单证,请审核并按实际转账日牌价办理售汇。

单位名称	明羽国际贸易有限公司		人民币账号		66678924315	
购汇金额 (大小写)	USD3 600. 00 SAY U. S. DOLLARS THREE THOUSAND SIX HUNDRED ONLY	当日汇率		折合人民币 (大小写)		
购汇支付方式	□支票　　　□银行汇票　　　□银行本票　　　☒扣账　　　□其他					
购汇用途	☒进口商品　　□从属费用　　　□索赔退款　　　□还贷　　　□其他					
对外结算方式	□信用证　　　□代收　　　☒汇款(□货到付款　　　□预付货款)					
业务参考	商品名称	Metal master production equipment for optical disc production	数量		1 台	
	合同号	SC050723	发票号			
	合同金额	12 000 美元	发票金额			
	核销单号		信用证号			
进口商品类型	□一般进口商品 ☒控制进口商品,批文随附如下: 　□进口证明　　☒许可证　　□登记证明　　□其他批文 批文号码:　　批文有效期:					
附件	□售汇通知单　　　　□进口付汇核销单　　　　□正本报关单 ☒合同/协议　　　　□发票　　　　　　　　　□正本运单 □保险费收据　　　　□运费单/收据　　　　　□佣金单 □付款委托书　　　　□开证申请书　　　　　　□其他					
	申请单位:明羽国际贸易有限公司　　　　(盖章) 联系人:李明　　　　　电话:22-98765432　　　2011 年 7 月 15 日					
银行审核意见: 经办人:　　　　　　复核人:　　　　　　　　审批: 　　　　　　　　　　　　　　　　　　　　　　　年　　月　　日						

任务八:关于进口换单的讨论

2011 年 7 月 21 日货物抵达天津港,明羽国际贸易有限公司也收到了船代发出的到货通知书,但此时尚未收到日本藤原进出口贸易公司的正本单据,手头只有一套副本单据。请根据业务实际情况讨论明羽公司应如何办理进口换单。

讨论内容:

1. 进口换单通常有几种方式? 各适用于什么情况?

2. 本案例适宜采用哪种换单方式? 为什么?

3. 本案例的换单手续有哪些步骤?

【参考答案】

1. 进口换单可以采取的方式主要有:正本提单换单、副本提单加电放保函换单、副本提单加无正本提单提货保函换单、海运单换单。

正本提单换单适用于收货人已经通过付款或其他方式取得正本提单的情况。

副本提单加电放保函换单适用于使用电放提单的情况,由于电放提单的使用需要由托运人(货主)在装运港向承运人提出申请并出具保函,所以在托运人不同意电放的情况下,该换单方式不可行。

副本提单加无正本提单提货保函换单适用于收货人尚未取得正本提单的情况,例如近洋运输中普遍存在的“货到单未到”就属于这种情况。但这种换单方式需要由银行出具相关保函,出具保函的银行在船代要有相关备案。

海运单换单适用于使用海运单而不是海运提单作为运输单据的情况。

2. 本案例适宜采用副本提单加无正本提单提货保函的换单方式。因为从日本进口属近洋运输,货物会先于正本提单到达目的港。而且,根据合同,买方支付70%余款的时间是收到提单传真件后10日内,如果买方付款的时间较晚,则卖方寄出正本提单的时间也会相应延后,有可能导致海关滞报,所以等待正本提单到达后再换单的方式不可行。

3. 本案例的换单步骤:

(1)事先应考虑到由于近洋运输会出现"货到单未到"的情况,在到货之前就着手向银行联系办理保函事宜。

(2)收到到货通知书后,备齐副本提单、银行出具的无正本提单提货保函和空白支票。

(3)持副本提单、无正本提单提货保函、空白支票及换单所需的全部文件或单据到船代指定收费窗口付清相关费用;查询船舶抵港时间、船名代码、进口THC及运费等相关信息。

(4)凭缴费收据换取提货单,换单后登记换单时间、单位、换单人姓名、联系方式等。

(5)收货人收到正本提单后应及时将正本提单归还船公司以换回无正本提单提货保函。

任务九:讨论进口报检的方式与步骤

根据委托代理进口合同,明羽国际贸易有限公司负责办理货物的进口报检手续。请根据业务实际情况讨论明羽公司应如何办理进口报检手续。

讨论内容:

1. 进口报检有哪几种方式? 各适用于什么情况?

2. 本案例应采用哪种进口报检方式? 为什么?

3. 本案例进口报检应注意什么特殊情况?

4. 进口报检的一般程序是什么?

【参考答案】

1. 进口报检有一般报检、流向报检和异地施检报检三种方式。

一般报检适用于货物的报关地与目的地属于同一辖区的进境货物。货主向报关地检验检疫机构报检,签发入境货物通关单和对货物实施检验检疫都由报关地检验检疫机构完成。

流向报检适用于货物的报关地与目的地属于不同辖区的进境货物。货主向报关地检验检疫机构报检,但报关地检验检疫机构只对货物进行必要的检疫处理并签发入境货物通关单,货物通关并运往目的地后,收货人再向目的地检验检疫机构申报,由目的地检验检疫机构对货物实施检验检疫。

异地施检报检适用于已在口岸完成入境流向报检并运抵目的地的货物。入境流向报检与异地施检报检属于同一批货物进行报检时的两个环节,只要有进境流向报检,就必然有异地施检报检与之对应。

2. 本案例应采用流向报检方式。因为本案例中的货物报关地是天津,而货物的最终用户所在地是石家庄,也就是说货物的报关地与目的地属于不同辖区,所以应采用流向报检方式。由明羽公司向天津口岸检验检疫机构申请领取入境货物通关单,并由天津口岸检验检疫机构对货物进行必要的检疫处理(如对木质外包装的检疫处理),货物通关放行并运抵石家庄后,在海关规定时间内(通常为海关放行后 20 天内)再向石家庄检验检疫机构申请实施检验检疫。

3. 本案例进口报检应注意以下几点特殊情况:

(1) 不能忽略异地施检报检环节。虽然货物已经在天津口岸报检并取得了入境货物通关单,海关也顺利放行,但这并不意味着报检手续的完结。货物运抵石家庄后,在海关规定时间内必须向石家庄检验检疫机构申请实施检验检疫,只有经石家庄检验检疫机构对货物实施了具体的检验检疫,货主才能获得相应的准许进口货物销售使用的合法凭证,即《入境货物检验检疫证明》,此时进境货物的检验检疫手续才算全部完成。

(2) 注意木质包装的进口报检。进口机器设备如采用木质包装,包括用于承载、包装、铺垫、支撑、加固货物的木质材料,如木箱、木板条箱、木托盘、木框、木桶、木轴、木楔、垫木、衬木等,则需要进行检验检疫。如采用经人工合成的材料或经深加工的包装用木质材料,如胶合板、纤维板等,则不需要进行检验检疫。

(3) 从日本进口的货物首先应避免使用针叶树木制作的木质包装,如果使用,必须在出口前进行热处理或用其他经中方认可的有效除害方法处理,并由日本官方检疫机构出具植物检疫证书证明进行了上述处理,该证书需在进口报检时提供;使用非针叶木质包装的,报检时需提供出口商出具的《使用非针叶树木质包装声明》;未使用木质包装的,报检时需提供出口商出具的《无木质包装声明》。

4. 法定检验进口货物检验检疫工作的一般程序是:在报关前报检,报检后先通关,放行后再实施检验检疫。

任务十:讨论进口报关的方式与步骤

根据委托代理进口合同,明羽国际贸易有限公司负责办理货物的进口报关手续。请根据业务实际情况讨论明羽公司应如何办理进口报关手续。

讨论内容:

1. 进口报关有哪两种方式?

2. 如果明羽公司选择采取代理报关,应如何操作?

3. 进口报关的一般步骤是什么?

4. 进口报关需要的单据有哪些?

5. 进口报关的时限是多少天?

【参考答案】

1. 进口报关有自理报关和代理报关两种方式。

2. 如果明羽公司选择采取代理报关方式,应先与被委托的货代公司或报关行签订代理报关委托书并向其提供报关所需的资料,备妥报关及完税需要的款项。

3. 进口货物报关的一般步骤是:申报、查验、缴纳税费、结关放行。

4. 进口申报所需单证主要包括进口报关单、提货单、发票、装箱单、入境货物通关单、进口合同等，必要时还需提供进口许可证、特定减免税证明、无木质包装声明、原产地证明书以及海关要求的其他资料。

5. 进口货物收货人或其代理人应自载货运输工具申报进境之日起 14 天内向海关办理申报手续。如未在规定期限内向海关办理申报手续，海关将自运输工具申报进境之日起第 15 天征收滞报金。

任务十一：讨论进口提货的操作步骤

> 讨论内容：
>
> 1. 集装箱拼箱货的提货步骤是什么?
>
>
>
> 2. 集装箱整箱货的提货步骤是什么?

【参考答案】

1. 海关放行后，拼箱货物可凭提货单和进口分拨单直接到货场办理提货。
2. 整箱货物的提取需要先办理设备交接单再办理提箱、掏箱、回箱。

四、实训总结

> 请写出完成实训的心得体会：

实训八

FCA + D/P 空运进口业务

一、实训目的

1. 掌握审核跟单托收项下单据的方法与技巧。实训内容包括：审核商业发票、审核装箱单、审核一般原产地证明、审核汇票、审核植物检疫证书。

2. 掌握关于航空运单的基本知识。

3. 掌握商业信用支付方式项下的对外付款操作步骤。

二、背景资料

进口商名称：中国美秀花卉进出口公司

     Meixiu Flowers I. & E. Corp., China

进口商地址：中国上海中山东一路18号

     18 Chung Shan Road(E. 1), Shanghai, China

联系电话：86-21-14579213

主管业务员：林晓

出口商名称：荷兰皮特范德维肯花卉公司

     Peter Vande Werken Flowers Corp., Netherlands

出口商地址：荷兰阿姆斯特丹梅利街231号

     231 Merry Street Amsterdam, Netherlands

联系电话：31-10-37645222

主管业务员：Peter

Purchase Contract

The Seller: Peter Vande Werken Flowers Corp. , Netherlands
Address: 231 Merry Street Amsterdam, Netherlands
Tel. : 31-10-37645222

Contact No. : PCB8454
Date: Dec. 15 , 2010
Signed at: Amsterdam

The Buyer: Meixiu Flowers I. & E. Corp. , China
Address: 18 Chung Shan Road(E. 1) , Shanghai, China
Tel. : 86-21-14579213

The Contract is made by and between the Seller and the Buyer whereby the Seller agrees to sell and the Buyer agrees to buy the undermentioned goods subject to terms and conditions set forth hereinafter as follows:

1. Name of Commodity and specification:
   Rainbow Rose
   length: 45 cm
   diameter: about2. 5 ~ 5. 0 cm
   Shelf life: 15 Days
2. Country of Origin & Manufacturer:
   Plant and prune by Peter Vande Werken Flowers Corp. in Netherlands
3. Quantity: 4 000PCS with 5% more or less
4. Unit Price(packing charges included): EUR23/PC FCA Amsterdam
5. Total Amount: EUR92 000. 00
   SAY EURO NINTY TWO THOUSAND ONLY
6. Packing: Each packed with a plastic wrap, 10pcs in a standard box with moisturizing thermal and insulation layer, 100pcs in a carton
7. Insurance: To be effected by the buyer
8. Time of Shipment: At or before the end of January, 2011 by air
   Within 12 hours immediately after delivering goods to the carrier the Seller shall advise the Buyer by fax/e-mail of the shipping detail. Should the Buyer be unable to arrange insurance in time owing to the Seller's failure to give the above mentioned advice of shipment, the Seller shall be held responsible for any and all damages and/or losses attributable to such failure.
9. Port of Loading: Amsterdam, Netherlands
10. Port of Destination: Shanghai, China
11. Shipping mark:
    MFIECC
    PCB8454
    SHANGHAI
    C/No. 1-40

12. Terms of Payment: D/Pat sight: After shipment, the Seller shall draw a sight bill of exchange on the Buyer and deliver the documents through Seller's bank (Bank of China Shanghai Branch) to the Buyer against payment. The Buyer shall effect the payment immediately upon the first presentation of the bill of exchange

13. Documents Attached: The Seller shall present the following documents required to the bank for collection:

    + Signed commercial invoice in triplicate
    + Air Waybill consigned to the buyer showing "freight to collect" indicating freight amount
    + Packing List in triplicate
    + Phytosanitary Certificate issued by an inspection and quarantine authority in triplicate
    + Certificate of Origin issued by Netherlands Chamber of Commerce in triplicate

    The Seller shall, within 12 hours after shipment effected, send by fax/e-mail each copy of the abovementioned documents.

14. Inspection: The Seller shall have the goods inspected by before the shipment and have the Phytosanitary Certificate issued by an inspection and quarantine authority. The buyer may have the goods reinspected by the local CIQ after the goods arrival at the destination

15. Claim: The Buyer shall make a claim against the seller (including replacement of the goods) by the further inspection certificate and all the expenses incurred therefore shall be borne by the Seller. The claims mentioned above shall be regarded as being accepted if the Seller failed to reply within 2 days after the Seller received the Buyer's claim

This contract is made in two original copies and becomes valid after signature, two copies to be held by each party.

Signed by:

THE BUYER:	THE SELLER:
Meixiu Flowers I. & E. Corp. , China	Peter Vande Werken Flowers Corp. , Netherlands
Xiao Lin	Peter

三、实训任务

任务一:审核商业发票

2011 年 1 月 28 日我方代收行收到荷兰托收行寄来的单据后,将进口代收到单通知书连同一套单据复印件交美秀花卉公司。美秀花卉公司必须仔细审核所收到的单据,以便决定是否接受单据并对外付款。

请根据实际业务背景和补充资料审核商业发票。

补充资料：

发票日期:2011 年 1 月 15 日

货物出运日期:2011 年 1 月 18 日

Peter Vande Werken Flowers Corp. , Netherlands
231 Merry Street Amsterdam, Netherlands
COMMERCIAL INVOICE

TO：

Maixiu Flowers I. & E. Corp. , China

18 Chung Shan Road(E. 1) , Shanghai, China

INVOICE NO. : VMWA7443

S/C NO. : PC88454

DATE：Jan. 15 , 2011

FROM   AMSTERDAM VIA _____ TO   TIANJIN   BY   AIR

MARKS & NUMBERS	DESCRIPTION OF GOODS	QUANTITY	UNIT PRICE	AMOUNT
MFIECC PCB8454 SHANGHAI C/No. 1-4000	Rainbow Rose length：45 cm diameter：about 　　　　2.5 ~ 5.0 cm Shelf life：15 Days	4 000PCS	EUR23/PC FOB Amsterdam	EUR92 000
TOTAL AMOUNT	SAY EURO NINETY TWO THOUSANDS ONLY			

Peter Vande Werken Flowers Corp. , Netherlands

Peter

经我方审核,商业发票存在如下问题:

1. _____

2. _____

3. _____

4. _____

5. _____

【参考答案】

1. 买方公司名称有误。

2. 合同号有误。

3. 目的地有误。

4. 运输标志中的件号有误。

5. 贸易术语有误。

Peter Vande Werken Flowers Corp. , Netherlands

231 Merry Street Amsterdam, Netherlands

COMMERCIAL INVOICE

TO: INVOICE NO. : VMWA7443

Meixiu Flowers I. & E. Corp. , China S/C NO. PCB8454

18 Chung Shan Road(E. l) , Shanghai, China DATE: Jan. 15, 2011

FROM AMSTERDAM VIA _____ TO SHANGHAI BY AIR

MARKS & NUMBERS	DESCRIPTION OF GOODS	QUANTITY	UNIT PRICE	AMOUNT
MFIECC PCB8454 SHANGHAI C/No. 1-40	Rainbow Rose length: 45 cm diameter: about 2. 5 ~ 5. 0 cm Shelf life: 15 Days	4 000PCS	EUR23/PC FCA Amsterdam	EUR92 000
TOTAL AMOUNT	SAY EURO NINETY TWO THOUSANDS ONLY			

Peter Vande Werken Flowers Corp. , Netherlands

Peter

任务二:审核装箱单

请根据实际业务背景和补充资料审核装箱单。

补充资料:

纸箱尺寸:57 厘米 × 31 厘米 × 31 厘米

每箱毛重:16 千克

每箱净重:14 千克

Issuer Peter Vande Werken Flowers Corp. , Netherlands 231 Merry Street Amsterdam, Netherlands		PACKING LIST			
TO Meixiu Flowers Trading Corp. , China 18 Chung Shan Road(E. 1), Shanghai, China		Invoice No. VMW47443		Date Feb. 15, 2011	
		S/C NO. PCB8454		L/C NO.	
Marks and Numbers	Number and Kind of Packages; Description of Goods	Quantity	G. W. (KGS)	N. W. (KGS)	MEAS. (CBM)
MFIECC PCB8454 SHANGHAI C/No. 1-40	Rainbow Rose length：45 cm diameter：about 　　　　2.5-5.0 cm Shelf life：15 Days 40 CTNS	4 000PCS	640	580	2.16
Total		4 000PCS	640KGS	580KGS	2.16CBM

TOTAL PACKAGES IN WORDS：SAY FOURTEEN CARTONS ONLY

Peter Vande Werken Flowers Corp. , Netherlands

Peter

经我方审核,装箱单存在如下问题：

1. _____

2. _____

3. _____

4. _____

5. _____

6. _____

7. _____

8. _____

【参考答案】

1. 买方公司名称有误。

2. 发票号有误。

3. 发票日期有误。

4. 商品描述可以简化。

5. 应详细说明包装方式。

6. 净重有误。

7. 体积有误。

8. 件数大写有误。

Issuer Peter Vande Werken Flowers Corp., Netherlands 231 Merry Street Amsterdam, Netherlands		PACKING LIST			
TO Meixiu Flowers I. & E. Corp., China 18 Chung Shan Road(E. 1), Shanghai, China		Invoice No. VMWA7443		Date Jan. 15, 2011	
		S/C NO. PCB8454		L/C NO.	
Marks and Numbers	Number and Kind of Packages; Description of Goods	Quantity	G. W. (KGS)	N. W. (KGS)	MEAS. (CBM)
MFIECC PCB8454 SHANGHAI C/No. 1-40	Rainbow Rose Each packed with a plastic wrap, 10pcs in a standard box with moisturizing thermal and insulation layer, 100pcs in a carton 4 000PCS in 40 CTNS	4 000PCS	640	560	2.19
Total		4 000PCS	640KGS	560KGS	2.19CBM

TOTAL PACKAGES IN WORDS: SAY FOURTY CARTONS ONLY

Peter Vande Werken Flowers Corp., Netherlands

Peter

任务三：审核一般原产地证

请根据实际业务背景和补充资料审核一般原产地证。

补充资料：

海关编码：1211903999

ORIGINAL

1. Exporter(full name address and country) Peter Vande Werken Flowers Corp. , Netherlands 231 Merry Street Amsterdam, Netherlands	Certificate No. NCPIT 091810528 **CERTIFICATE OF ORIGIN OF NETHERLANDS**
2. Consignee(full name address and country) To Order	

3. Means of transport and route FROM AMSTERDAM TO CHINA BY SEA	5. For certifying authority use only
4. Country/region of destination Netherlands	

6. Marks and Numbers N/M	7. Number and kind of packages; description of goods RAINBOW ROSE PACKED IN FORTY(40) CARTONS ONLY	8. H. S code 1211903999	9. Quantity 4 000PCS	10. Number and date of invoices VMWA7443 Jan. 15, 2011

11. Declaration by the exporter The undersigned hereby declares that the above details and statements are correct; that all the goods were produced in Netherlands and that they comply with the rules of origin of Netherlands. Peter Vande Werken Flowers Corp. , Netherlands Peter Amsterdam, Netherlands Jan. 14, 2011 .... Place and date, signature and stamp of certifying authority	12. Certification It is hereby certified that the declaration by the exporter is correct. NETHERLANDS COUNCIL FOR THE PROMOTION OF INTERNATIONAL TRADE John Amsterdam, Netherlands Jan. 10, 2011 .... Place and date, signature and stamp of certifying authority

经我方审核,一般原产地证存在如下问题:

1. _____
2. _____
3. _____
4. _____
5. _____
6. _____
7. _____
8. _____

【参考答案】

1. 收货人一栏填写有误。
2. 目的地有误。
3. 运输方式有误。
4. 运抵国/地区有误。
5. 运输标志填制有误。
6. 第 7 栏漏填表示结束的"＊"号。
7. 第 11 栏日期不应早于第 10 栏内的发票日期。
8. 第 12 栏日期不应早于第 11 栏内的申报日期和第 10 栏内的发票日期。

ORIGINAL

<table>
<tr>
<td colspan="2">1. Exporter(full name address and country)
Peter Vande Werken Flowers Corp. , Netherlands
231 Merry Street Amsterdam , Netherlands</td>
<td colspan="3" rowspan="2">Certificate No. NCPIT 091810528

**CERTIFICATE OF ORIGIN
OF NETHERLANDS**</td>
</tr>
<tr>
<td colspan="2">2. Consignee(full name address and country)
Meixiu Flowers I. & E. Corp. , China
18 Chung Shan Road (E. 1), Shanghai, China</td>
</tr>
<tr>
<td colspan="2">3. Means of transport and route
FROM AMSTERDAM TO SHANGHAI BY AIR</td>
<td colspan="3" rowspan="2">5. For certifying authority use only</td>
</tr>
<tr>
<td colspan="2">4. Country/region of destination
CHINA</td>
</tr>
<tr>
<td>6. Marks and Numbers
MFIECC
PCB8454
SHANGHAI
C/No. 1-40</td>
<td>7. Number and kind of packages; description of goods
RAINBOW ROSE
PACKED IN FORTY(40) CARTONS ONLY
＊＊＊＊＊＊＊＊＊＊＊＊＊＊＊＊＊</td>
<td>8. H. S code

1211903999</td>
<td>9. Quantity

4 000PCS</td>
<td>10. Number and date of invoices
VMWA7443
Jan. 15, 2011</td>
</tr>
<tr>
<td colspan="2">11. Declaration by the exporter
The undersigned hereby declares that the above details and statements are correct; that all the goods were produced in Netherlands and that they comply with the rules of origin of Netherlands.

Peter Vande Werken Flowers Corp. ,
Netherlands Peter

Amsterdam, Netherlands Jan. 16, 2011
....
Place and date, signature and stamp of certifying authority</td>
<td colspan="3">12. Certification
It is hereby certified that the declaration by the exporter is correct.

NETHERLANDS COUNCIL FOR
THE PROMOTION OF
INTERNATIONAL TRADE
John

Amsterdam, Netherlands Jan. 17, 2011
....
Place and date, signature and stamp of certifying authority</td>
</tr>
</table>

任务四:审核汇票

请根据实际业务背景和补充资料审核汇票。

补充资料:

汇票日期:2011 年 1 月 19 日

托收行:荷兰银行阿姆斯特丹分行(ABN Amro Bank Amsterdam Branch)

代收行:中国银行上海分行(Bank of China Shanghai Branch)

BILL OF EXCHANGE

No. VNWA7443

Exchange for USD92 000.00 Rotterdam, Netherlands   Date: Jan. 19, 2011

At   ******   sight of this FIRST of Exchange(SECOND of the
                                                         same tenor and date being unpaid)

Pay to the order of ABN Amro Bank Amsterdam Branch

The sum of US DOLLARS NINETY TWO THOUSANDS ONLY

Drawn under Bank of China Shanghai Branch

To Bank of China Shanghai Branch

Peter Vande Werken Flowers Corp.

Peter

经我方审核,汇票存在如下问题:

1. _____

2. _____

3. _____

4. _____

5. _____

6. _____

7. _____

8. _____

【参考答案】

1. 汇票编号有误。

2. 小写币别有误。

3. 汇票期限之前漏填"D/P"。

4. 受款人有误。

5. 大写币别有误。

6. 出票依据有误。

7. 受票人有误。

8. 漏填受票人地址

BILL OF EXCHANGE

No. VNWA7443

Exchange for EUR92 000.00 Amsterdam, Netherlands   Date：Jan. 19, 2011

D/P At   ******   sight of this FIRST of Exchange(SECOND of
the same tenor and date being unpaid)

Pay to the order of ABN Amro Bank Amsterdam Branch

The sum of EURO NINETY TWO THOUSANDS ONLY

Drawn under Contract No. PCB8454 against shipment of rainbow rose for Collection

To Meixiu Flowers I. & E. Corp. , China

18 Chung Shan Road(E. 1) Shanghai, China

Peter Vande Werken Flowers Corp. , Netherlands

Peter

任务五：审核植物检疫证书

请根据实际业务背景和补充资料审核植物检疫证书。

补充资料：

检验日期：2011 年 1 月 15 日

签证日期：2011 年 1 月 16 日

运输工具：KL789

ENTRY-EXIT INSPECTION AND QUARANTINE OF NETHERLANDS

植物检疫证书   编号 No. 210100201013788
PHYTOSANITARY CERTIFICATE

发货人名称及地址   Peter Vande Werken Flowers I. & E. Corp. , Netherlands

Name and Address of Consignor   231 Merry Street Amsterdam, Netherlands

收货人名称及地址   Meixiu Flower Corp. , China

Name and Address of Consignee   18 Chung Shan Road(E. 1) , Shanghai, China

品名   植物学名

Name of Produce   Rose   Botanical Name of Plants   ******

报检数量
Quantity Declared　－4 000-PCS

包装的种类
Number and Type of Package　－40-BAGS

产地
Place of Origin　　AMSTERDAM，NETHERLANDS

到达口岸
Port of Destination　　CHINA

标记及号码
Mark &No.
MFIECC
PCB8454
SHANGHAI
C/No. 1-40

运输工具
Means of Conveyance　　C2770*　　　　检验日期 Date of inspection　Jan. 15，2011

　　兹证明上述植物、植物产品或其他检疫物已经按照规定程序进行检查和/或检验，被认
为不带有输入国或地区规定的检疫性有害生物，并且基本不带有其他的有害生物，因而符合
输入国或地区现行的植物检疫要求。

　　This is to certify that the plants, plant products or other regulated articles described above
have been inspected and/or tested according to appropriate procedures and are considered to be free
from quarantine pests specified by the importing country/region, and practically free from other in-
jurious pests; and that they are considered to conform with the current phytosanitary requirements of
the importing country/region.

　　　　　　　杀虫和/或灭菌处理 DISINFESTATION AND/OR　DISINFECTION　TREATMENT

日期
Date　　*******　　　　　　　药剂及浓度 Chemical and Concentration　　***********

处理方法
Treatment　　*******　　　　　持续时间及温度 Duration and Temperature　　*********

　　　　　　附加声明 ADDITIONAL DECLARATION

　　　　　　********************

印章　签证地点 Place of Issue Amsterdam，Netherlands　签证日期 Date of Issue Jan. 16，2011
Official Stamp

　　　　授权签字人 Authorized Officer　Jim　　　　　签　名 Signature　Jim
　　荷兰出入境检验检疫机关及其官员或代表不承担签发本证书的任何财经责任。No
financial liability with respect to this certificate shall attach to the entry-exit inspection and quaran-
tine authorities of Netherlands or to any of its officers or representatives.

　　　　经我方审核,植物检疫证书存在如下问题:

1. _____
2. _____
3. _____
4. _____
5. _____
6. _____

【参考答案】

1. 发货人公司名称有误。
2. 收货人公司名称有误。
3. 品名填制有误。
4. 包装种类填制有误。
5. 到达口岸填制有误。
6. 运输工具填制有误。

ENTRY-EXIT INSPECTION AND QUARANTINE OF NETHERLANDS

植物检疫证书

编号 No. 210100201013788

PHYTOSANITARY CERTIFICATE

发货人名称及地址　　　　　　　Peter Vande Werken Flowers Corp. , Netherlands

Name and Address of Consignor　231 Merry Street Amsterdam, Netherlands

收货人名称及地址　　　　Meixiu Flower I. & E. Corp. , China

Name and Address of Consignee　18 Chung Shan Road(E. 1), Shanghai, China

品名　　　　　　　　　　　植物学名

Name of Produce　　Rainbow Rose　　Botanical Name of Plants　　******

报检数量 Quantity Declared – 4 000-PCS 包装的种类 Number and Type of Package – 40-CARTONS 产地 Place of Origin　AMSTERDAM, NETHERLANDS 到达口岸 Port of Destination　SHANGHAI, CHINA	标记及号码 Mark &No. MFIECC PCB8454 SHANGHAI C/No. 1-40

运输工具　　　　　　　　　检验日期

Means of Conveyance　　KL789　　Date of inspection　Jan. 15, 2011

兹证明上述植物、植物产品或其他检疫物已经按照规定程序进行检查和/或检验,被认为不带有输入国或地区规定的检疫性有害生物,并且基本不带有其他的有害生物,因而符合输入国或地区现行的植物检疫要求。

This is to certify that the plants, plant products or other regulated articles described above have been inspected and/or tested according to appropriate procedures and are considered to be free from quarantine pests specified by the importing country/region, and practically free from other injurious pests; and that they are considered to conform with the current phytosanitary requirements of the importing country/region.

杀虫和/或灭菌处理 DISINFESTATION AND/OR DISINFECTION TREATMENT

日期 Date *******	药剂及浓度 Chemical and Concentration ***********
处理方法 Treatment *******	持续时间及温度 Duration and Temperature ********

附加声明 ADDITIONAL DECLARATION

****

印章 签证地点 Place of Issue Amsterdam, Netherlands 签证日期 Date of Issue Jan. 16, 2011
Official Stamp

授权签字人 Authorized Officer   Jim   签 名 Signature   Jim

荷兰出入境检验检疫机关及其官员或代表不承担签发本证书的任何财经责任。No financial liability with respect to this certificate shall attach to the entry-exit inspection and quarantine authorities of Netherlands or to any of its officers or representatives.

任务六:查找航空运单填写规范

上网查找航空运单填写规范,对照给出的航空运单格式了解每栏内容并讨论。

讨论内容:

1. 航空运单的含义。
2. 航空运单的作用体现在哪些方面?
3. 航空运单与海运提单的主要区别是什么?
4. 航空运单可以转让吗? 为什么?
5. 如何理解航空运单的有效期?

补充资料:

AIR WAYBILL

123 | -9876-5432   — 123-1234 5678

Shipper's Name and Address	Shipper's Account Number	Not Negotiable

AIR WAYBILL

ISSURED BY   **KLM CARGO**

Peter Vande Werken Flowers Corp., Netherland

231 Merry Street Amsterdam, Netherlands

Copies 1, 2 and 3 of this Air Waybill are originals and have the same validity.

Consignee's Name and Address	Consignee's Account Number	It is agreed that the goods described herein are accepted for carriage in apparent good order And condition (except as noted) and SUBJECT TO THE CONDITIONS OF CONTRACT ON THE REVERSE HEREOF. ALL GOODS MAY BE CARRIED BY AND OTHER MEANS INCLUDING ROAD OR ANY OTHER CARRIER UNLESS SPECIFIC CONTRARY INSTRUCTIONS ARE GIVEN HEREON BY THE SHIPPER. THE SHIPPER'S ATTENTION IS DRAWN TO THE NOTICE CONCERNING CARRIER'S LIMITATION OF LIABILITY. Shipper may increase such limitation of liability by declaring a higher value for carriage and paying a supplemental charge if required.

Meixiu Flowers I. & E. Corp., China

18 Chung Shan Road (E. l), Shanghai, China

Issuing Carrier's Agent Name and City	Accounting Information
SUNSHINE TRANS LTD. AMSTERDAM	

Agent's IATA Code	Account No.

Freight to collect

Airport of Departure (Addr. of First Carrier) and Requested Routing

AMSTERDAM

To	By First Carrier Routing and Destination	Routing	to	by	to	by	Currency	CHGS Code	WT/VAL PPD COLL	Other PPD COLL	Declared Value for Carriage	Declared Value for Customs
PVG	KL789						EUR	CC	X	X	NVD	NCV

Airport of Destination	Flight/Date		Amount of Insurance	INSURANCE - If Carrier offers insurance, and such insurance is requested in accordance with the conditions thereof, indicate amount to be insured in figures in box marked "Amount of Insurance."
SHANGHAI PUDONG	KL789	Jan.18		

For carrier Use Only

(For USA only) These commodities licensed by U.S. for ultimate destination ....Diversion contrary to U.S. law is prohibited

No of Pieces RCP	Gross Weight Kg lb	Rate Class Commodity Item No.	Chargeable Weight	Rate Charge	Total	Nature and Quantity of Goods (incl. Dimensions or Volume)
40	640 K	Q	640 K	21.86	13990.4	RAINBOW ROSE 4 000PCS :57×31×31×40 VOL:2.19CBM

Prepaid Weight Charge Collect	Other Charges
13 990.4	
Valuation Charge	AWC:10.00 FCC:55.00 SOC:199.00
Tax	

Total other Charges Due Agent	Shipper certifies that the particulars on the face hereof are correct and that insofar as any part of the consignment contains dangerous goods, such part is properly described by name and is in proper condition for carriage by air according to the applicable Dangerous Goods Regulations.

Total other Charges Due Carrier	SUNSHINE TRANS LTD.
264.00	....
	Signature of Shipper or his Agent

Total Prepaid	Total Collect	
	14 254.40	2011-1-18 AMSTERDAM

Currency Conversion Rates	CC Charges in Dest. Currency	

Executed on (date)   at(place)   Signature of Issuing Carrier or its Agent

For Carrier's Use only at Destination	Charges at Destination	Total Collect Charges
		—

讨论记录：

1. 航空运单的含义。

2. 航空运单的作用体现在哪些方面？

3. 航空运单与海运提单的主要区别是什么？

4. 航空运单可以转让吗？为什么？

5. 如何理解航空运单的有效期？

【参考答案】

　　1. 航空运单是承运人与托运人之间签订的运输契约，也是承运人或其代理人签发的货物收据。航空运单还可作为核收运费的依据和海关查验放行的基本单据，也是货主银行结汇单据之一。

　　2. 航空运单的作用体现在以下方面：

　　（1）是空运货物运输条件和合同的证明；

　　（2）是承运人或其代理人签发的货物收据；

　　（3）是承运人或其代理人安排货物运输全过程的依据；

　　（4）是运费结算凭证和运费收据；

　　（5）是货物保险的证明；

　　（6）是出口商结汇单据之一；

　　（7）是进口商办理货物清关和提货的证明文件。

　　3. 航空运单与海运提单的主要区别体现在以下三方面：

　　（1）运输合同。

海运提单可以证明托运人与承运人之间订有海上货物运输合同;航空运单不仅证明航空运输合同的存在,而且航空运单本身就是发货人与航空运输承运人之间缔结的货物运输合同。

（2）货物收据。

海运提单是承运人接收货物或者货物已经装船的收据;航空运单不仅是货物收据,而且还具有结算运费、保险、清关等作用。

（3）物权凭证。

海运提单是物权凭证,承运人要按提单的规定凭提单交货,在货物交付以前,货物是在承运人的保管或者占有之下的。只要不是记名提单,海运提单就可以自由转让;但航空运单不是物权凭证,收货人必须做成记名抬头。

4. 航空运单不可以转让。航空运单不是物权凭证,在航空运单的收货人栏内,必须详细填写收货人的全称和地址,而不能做成指示性抬头。持有航空运单也并不能说明可以对货物要求所有权,货物的合法拥有者必须是运单上记名的人。一般航空运单正面印有"不可转让"(NOT NEGOTIABLE)字样。

5. 航空运单的有效期有两种情况:当货物运至目的地,收货人提取货物并在航空运单交付联上签字后,航空运单作为运输契约凭证的有效期即告结束。但作为运输契约,其法律依据的有效期延伸至运输停止后的两年内。

任务七:填写对外付款通知书

在采用即期 D/P 结算方式的进口中,若进口方审单后同意付款,应在进口代收到单通知书上确认付款并签字盖章,填写对外付款通知书,随附进口合同、购汇申请书及其他可能要求的资料交代收行。

请根据实际业务背景和补充资料填写对外付款通知书。

补充资料:

银行业务编号:123YY45678900

填制日期:2011 年 1 月 30 日

托收行地址:131 Merry Street Amsterdam, Netherlands

托收行编号:EMDC1009873

组织机构代码:100013198

航空运单编号:FM CSF07-1120

付款编号:400I8001008

荷兰国家代码:NLD

购汇汇率:1 欧元 = 7.750 3 元人民币

进口商账号:6101000131984

对外付款/承兑通知书

银行业务编号：　　　　　　　　　　　　　日期：

结算方式	□信用证□保函□托收□其他	信用证/保函编号	
来单币种金额		开证日期	
索汇币种金额		期限		到期日	
来单行名称		来单行编号	
收款人名称			
收款行名称地址			
付款人名称			
□对公　组织机构代码		□对私	□个人身份证号
扣费币种金额			□中国居民个人　□中国非居民个人
合同号		发票号	
提运单号		合同金额	

银行附言

申报号码		实际付款币种金额	
付款编号		购汇汇率	
收款人国名及代码		进口核销项下付款	□是　□否
是否为预付款	□是　□否　最迟装运期	外汇局批件/备案号	
付款币种及金额		金额大写	
其中 购汇金额		账号	
现汇金额		账号	
其他金额		账号	
交易编码	□□□□□□ 相应币种及金额		交易附言

□同意即期付款 □同意承兑并到期付款 □申请拒付 联系人： 电话： 申报日期：	付款人印鉴（银行预留印鉴）	银行业务章 经办　　复核　　负责人

【参考答案】

对外付款/承兑通知书

银行业务编号:123YY45678900　　　　　　　　　　　　日期:2011-1-30

结算方式	□信用证□保函☒托收□其他	信用证/保函编号	
来单币种金额	EUR92 000.00	开证日期	
索汇币种金额	EUR92 000.00	期限	到期日
来单行名称	ABN Amro Bank Amsterdam Branch	来单行编号	EMDC1009873
收款人名称	Peter Vande Werken Flowers Corp. , Netherlands		
收款行名称地址	ABN Amro Bank Amsterdam Branch 131 Merry Street Amsterdam, Netherlands		
付款人名称	Meixiu Flowers I. & E. Corp. , China		
☒对公　组织机构代码　100013198	□对私	□个人身份证号	
扣费币种金额		□中国居民个人　□中国非居民个人	
合同号	PCB8454	发票号	VMWA7443
提运单号	FM CSF07-1120	合同金额	EUR92 000.00

银行附言

申报号码		实际付款币种金额	EUR92 000.00
付款编号	400I8001008	购汇汇率	EUR1 = RMB7.750 3
收款人国名及代码	荷兰　NLD	进口核销项下付款	☒是　□否
是否为预付款	□是 ☒否	最迟装运期 2011-1-31	外汇局批件/备案号
付款币种及金额	EUR92 000.00	金额大写	玖万贰仟欧元整

其中	购汇金额	EUR92 000.00	账号	6101000131984
	现汇金额		账号	
	其他金额		账号	

交易编码	□□□□□□	相应币种及金额	RMB713 027.60	交易附言

☒同意即期付款
□同意承兑并到期付款
□申请拒付
联系人:林晓
电话:86-21-14579213
申报日期:

付款人印鉴(银行预留印鉴)
盖章

银行业务章
经办　复核　负责人

四、实训总结

请写出完成实训的心得体会：

图书在版编目(CIP)数据

《进出口贸易实务》学习指导与综合实训/王捷主
编.—上海:格致出版社:上海人民出版社,2012
高等院校国际经贸类教材系列
ISBN 978-7-5432-2198-7

Ⅰ.①进… Ⅱ.①王… Ⅲ.①进出口贸易-贸易实务-
高等学校-教学参考资料 Ⅳ.①F740.4

中国版本图书馆 CIP 数据核字(2012)第 271654 号

责任编辑 王韵霏
美术编辑 路 静
封面设计 钱宇辰

高等院校国际经贸类教材系列
《进出口贸易实务》学习指导与综合实训
王 捷 主编
王晨钟 副主编

出 版
世纪出版集团
www.ewen.cc
格 致 出 版 社
www.hibooks.cn
上海人民出版社

(200001 上海福建中路193号24层)

编辑部热线 021-63914988
市场部热线 021-63914081

发 行 世纪出版集团发行中心
印 刷 苏州望电印刷有限公司
开 本 787×1092毫米 1/16
印 张 24.25
插 页 1
字 数 344,000
版 次 2012 年 12 月第 1 版
印 次 2012 年 12 月第 1 次印刷
ISBN 978-7-5432-2198-7/F·601
定 价 42.00 元